高等院校秘书学专业精品系列教材

文书与档案管理

（第四版）

刘 萌 主编

首都经济贸易大学出版社
Capital University of Economics and Business Press
·北京·

图书在版编目(CIP)数据

　　文书与档案管理/刘萌主编.--4 版.--北京：首都经济贸易大学出版社,2023.1
　　ISBN 978-7-5638-3454-9

　　Ⅰ.①文… Ⅱ.①刘… Ⅲ.①文书工作②档案管理 Ⅳ.①C931.46②G271

　　中国版本图书馆 CIP 数据核字(2022)第 222415 号

文书与档案管理(第四版)
WENSHU YU DANGAN GUANLI
刘　萌　主编

责任编辑	王　猛
封面设计	风得信·阿东 FondesyDesign
出版发行	首都经济贸易大学出版社
地　　址	北京市朝阳区红庙（邮编 100026）
电　　话	（010）65976483　65065761　65071505（传真）
网　　址	http://www.sjmcb.com
E-mail	publish@cueb.edu.cn
经　　销	全国新华书店
照　　排	北京砚祥志远激光照排技术有限公司
印　　刷	北京市泰锐印刷有限责任公司
成品尺寸	170 毫米×240 毫米　1/16
字　　数	388 千字
印　　张	17.25
版　　次	2008 年 3 月第 1 版　2012 年 8 月第 2 版　2016 年 3 月第 3 版 **2023 年 1 月第 4 版**　2023 年 1 月总第 12 次印刷
书　　号	ISBN 978-7-5638-3454-9
定　　价	42.00 元

图书印装若有质量问题，本社负责调换
版权所有　侵权必究

前　言

随着文书与档案管理理念的不断更新,以及现代化的文书与档案管理手段和技术的广泛应用,文书与档案管理工作向着纵深发展,工作内容不断拓展,工作方法不断创新,工作制度更加完善,文书与档案管理教学也面临新的挑战,越来越需要适应时代要求的知识与技能。我们编写本书的初衷,就是力图从理论与实践结合上回答文书与档案工作中应解决的基本理论与实际问题,以提高文秘队伍的整体素质,使文档工作更加适应现代化发展的需要。

本书以培养高素质的应用型文秘人才为宗旨,针对文书与档案工作的新情况、新特点,广泛汲取国内外研究成果,全面阐明文书与档案工作的基本理论及工作方法,突出其科学性、系统性和应用性。本书编写独具特色:知识性与实用性相结合,不仅有系统的理论,而且将典型案例、工作实务、课堂讨论与学习实践相融合,读者在得到知识启迪的同时,掌握实际操作技能;突出文书与档案工作实务技能,以文书与档案工作业务的程序和步骤为主线,贯穿工作方法、内容和要求,从而达到提高实践能力和解决问题能力的目的;内容丰富新颖,贴近文秘活动,贴近文书与档案工作,贴近秘书职业技能鉴定要求;形式生动活泼,大量的图形、表格和图片使全书图文并茂,既可产生很好的阅读效果,又便于知识的掌握。

本书可作为高等院校秘书专业的教学及参考用书,也可作为秘书职业技能鉴定以及培训或研究的参考用书。

本书由刘萌主编。参加本书编写的院校有:中华女子学院、华北科技学院、北京联合大学应用文理学院。各章编写人员如下:刘萌,第一至第四章、第六至第九章;郭灵云,第五章;潘世萍,第十章。

由于时间和作者水平所限,书中难免有疏漏和不当之处,敬请读者不吝指正。

目 录

CONTENTS

第一章　文书概述 ·································· 1
　第一节　文书的作用与要素 ························ 1
　第二节　文书的分类 ······························ 4
　第三节　公文的格式 ······························ 8

第二章　文书工作 ································ 20
　第一节　文书工作的性质与作用 ···················· 21
　第二节　文书工作的任务与原则 ···················· 24
　第三节　文书工作的组织形式 ······················ 27
　第四节　文书工作的行文规则 ······················ 30

第三章　文书处理 ································ 39
　第一节　文书处理概述 ···························· 39
　第二节　文书拟制 ································ 44
　第三节　收文处理 ································ 48
　第四节　发文处理 ································ 57
　第五节　文书管理 ································ 62

第四章　文书的整理与归档 ························ 73
　第一节　文书立卷 ································ 74
　第二节　归档文件的整理 ·························· 79
　第三节　文书归档 ································ 88

第五章　档案概述 ································ 94
　第一节　档案的概念 ······························ 94

第二节　档案的作用 …………………………………………… 101
　　第三节　档案的种类 …………………………………………… 107

第六章　档案工作 …………………………………………………… 111
　　第一节　档案工作的内容 ……………………………………… 112
　　第二节　档案工作的性质 ……………………………………… 116
　　第三节　档案工作的原则 ……………………………………… 119
　　第四节　档案工作的机构 ……………………………………… 120
　　第五节　档案管理制度 ………………………………………… 128

第七章　档案收集与整理 …………………………………………… 134
　　第一节　档案收集 ……………………………………………… 135
　　第二节　档案整理工作概述 …………………………………… 140
　　第三节　档案整理工作的方法 ………………………………… 144

第八章　档案鉴定、保管与统计 …………………………………… 154
　　第一节　档案的鉴定 …………………………………………… 154
　　第二节　档案保管工作 ………………………………………… 161
　　第三节　档案统计 ……………………………………………… 168

第九章　档案检索、利用与编研 …………………………………… 178
　　第一节　档案检索工作 ………………………………………… 179
　　第二节　档案利用工作 ………………………………………… 191
　　第三节　档案编研工作 ………………………………………… 197

第十章　特殊载体档案的管理 ……………………………………… 208
　　第一节　特殊载体档案概述 …………………………………… 209
　　第二节　电子文件归档与电子档案管理 ……………………… 211
　　第三节　照片档案的管理 ……………………………………… 229
　　第四节　录音、录像档案的管理 ……………………………… 250
　　第五节　特殊载体档案的利用 ………………………………… 262

参考文献 ……………………………………………………………… 267

第一章　文书概述

学习目标

- 掌握文书的基础知识
- 了解文书的作用及文书的分类
- 掌握公文的分类和公文的基本格式

兴达公司二十周年庆典活动很快就要到了，公司上下做着各方面的准备。起草公司总经理庆典酒会上讲话稿的任务，交给了秘书初蓓。接受这个任务后，初蓓就想：应该写什么内容呢？如何能够把这个讲话稿写好？她找到以前写过类似讲话稿的老王取经。老王仔细向她讲解了写法和注意事项。初蓓按照老王讲的认真写作，做到观点鲜明，内容有针对性，条理清晰，语言简洁明快，通俗易懂。经征求多方意见，几易其稿，初蓓最终交上一份令总经理满意的讲话稿。

【分析】

在工作中，人们形成和利用文书，以发布与记录信息，彼此相互交流信息。文书可按不同的标准分类，可以分为：行政机关文书、党的机关文书，它们是国家下发了具体的使用法规进行规范的；通用文书及专用文书；公务文书和私人文书。不同文书的写作要求和使用情况是有差别的。讲话稿属于通用文书，其写法比较灵活，结构形式不像行政公文那么严格，可以根据内容、对象和需要有所区别。文书工作人员应当具备高素质的职业技能，正确理解文书的性质、作用、分类、格式等，并熟练准确地形成和使用这些文书。

第一节　文书的作用与要素

自古以来，文书就是记录和传递信息的重要工具，现代文书更是以记录信息、沟通信息为主要目的。

一、文书的含义

文书是人们在社会实践活动中为了凭证、记载、公布和传递信息的需要,以文字的方式在一定载体材料上表达思想意图的书面记录。

文书包括公务文书和私人文书。公务文书是机关、团体、企事业单位在处理公务中形成的、具有法定效力和规范体式的信息记录。公务文书作为国家政务工作的工具,代表国家权力机构指导和推动现实工作;作为各级各类机关、单位公务活动的真实记录,是信息的载体形式和存储手段。私人文书是个人、家庭在与他人交往和处理私人事务中形成和使用的信息记录,如书信、手稿、日记等。私人文书记载个人生活、管理家庭或家族事务、证明个人财产和身份等。随着社会的进步和相关法律的建立健全,私人文书越来越受到重视和保护。

对文书的含义可从以下几方面理解:文书是一种文字材料,即书面材料;格式上有一定的要求,内容上要表达较为完整的思想和意图,以便实现文书功用;具有应用性,是处理公私事务和进行社会交际活动的工具;具有很强的目的性、针对性,根据社会交往活动的需要而形成,定向、定范围传达意图、记载活动、推动工作;形成和使用主体是党政机关、企事业单位、群众团体等社会组织和具体的个人或家庭。

二、文书的作用

文书是人们社会交往的工具。全面、正确地认识文书的作用,才能自觉地做好文书工作。

(一)行为规范

党和国家的方针政策以及有关的指令、决策、任务、要求、计划的传达,单位工作的具体领导和指导,都要通过文书的形式进行,具有规范、准绳的作用。文书体现组织对人们行为的要求,人们则要据此落实执行,明确方向,规范行为,以便统一思想,统一行动,令行禁止,步调一致,维护正常的工作秩序,促进组织的发展,实现各项活动的有效开展。例如,规章类文书具有约束力,有关组织与个人必须遵守。

(二)领导管理

各级组织、机构都要依靠文书来实施政治领导和行政管理。上级组织经常通过文书来传达决策、意见,布置工作任务,提出措施要求,对下级进行领导、管理和督促、检查,这样就保证了各项决策的贯彻执行。虽然现代科技高度发达,办公自动化程度也越来越高,但文书仍然是最基本的领导、管理活动的工具。

(三)宣传引导

文书反映工作活动的新动态、新情况、新经验、新问题,内容涉及政策、典型经验、商情、企业知名度等方面,是单位及新闻、广播、电视等传媒进行宣传工作的依据,对人们的行为有着正确的导向和指导意义,具有直接的宣传、教育、引导作用,能更迅速地把管理意图转变为人们的自觉行动,使人们统一思想、提高认识、增强信心,激励人们为实现共同的目标而努力。例如,规划类文件是行动指向,具有凝聚共识的社会认知功能和推动实践的行动力期待。

(四) 联系交流

随着社会的日益发展,在今天的信息时代,各社会组织之间的联系和交流必然日趋频繁。对于机关和单位,文书有助于加强彼此之间的信息交流和工作联系。各种纵向、横向的联系交流,传递和反馈信息,沟通和商洽业务,上情下达、下情上达,为各行各业提供了必要的信息、经验和帮助。文书在其中作为工具,起到重要的桥梁和纽带作用,推动工作顺利进行。例如,上级部门可依据简报的情况反馈指导下级工作;计划则是对未来工作的步骤、方法的指导。

(五) 凭证依据

文书是工作职能和各项活动的文字记录,记载各级各类组织工作历程。一般来说,文书在传达意图、联系交流的同时,也具有一定的凭据作用。由于每一份文书都反映了形成者的意图,受文者可以将文书作为安排工作、处理问题的依据。有些文书本身具有凭证作用,如经当事人双方共同签订的协议书、合同等文书。可以说,形成这类文书的目的,就是为了做凭证的。还有一些文书本身就是凭证,如会计文书中的会计凭证、借据等。另有一些文书具有明显的记载作用,如会议记录、谈话记录、会议纪要、大事记等,它们是单位工作活动的真实记录,可以供日后利用和查考。

链接

文书的思政育人功能

文书内容丰富,形式多样。从文书中,人们可以了解党和国家的路线、方针、政策,了解国情社情,挖掘思政元素。例如,通报案例可起警示作用并加强安全观念和诚信意识,述职报告可反映职业道德、职业素养、敬业精神,模范事迹可传播正能量,实现价值引领。

三、文书的要素

文书的要素包括材料、主题、结构和语言。

(一) 材料

材料是拟写人通过阅读或观察,收集、摄取以及写入文书中的事实或依据。

材料运用包括获取、鉴别、选择和使用四个环节:获取是进行文书写作的起点;鉴别是对材料进行比较、分析,筛选加工材料;选择是围绕主题,选择典型、真实、准确、生动、新颖的材料;使用要注意恰当安排材料的先后顺序,确定材料的详略程度。

(二)主题

主题是在说明问题、发表主张或反映现象时,通过全部内容所表达出来的基本观点和中心思想,是文书的灵魂。主题的确定以写作目的为依据,要求正确、深刻、新颖、集中。

(三)结构

结构是文书内部的组织和构造,包括标题、开头、层次、段落、过渡、照应、结尾。结构要严谨、自然、完整、统一。

(四)语言

语言是人们按照一定的规则表达与交流思想的工具。文书语言用于反映社会实践活动,要求符合使用的主客观条件,符合语法规范和语体规范,具有实用特色。

文书语言的特点表现为简洁、明确、条理、实用:文字表达简明扼要,内容确切;使用正确的标点符号;合乎逻辑地运用概念、判断、推理;分清层次,以数目字标明段落和项目;使用对表意有助的词语。

第二节 文书的分类

一、文书的类型

文书按不同的分类标准和角度可以分为很多类型。

(一)根据形成和作用的具体公务活动领域的不同划分

1. 通用文书

通用文书是指党政军机关、企事业单位、人民团体在处理日常公务活动中普遍使用的文书。

通用文书包括规定性文书和非规定性文书两大类,具体分类如图1-1所示。

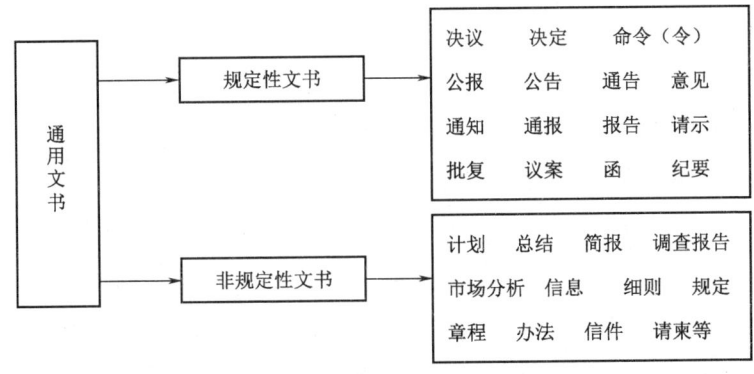

图1-1 通用文书的分类

2. 专用文书

专用文书指的是各职能业务部门(如外交、司法、财政、工商、税务等)在处理业务工作时使用的,适合业务工作的特殊性,并具有特定名称、适用范围和格式的文书。专用文书的种类比较多,根据不同的职能部门大致可以分为以下 6 种,如图 1-2 所示。

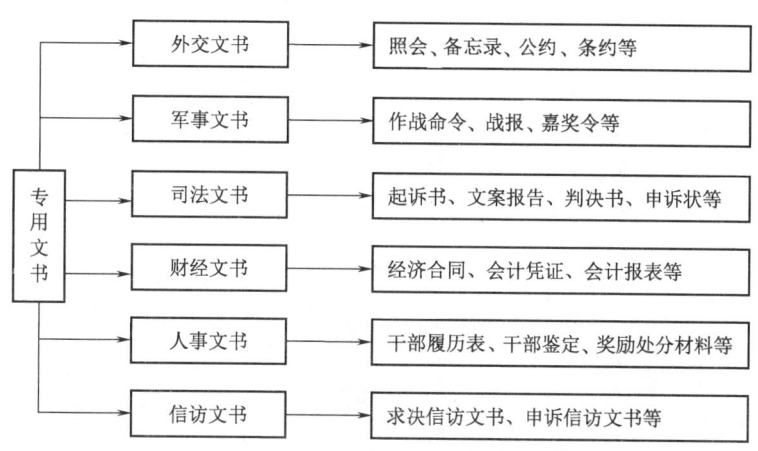

图 1-2 专用文书的分类

3. 科技文书

科技文书是在生产、科研、基建等活动中形成和使用的文书,如工程图纸、实验报告等。

(二) 按行文关系划分

1. 上行文

上行文指下级机关向所属的上级机关报送的文书,如报告、请示,还包括某些函、意见等。上行文可分为逐级上行文、多级上行文(即同时面向几个层次的上级行文)和越级上行文。

2. 下行文

下行文指上级机关向所属下级机关发送的文书,如命令(令)、决定、公告、通告、通知、通报、批复、会议纪要等。下行文分为:逐级下行文,即上级机关把文书下发到直属的下一级;多级下行文,即上级机关将文书同时下发至其领导范围内的多层机关;直达下行文,上级机关通过登报、张贴、广播电视传送等形式,直接发送到基层群众。

3. 平行文

平行文指向同级机关或没有隶属关系的机关传递的文书,如议案、函。

需要特别说明的是,所谓隶属关系,是指同一系统上下级之间的领导与被领导的关系,以及上级业务主管部门与下级业务部门之间的业务指导与被指导的关系。

凡是没有隶属关系的,机关不分大小,级别不论上下,一律视为平行关系,或可称为横向协作关系,相互之间行文,都应该用"函"这一文种。同级机关可以通过函的形式洽谈工作、询问或答复问题、沟通事项,进行公务联系。

(三) 按性质和作用划分

1. 指导性文书

指导性文书是用于上级机关颁布方针、政策、法规,指导下级机关工作的文书,直接体现和反映上级机关的意见与意图,是下级机关开展和安排工作的依据,如命令(令)、决定、批复、意见等。

2. 报请性文书

报请性文书是用于汇报工作,陈述情况,提出意见、建议,请求指示、批准的文书,如请示、报告、意见、议案、带有请求批准事项的函等。

3. 知照性文书

知照性文书是用于沟通情况、联系工作,在一定范围内公布需要办理、周知或遵守的有关事项的文书,如公告,通告,通报、通知等。

4. 商洽性文书

商洽性文书是用于不相隶属机关之间商洽工作、讨论问题,向有关主管部门请求批准有关事项的文书,简便灵活,使用广泛,如函。

5. 记录性文书

记录性文书是用于记载、归纳会议的基本情况、议定的事项和以备查考的文书,如会议纪要。

(四) 按机密程度划分

1. 对外公开文书

对外公开文书不涉及国家秘密,可直接对国内外公开。

2. 限国内公开文书

限国内公开文书不涉及国家秘密,不宜或不必向国外公开。

3. 内部使用文书

内部使用文书不涉及国家秘密,不宜或不必向社会公开。

4. 秘密

秘密涉及国家的一般秘密。

5. 机密

机密涉及国家的重要机密。

6. 绝密

绝密涉及国家最高核心机密。

(五) 按缓急程度划分

1. 平件

平件无特殊时间要求。

2. 急件

急件内容重要并紧急,优先迅速传递处理。

3. 特急件

特急件内容至关重要并特殊紧急,随到随优先迅速传递处理。

二、党政公文的种类

根据《党政机关公文处理工作条例》的规定,党政公文有15种。

(一)决议

决议适用于会议讨论通过的重大决策事项。

(二)决定

决定适用于对重要事项作出决策和部署、奖惩有关单位和人员、变更或者撤销下级机关不适当的决定事项。

(三)命令(令)

命令(令)适用于公布行政法规和规章、宣布施行重大强制性措施、批准授予和晋升衔级、嘉奖有关单位和人员。

(四)公报

公报适用于公布重要决定或者重大事项。

(五)公告

公告适用于向国内外宣布重要事项或者法定事项。

(六)通告

通告适用于在一定范围内公布应当遵守或者周知的事项。

(七)意见

意见适用于对重要问题提出见解和处理办法。

(八)通知

通知适用于发布、传达要求下级机关执行和有关单位周知或者执行的事项,批转、转发公文。

(九)通报

通报适用于表彰先进、批评错误、传达重要精神和告知重要情况。

(十)报告

报告适用于向上级机关汇报工作、反映情况,回复上级机关的询问。

(十一)请示

请示适用于向上级机关请求指示、批准。

(十二) 批复

批复适用于答复下级机关请示事项。

(十三) 议案

议案适用于各级人民政府按照法律程序向同级人民代表大会或者人民代表大会常务委员会提请审议事项。

(十四) 函

函适用于不相隶属机关之间商洽工作、询问和答复问题、请求批准和答复审批事项。

(十五) 纪要

纪要适用于记载会议主要情况和议定事项。

第三节 公文的格式

按照《党政机关公文处理工作条例》的有关规定,公文具有一定的格式,我们必须严格遵守。公文格式是公文的主旨、材料和语体具体存在的形式。其作用主要有:体现公文外在形式的庄重统一;实现严谨的工作作风;能够有效提高工作效率;有利于公文自动化管理。

一、公文版面和印装格式

(一) 公文用纸格式

公文用纸幅面尺寸采用国际标准 A4 型纸,尺寸为:210mm×297mm。

布告、公告、通告等公布性公文,其用纸幅面尺寸大小,可根据实际需要确定。

公文用纸天头(上白边)为 37mm±1mm。

公文用纸订口(左白边)为 28mm±1mm。

版心尺寸为 156mm×225mm(不含页码)。

(二) 公文的印装格式

一般每面排 22 行,每行排 28 个字,并撑满版心,特定情况可作适当调整。

如无特殊说明,公文中文字的颜色均为黑色。

公文文字从左至右横写、横排。在民族自治地方,可以并用汉字和通用的少数民族文字(按其习惯书写、排版)。

版面应干净无底灰,字迹清楚无断划,尺寸标准,版心不斜,页码套正。左侧骑马订或平订,不掉页。包本装订公文的封皮(封面、书脊、封底)与书芯应吻合、包紧、包平、不脱落。公文应左侧装订,不掉页。张贴公文的用纸大小根据实际需要确定。要保证公文的封面与书芯不脱落,后背平整、不空。

(三)公文的书面格式

公文的书面格式包括版头部分、主体部分和版记部分。作为公文的撰写者,应当特别注意公文的书面格式。公文的书面格式如图1-3所示。

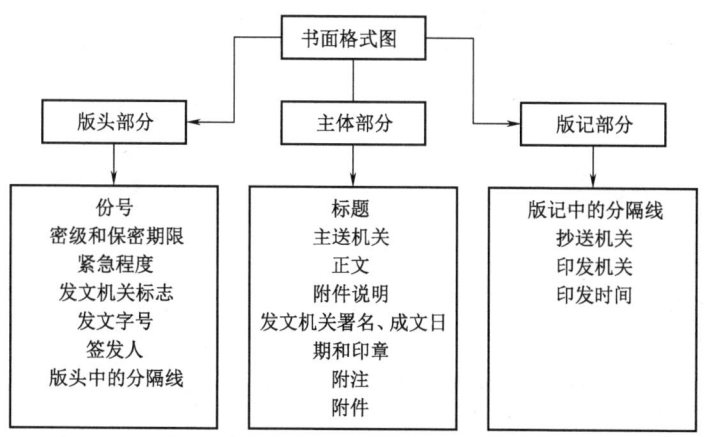

图1-3 公文的书面格式

(四)公文的页面格式

公文的页面格式参照表1-1所示。

表1-1 公文的页面格式

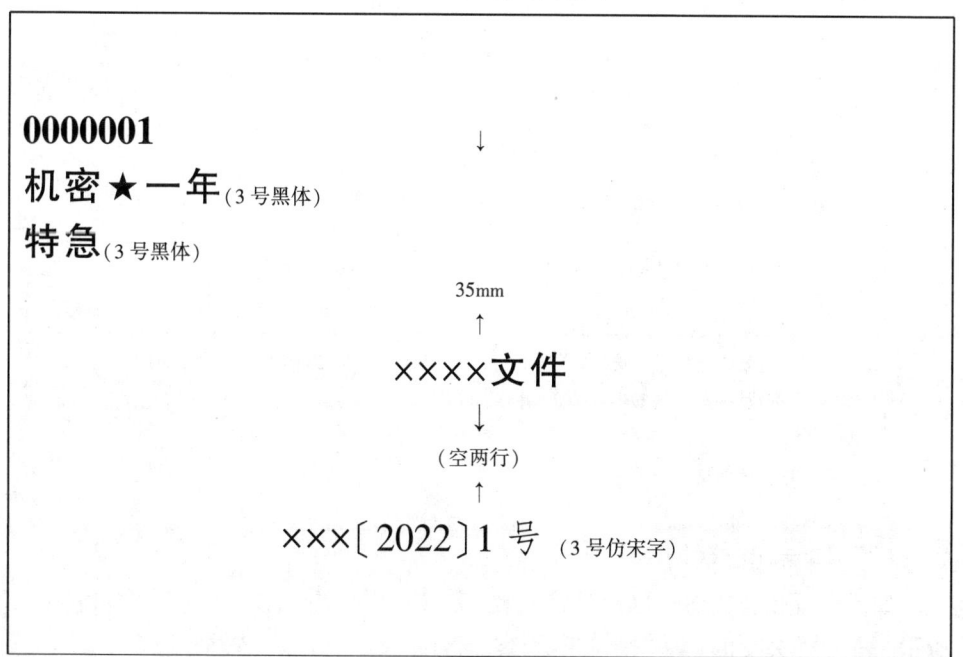

续表

```
                    ↓
                  (空两行)
                    ↑

        关于××××××××通知 (2号小标宋体)
                  (空一行)
××××××× :(正文为3号仿宋体,每行28字、每页22行)
○○×××××××××××××××××××××××××××××××
××××××××××××××××××××××××××××××××××
×××。
○○××××××××××××××××××××××××××××××。
○○××××××××××××××××××××××××××××××
×××××××××××××××××。
○○××××××××××××××××××××××××××××××
××××××××××××××××××××××××××××××××××
×××××××××。
○○××××××××××××××××××××××××××××××
×××××。
○○××××××××××××××××××××××××××××。
(空一行)
○○附件:1. ×××××××××××××××
         2. ×××××××××××××××
                                      (印章顶端距上一行之内)
                                              ↑
                                       ×××××××× (印章)
                                       ××××年×月×日○○○○

○○(××××××) (3号仿宋体)

○抄送:××××××××××,××××××,××××××,×××,○×××××。
○××××××××                              202×年×月×日印发○
```

注:1. 上行文时签发人的位置与发文字号并排,发文字号与签发人之间至少留一个字符的空。

2. 信函、命令(令)、纪要不按照此公文的格式。

3. 以上的格式为公文的标准格式。

4. 文中带○的为空格符号。

(五) 公文格式的模具

如果将行政公文格式以模具格式提炼出来,可以看到以下的模具,如表1-2所示。

表 1-2　公文的格式模具

版头 {	份号 密级和保密期限 紧急程度 发文机关标志 发文字号 签发人 版头中的分隔线	000010 机密★5年 特急 ××省人民政府文件 ××字〔202×〕1号
主体 {	标题 主送机关 正文 附件说明 发文机关 印章 成文日期 附注	关于××××××的批复 ××市人民政府： 　　××××××××××××××××××××××××。 　　×××××××××××××××××××××××××× ×××××××××××××××。 　　附件：1.××××××× 　　　　　2.××××××× 　　　　　　　　　　　　　　　×××（印） 　　　　　　　　　　　　　　　202×年×月×日 （×××××××××）
版记 {	抄送机关 印发机关 印发日期	抄送：××××,××××,××××,××××,××××。 ××省人民政府办公厅　　　　　　　年　月　日

二、公文格式要素

原国家质量监督检验检疫总局、国家标准化管理委员会于 2012 年 6 月 29 日发布了《党政机关公文格式》，把公文版心内的格式各要素划分为版头、主体、版记三部分。页码位于版心外。

（一）版头部分

公文首页红色分割线以上的部分，包括份号、密级和保密期限、紧急程度、发文机关标志、发文字号、签发人、版头中的分隔线 7 个要素。

1. 份号

份号即份数序号，是指依据同一文稿印制若干份时每份在总印数中的顺序编号。涉密公文应当标注份号。如需标注份号，一般用 6 位 3 号阿拉伯数字，顶格编排在版心左上角第一行。

2. 密级和保密期限

公文密级一般分为"绝密""机密""秘密"。保密期限是给公文密级时效的规定说明。涉密公文应当标明密级和保密期限。如需标注密级和保密期限，一般用3号黑体字，顶格编排在版心左上角第二行；保密期限中的数字用阿拉伯数字标注。如同时标注密级和保密期限，密级和保密期限之间用"★"隔开。

3. 紧急程度

紧急程度是对公文送达和办理的时限要求，分为"特急"和"加急"。其中紧急电报应当分别标明"特提""特急""加急""平急"。如需标注紧急程度，一般用3号黑体字，顶格编排在版心左上角，密级和保密期限下方。

4. 发文机关标志

发文机关标志由发文机关全称或者规范化简称加"文件"二字组成，也可直接使用发文机关全称或者规范化简称。

发文机关标志居中排布，上边缘至版心上边缘为35mm，推荐使用小标宋体字，颜色为红色，以醒目、美观、庄重为原则。

联合行文时，发文机关标志可以并用联合发文机关名称，也可以单独用主办机关名称。如需同时标注联署发文机关名称，一般应将主办机关名称排列在前；如有"文件"二字，应当置于发文机关名称右侧，以联署发文机关名称为准上下居中排布。如联合行文机关过多，则必须保证公文首页显示正文。

5. 发文字号

发文字号由发文机关代字、年份、发文顺序号组成，采用3号仿宋体字。联合行文，只标明主办机关发文字号。

年份、发文顺序号用阿拉伯数字标注；年份应标全称，用六角括号"〔〕"括入；发文顺序号不加"第"字，不编虚位（即1不编为01），在阿拉伯数字后加"号"字。

平行文、下行文发文字号编排在发文机关标志下空二行位置，居中排布；上行文的发文字号居左排布，并左空一字，与最后一个签发人姓名处在同一行。

6. 签发人

签发人由"签发人"三字加全角冒号和签发人姓名组成。上行文应在发文字号右侧标注签发人，居右空一字。"签发人"三字用3号仿宋体字，签发人姓名用3号楷体字。联合上报的公文，应同时标注各联署机关的签发人。

如有多个签发人，签发人姓名按照发文机关的排列顺序从左到右、自上而下依次均匀编排；一般每行排两个姓名，回行时与上一行第一个签发人姓名对齐；下移版头中的分隔线，使发文字号与最后一个签发人姓名处在同一行。

7. 版头中的分隔线

它的作用在于把版头部分和主体部分隔开，一般放在发文机关标识或发文字号之下。党的领导机关的专用公文版头，还要在分隔线中间印一颗红五星。编排于发文字号之下4mm处，居中，红色，长度与版心等宽。

（二）主体部分

公文的主体是公文最主要的部分,包括标题、主送机关、正文、附件说明、发文机关署名、印章和成文日期等要素。

1. 标题

标题由发文机关名称、公文事由和文种三个部分组成,如《××市人民政府关于开展财务大检查的通知》。发文机关名称可用全称或规范化简称。

标题一般用 2 号小标宋体字,编排于红色分隔线下空二行位置,分一行或多行居中排布;回行时,要做到词意完整,排列对称,长短适宜,间距恰当,标题排列应当使用梯形或菱形。公文标题中除法规、规章名称加书名号外,一般不用标点符号。

2. 主送机关

主送机关指公文的主要受理机关,应当使用全称或者规范化简称、统称。向下普发的公文主送机关名称应规范、稳定。

主送机关位于标题下空一行位置,左侧顶格,用 3 号仿宋体字标识,回行时仍顶格;最后一个主送机关名称后标全角冒号。如主送机关名称过多而使公文首页不能显示正文时,应将主送机关名称移至版记中的主题词之下、抄送之上,标识方法同抄送。

所有上行文都必须有主送机关。上行文的主送机关一般只能有一个,这样便于公文的办理。主送上级领导机关的请示、报告,需要另一个同级的上级机关知道的,一般不同时主送,只根据解决问题的需要主送其中一个,另一个可以在文尾版记处"抄送"。必须同时主送两个上级机关的,应在二者之间加"并报"一词。受双重领导的单位向上级机关的请示,应根据内容,一般主送其中负责答复问题的上级机关,另一个在文尾"抄送"。

下行文的主送机关有两种情况:

一是针对性强的下行文,都应当有主送机关。批复、指示性通知等针对性强的下行文,主送机关可以是一个,也可以是多个或是所有的下属单位。如果下行文的主送机关是一个受双重领导的单位时,应当在文尾抄送另一个领导机关。

二是凡收文对象无法限定或无须限定时,可省去主送机关。如公告、通告等须公开张贴的公文,以及起笔即列章、列条的公文,如章程、条例等,可以省去主送机关。

平行文一般都有主送机关。主送机关可以是一个,也可以是多个。

除领导者特别交代办理的事项外,公文一般不主送领导者个人。

当下行文主送机关不止一个时,就有一个排列顺序的问题,可按照以下原则进行排列:

第一,按主送机关与公文内容的密切程度排列。关系密切的排在前面,关系一般的排在后面。

第二,按系统和级别高低排列。当各主送机关与公文内容的密切程度相等时,级别高的排在前面。

第三,比照有关法规和具体规定进行排列。如主送机关中关于省一级行政区的排列,就应按宪法中的书写顺序进行排列,一律写成"各省、自治区、直辖市"而不能写成"各省、直辖市、自治区"。

3. 正文

正文是公文的主体,是公文内容的陈述,是公文的核心部分。除综合性内容的公文主体外,一般公文要求一文一事,以便于分送和处理。公文首页必须显示正文。

正文一般用3号仿宋体字,位于主送机关名称下一行,每个自然段左空二字,回行顶格。文中结构层次序数依次可以用"一、""(一)""1.""(1)"标注;一般第一层用黑体字、第二层用楷体字、第三层和第四层用仿宋体字标注。

4. 附件说明

附件说明是用于说明公文正件所附材料的名称及件数的专用格式,用3号仿宋体字。

公文如有附件,在正文下空一行左空二字编排"附件"二字,后标全角冒号和附件名称。附件名称后不加标点符号,每行位置对齐。有两个以上附件时,使用阿拉伯数字标注附件顺序号,如"附件:1.×××××"。

5. 发文机关署名、成文日期和印章

(1)发文机关署名,应署发文机关全称或者规范化简称。

(2)成文日期,是公文的生效时间,用阿拉伯数字将年、月、日标全,年份应标全称,月、日不编虚位。成文日期以负责人签发的日期为准。两位以上领导人审签,署最后一位的签发日期;联合行文以最后签发机关负责人的签发日期为准。电报以发出日期为准。会议通过的公文,以通过的日期为准。

(3)印章,是公文生效的标志,是鉴定公文真伪最重要的依据。公文中有发文机关署名的,应当加盖发文机关印章。上行文一定要加盖印章;联合下行文时,所有联署行文机关均须署名并加盖印章;有特定发文机关标志的普发性公文和电报可以不加盖印章。印章用红色,不得出现空白印章。

(4)发文机关署名、成文日期和印章三个要素的编排方式。

①加盖印章的公文。成文日期一般右空4字编排。单一机关行文时,一般在成文日期之上、以成文日期为准居中编排发文机关署名,印章端正、居中下压发文机关署名和成文日期,使发文机关署名和成文日期居印章中心偏下位置,印章顶端应当上距正文(或附件说明)一行之内。联合行文时,一般将各发文机关署名按照发文机关顺序整齐排列在相应位置,并将印章一一对应、端正、居中下压发文机关署名,最后一个印章端正、居中下压发文机关署名和成文日期,印章之间排列整齐、互不相交或相切,每排印章两端不得超出版心,首排印章顶端应当上距正文(或附件说明)一行之内。

②不加盖印章的公文。单一机关行文时,在正文(或附件说明)下空一行右空2字编排发文机关署名,在发文机关署名下一行编排成文日期,首字比发文机关署名首字右移二字,如成文日期长于发文机关署名,应当使成文日期右空二字编排,并相应增加发文机关署名右空字数。联合行文时,应当先编排主办机关署名,其余发文机关署名依次向下编排。

③加盖签发人签名章的公文。单一机关制发的公文加盖签发人签名章时,在正文(或附件说明)下空二行右空四字加盖签发人签名章,签名章左空二字标注签发人职务,以签名章为准上下居中排布。在签发人签名章下空一行右空四字编排成文日期。联合行文时,应当先编排主办机关签发人职务、签名章,其余机关签发人职务、签名章依次向下编排,与主办机关签发人职务、签名章上下对齐;每行只编排一个机关的签发人职务、签名章。

6. 附注

附注对公文印发、传达范围、使用时需注意的事项加以说明。公文如有附注,应居左空二字加圆括号编排在成文日期下一行,回行时顶格。

"请示"件应在附注位置注明联系人及联系电话。不要把附注理解为是对公文内容的解释或注释。对公文某些概念的解释或注释应放在正文之内,采用句内括号或句外括号方式解决。

7. 附件

附件是用来说明、补充、佐证正件的图表、统计数字、情况说明以及其他文字材料。附件是正文内容的组成部分,与正文具有同等效力。附件格式要求与正文相同。附件应当另面编排,并在版记之前,与公文正文一起装订。"附件"二字及附件顺序号用3号黑体字顶格编排在版心左上角第一行。

(三)版记部分

这包括版记中的分隔线、抄送机关、印发机关和印发日期、页码等要素。

1. 版记中的分隔线

版记中各要素之下均加一条分隔线隔开,一是为了显示各要素之间的区别,二是显得美观好看。版记中的分隔线与版心等宽,首条分隔线位于版记中第一个要素之上,末条分隔线与公文最后一面的版心下边缘重合。

2. 抄送机关

抄送机关指除主送机关以外的需要告知公文内容的其他机关,应当使用全称或者规范化简称、统称。用4号仿宋体字,在印发机关和印发日期之上一行、左右各空一字编排。"抄送"二字后加全角冒号和抄送机关名称,回行时与冒号后的首字对齐,最后一个抄送机关名称后标句号。

抄送的原则如下:

(1)本机关的重要下行文,可以抄送直接上级机关。但是,本机关向上级机关的请示,不要同时抄送平级和下级机关。因为请示是要等上级批准后才能办理的事项,如果同时抄送平级和下级,不但无端增加公文印数,还会造成不应有的麻烦。比如,一份增加或合并机构的请示,如果同时抄送给下级机关,势必引起不必要的波动甚至混乱。

(2)受双重领导的机关要处理好主送与抄送的关系。受双重领导的机关在向其中一个领导机关行文时,应根据公文内容抄送另一领导机关;上级机关在向受双重领导的下级机关行文时,应同时抄送另一个上级机关。

(3)因特殊情况必须越级行文时,应抄送越过的机关。

(4)如果一份公文同时抄送下级或平级机关,又要抄送上级机关,应分段书写,上级机关在前,平级机关和下级机关依次在后。

3. 印发机关和印发日期

这是指公文的送印机关和送印日期。印发机关和印发日期一般用4号仿宋体字,编排在末条分隔线之上,印发机关左空一字,印发日期右空一字,用阿拉伯数字标志,后加"印发"二字。

翻印的公文,除注明原文的印发机关名称和印发日期外,还应注明翻印机关名称和翻印日期。

(四)页码

页码位于版心外。一般用4号半角宋体阿拉伯数字,编排在公文版心下边缘之下,数字左右各放一条一字线;一字线上距版心下边缘7mm。单页码居右空一字,双页码居左空一字。公文的版记页前有空白页的,空白页和版记页均不编排页码。公文的附件与正文一起装订时,页码应当连续编排。

三、公文的特定格式

(一)信函格式

发文机关标志上边缘至上页边为30mm,联合行文时,使用主办机关标志。发文机关标志下4mm处印一条红色双线(上粗下细),距下页边20mm处印一条红色双线(上细下粗),线长均为170mm,居中排布。如需标注份号、密级和保密期限、紧急程度,应当顶格居版心左边缘编排在第一条红色双线下。发文字号顶格居版心右边缘编排。版记不加印发机关和印发日期、分隔线,位于公文最后一面版心内最下方。

(二)纪要格式

纪要标志由"×××××纪要"组成,不加"文件"两字。需要注意的是,纪要格式可以根据实际制定。纪要不加盖印章。

(三)命令(令)格式

发文机关标志由发文机关全称加"命令"或"令"字组成,居中排布,上边缘至版心上边缘为20mm。发文机关标志下空二行居中编排令号,令号的作用等同于发文字号,一般采用"第××号"的形式,不编虚位。

> **文书的发展历程**
>
> 根据考古材料推算,文书的产生至少有3 000多年的历史。我国现存的最早公务文书是在河南安阳发掘出来的甲骨文书,其中大部分是殷朝后期统治者的活动记录和向外发出的文告。殷商时期已有"史官"的设置。史官主要掌管王室活动的记录,并在刻写的甲骨文上签名,以示负责。殷商时期的甲骨文内容已经相当丰富,涉及政治、经济、战争等情况。不仅如此,从发掘出的完整的甲骨卜辞来看,殷商时期的文书已有一定的格式。
>
> 文书的制成材料,经历了从甲骨至青铜、竹木、铁质、石头、缣帛、纸张等过程,直至现今出现"电子文书"。而文书名称的变化也很多:殷商时称"册";周代称"中"或"治中";秦代称"典籍""图籍";汉代第一次称"文书",又称"文案",三国时称"公文";唐宋称"文卷""案卷""案牍";清代称"牌子""本章";民国时又称"文书";现今也称"文书"。
>
> 从纸张发明以后,"文书"主要是指以纸为介质的书面文字材料。从汉代最早出现"文书"一词的资料看,当时的文书是指一些有史料价值的文字材料,即文籍典册。唐宋以后,相当于"文书"一词的名词概念其含义更狭窄一些,主要是指一些实用性较强的文字材料。现在随着社会的发展,"文书"概念的内涵和外延都有了很大的变化和发展。

本章小结

自文字产生以后,人们就以文字记录的方式来记述事情和表达思想,这就产生了"文书"。任何组织和国家管理机构都要利用文书来记录事件、传递信息和发号施令,这就产生了"公务文书"。一般来说,"文书"这个概念,既可以指记录下来的文字资料,也可以指从事文字工作的人和职业、职务名称。我们现在对于文书的界定是:个人、组织、国家在社会实践活动中,从一定的实用目的出发,逐渐形成具有相对规范格式、用以处理各种事务、沟通各种关系的文字资料。文书的要素包括材料、主题、结构、表达方式和语言。与文书有关的概念有公文和文件两种。它们之间既有联系也有区别。"文书"包括公务文书与私人文书,而"公文"指的是党政机关、企事业单位、群众团体等合法社会组织在处理公务活动中所形成的、具有法定效力和规范体式的书面材料,一句话它是公务文书。"文件"的内涵与文书大体相同,在公务文书的具体语境之中它可以指公文,我们经常可以听到"红头文件"这样的说法。但是它与文书不同的是,文书是一个书面材料的统称,而文件可以是书面材料的统称,也可以指某一具体的书面材料。文书的分类和公文的分类是不同的,而不同的公文也具有不同的文种,具体的格式也大不相同。因为国家行政机关的公文具有应用的广泛性、格式的规范性等特点,行政公文的格式运用得最为广泛。

案例分析题

李广文是兴达公司的人力资源管理部经理,曹力是财务部的工作人员。曹力在工作上屡屡犯错误,并严重违反了财务工作章程,受到了领导的批评。财务部将此事上报给人力资源管理部。为了规范员工管理工作,作为部门经理的李广文,根据公司的有关决定,下发了一份对财务部工作人员曹力进行行政处理的通报。通报中指出曹力在工作上屡屡犯下的错误,并对这些错误定性,作出了开除曹力的决定。

请思考:

这个案例说明了文书的什么作用?如果你是李广文,你将采取什么文种来下发这个文件呢?

课堂讨论题

1. 你以前对文书是怎样理解的?对文书、公文、文件的理解与它们正确的概念之间的差别是什么?
2. 文书的分类与公文的分类的区别有哪些?
3. 公文的具体格式中哪些内容最难掌握?

复习思考题

一、简答题

1. 文书可分为哪几类?
2. 行政公文的基本格式是怎样的?
3. 行政公文有多少种?它们分别是什么?

二、论述题

1. 文书的性质是什么?
2. 文书的作用是什么?
3. 文书的要素是什么?

实训题

1. 请拟写一份表彰性通报,以表彰你所在单位在202×年度的先进员工或岗位能手。

2. 请准确地将行政公文的具体格式标示出来,并写出一个公文格式完整的批转型通知。

第二章 文书工作

学习目标

- 理解文书工作的性质和作用
- 掌握文书工作的任务和原则
- 掌握文书工作的组织及行文规则

查小鸣是A公司的文书工作人员,游祥是查小鸣的大学同学,目前在B公司的企划部门任职。这一天,游祥打电话给查小鸣,两个人聊天的时候查小鸣告诉游祥自己所在公司将引进一个非常大的项目,公司已将有关要求和计划以"请示"上报给了国家有关部门。游祥对此事十分感兴趣,对查小鸣说她目前也在外面学习文书的处理知识,并要交一份课堂作业,问查小鸣是否可以将她拟写的那份"请示"给她看。查小鸣想,游祥是自己从小的朋友,又是大学同学,朋友有难处是应该帮忙的,所以她就将前些日子拟写并上报的"请示"的电子版发给了游祥。游祥非常高兴,几天以后还请查小鸣吃了一顿饭。可是,之后A公司传来消息,说公司上报的那个"请示",国家的有关部门下发了不同意的批复。后来通过其他渠道查小鸣知道,这个项目已经由一个实力非常雄厚而且计划书更为详细可行的B公司进行了竞标申请,并按照行政办公程序上报了"请示",上级有关部门经过反复研究与认证,决定将此项目交给B公司来做。查小鸣看到半路杀出来的公司的名字惊呆了,因为那个公司恰巧是游祥的公司。此时,查小鸣明白是被自己所信任的朋友出卖了,而且正是因为自己一个轻率的行为给公司造成了无法挽回的巨大损失,而自己也处于被公司追究责任的境地。

【分析】

上述案例提示我们,在一个企业或者任何单位,文书工作都具有非常重要的作用,而文书工作的原则除了准确、周密、迅速、及时等之外,最为重要的原则是保密、安全。机密性文件的制发、处理、管理过程都离不开文书工作。查小鸣作为公司的文书工作人员,对公司所处理的各项文件应当遵守保密的原则,此项项目的商业秘密的泄露,她负有不可推卸的责任。文书工作人员经常面对的有关公司的许多文件均涉及公司的商业秘密,这些文件的机密性主要取决于其内容的机密性,而这些文件机密性的最终实现则有赖于各个环节的文书工作。所以,文书工作的机密性是文件得以保持机密的有力保证。

第一节　文书工作的性质与作用

文书工作也叫文书处理工作,是指社会组织围绕文书的形成、处理和管理所进行的一系列互相衔接的工作。制发一份文件,从思想酝酿、材料收集、调查核实、起草讨论、审核定稿、缮印校对到用印发出,须经一系列程序并遵循一定的制度。文件处理完毕,有保存价值的文件还要整理立卷。这些都属于文书工作。概括起来,文书工作的内容包括文件材料的拟稿、核签、缮印、校对、用印、收发、登记、分送、拟办、批办、承办、催办、立卷、归档等。文书工作者要了解文书工作的性质和作用,以便更好地为机关、企事业单位的工作服务。

一、文书工作的性质

文书工作具有政治性、机密性、实践性、规范性和工具性,如图2-1所示。

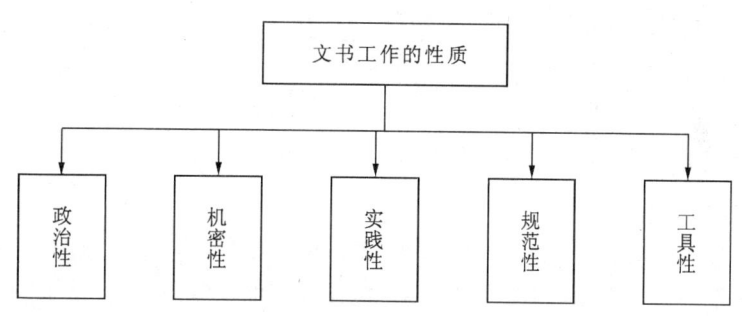

图2-1　文书工作的性质

(一) 政治性

文书工作的政治性是从以下三个方面的内容上表现出来的:

1. 文书工作直接关系着党和国家的方针、政策、法令的贯彻执行

文书工作本身是运用文书处理公务,通常以公文的形式下达和公布方针、政策和法令,它是贯彻执行方针、政策和法令的前提和基础,事关国家大政。国家机关制发文件是为了贯彻一定的意图,达到一定的政治目的,实现一定的领导作用。这些作用通过文书工作的一系列处理环节发挥出来。文书工作的实质首先就是使文书的政治功能得以实现。

2. 文书工作是整个国家机器正常运转的保证

国家机器的运转在很大程度上是通过公文的传递与处理进行的。如果没有文书工作,党和国家的意志就无法准确传递到各个国家机关,国家的各个职能部门就不能准确地履行自身的职责,党和国家的方针、政策、法令等就无法执行。所以,文书工作在国家机器的正常运转上起着十分重要的作用。

3. 文书工作是提高机关工作效率的重要环节

文书工作是机关工作的一个十分重要的环节,文书工作的好与坏直接影响着国家机关职能部门的工作效率,关系到党和国家的方针、政策、法令能否更加快速、准确地传递到各个职能部门,实现"上情下达""下情上达"的目的。

(二) 机密性

文书工作的机密性是由它所涉及的对象——文书来决定的。党政机关和各个企事业单位都会根据具体的工作需要制发不同机密程度的文件,高层领导机关制发的文件很多涉及国家政治、军事、经济等方面的核心机密,一些科技文件也因自身的特殊性带有不同程度的机密性。这些机密性文件的制发、处理、管理过程都离不开文书工作。文书工作过程接触许多机密,有的关系国家的安全和根本利益。文书部门是单位机密和信息的汇总处,稍有不慎就有失密、泄密的危险。所以,注意保护文书工作的机密性是文件安全的有力保障。

(三) 实践性

文书工作的实践性既体现在文书工作的整体上,又反映在文书工作的各个环节中,具有很强的可操作性。文件的制发、处理、管理由专门的部门、文书工作人员进行。每一环节的工作都必须经过岗位的实践,按照业务技术方法的要求做,才能有效完成。

(四) 规范性

文书工作是通过一系列相互衔接的程序与环节来完成公文的形成、处理和管理的,而每个环节都需要按照一定程序与执行的标准来完成,这是文书工作规范性的具体体现。如果不按照具体的规范程序来办理公文,会给机关工作带来不必要的麻烦和损失。遵循统一的标准,可以保证文书工作科学、高效、有序运行。

(五) 工具性

文书工作的工具性体现在文书的职能作用实现的过程中。没有文书工作,文书的职能和作用就无法得以实现。办理事务、联系事项、传达意图、交流情况与推进工作都依赖于文书工作。

二、文书工作的作用

文书工作不是一般的事务性工作,它在单位工作中占有重要的地位,在参与政务与管理事务中起着无可替代的作用。

（一）文书工作是机关的喉舌和门户

各级机关一般都通过文书来指导、布置、汇报和联系工作，反映主要工作职能和意图。因此，文书工作就成为各级机关传达具体工作内容最主要的途径，如人的喉舌一样将自身的思想和意图传达给上下左右，作用于四面八方。此外，文书的处理主要是由文书工作部门来完成的，所以文书工作又起到了门户作用。它对文书的上传下达，收进发出，起到承上启下、纵横联络、沟通内外、协调关系的纽带作用，把各方面连接成一个整体，共同实现职能，推动各项工作的发展。

（二）文书工作是传递信息和处理关系的纽带

文书工作是承上启下、联系内外的纽带。上级意图的传达，下级情况的汇报，平级之间的沟通，都离不开文书工作。党和国家的方针、政策、法规、法令通过文书工作传递到基层直至群众之中；本单位工作的情况、经验和问题通过制发文书，向上级领导机关和主管部门反映，为科学决策、制定方针政策提供依据和参考；横向联系、了解情况、借鉴经验依靠的是文书的传递和处理。正是文书工作的这种联系和沟通，政令畅通，使整个国家的社会组织成为一个有机整体，使信息沟通、思想交流、意见交换得以完成。

（三）文书工作影响工作质量和效率

文书工作既是单位工作的重要组成部分，又是人们处理各项工作的形式和手段，直接关系党和国家方针政策的贯彻执行，影响工作职能的履行，体现工作面貌和工作作风。如果一个单位的文书工作制度健全，文书处理有法可依、有章可循，利于提高办事效率；员工工作态度认真，能够按照统一、精减的原则，准确、周密、及时、迅速地形成、处理和管理文书，就能使整个工作有条不紊，秩序井然，从而促进工作效率的提高，保证工作的正常秩序，提高职能部门的威信。相反，如果文书工作得不到重视，制度不健全，文书工作人员素质低，必然造成文书工作的混乱、拖沓，致使工作信息不灵、决策不准、执行无力。可见，文书工作与单位工作活动的质量和效率密切相关。

（四）文书工作是领导活动的助手

领导在决策、部署或指挥工作过程中，需要了解各方面的情况，进行调查研究，分析综合，追踪反馈。文书工作的任务就是为领导决策提供和准备参考材料，提出建议，提供信息服务，保障各类文书能够及时报送。做好文书工作可以加强上下级之间的联系与交流，协助领导作出切合实际的决策，使领导从繁杂的具体事务中解脱出来，高效、及时地协调沟通各方。

（五）文书工作是档案管理的基础

文书工作和档案工作有着十分密切的联系，是相互衔接的两个流程。文书是现行工作进程中正在运转使用、未经整理归档的文件材料。档案是办理完毕的具有保存价值的文件材料转化而来的，两者存在时间连续性和目的延续性。

没有齐全的文件,也不可能有完整的档案。文书工作是档案工作的基础保证,文书工作不仅直接影响文件的质量,也关系到档案的形成质量和国家档案事业建设。拟写文件时不注意文字表述的准确性,档案的内容就不会准确。如果使用劣质纸张和油墨印刷或书写文书,档案的制成材料就不耐久。没有文书工作,档案工作就成了无源之水,无本之木。没有科学而准确的文书工作,档案管理就失去了坚实的基础。

第二节 文书工作的任务与原则

一、文书工作的任务

(一) 文书工作的基本任务

文书工作是指机关在日常工作活动中围绕文件的形成、处理和管理所进行的工作。根据文书工作的不同阶段,其具体任务主要有以下几项:

1. 对所形成的文书加以必要的规范

对文书的规范包括对公文体式和公文文种的规范。规范的目的是为文书内容的准确表述和正确理解创造必要的条件,在收发文双方的机关间确立共同认可和遵守的标准。

2. 对文书的行移运转制定必要的制度

文书作为机关信息传递的一种工具,为保证其正常运转,就必须对文书的输送制定必要的制度。其中包括对文书运转的方向、投递的方式、处理的程序加以分类,明确各步工作的内容和要求。

3. 对文书内容的办理规定统一的要求

机关制发文件,主要是体现作者的意图,作者意图能否体现,取决于许多方面的工作质量。因此,文书工作中把文件的产生过程分解成许多不同的环节,如拟稿、核稿、签发、印刷等,并进一步规定了每个环节的工作要求,如文件进入签发程序,文件的签发者必须审阅全文,审阅后认为合格的签上自己的意见、姓名、日期。同样,为了保证文件内容得到正确的理解和办理,文书工作中对收文的全过程也划分不同的程序并规定了各步程序的工作要求。

4. 对文件的管理采取妥善的措施

文件办理完毕后,需要将那些有保存价值的文件立卷归档。文书工作中要合理设置文件的归卷类目,把工作中办理完毕的文件分类存放。要执行平时归卷的制度,保证文件随办随存,避免散失,按照有关规定对形成的文件材料进行整理,并立卷归档。只有对上述工作有明确的规定,才能保证文件的安全保管。

(二) 文书工作的具体任务

文书工作的具体任务包括文件的撰写与处理、平时归卷与调阅、年终立卷归档、记录的整理、准备参考资料、编写大事记、其他事务性工作等七项,如图2-2所示。

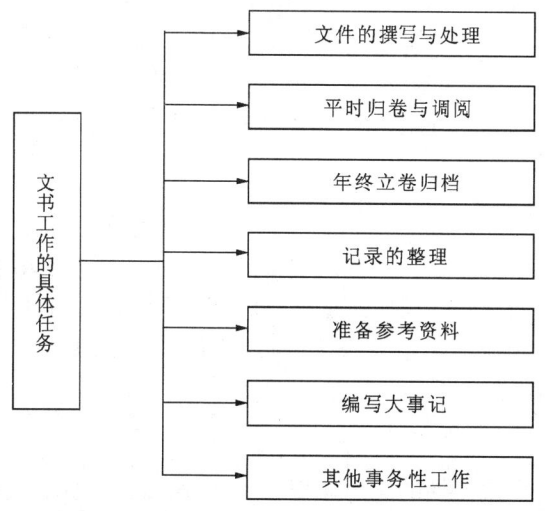

图 2-2 文书工作的具体任务

二、文书工作的原则

文书工作的原则主要有六项,如图2-3所示。

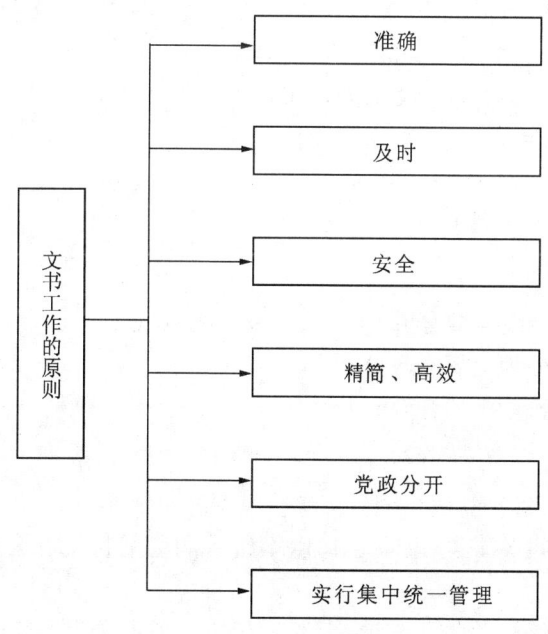

图 2-3 文书工作的原则

(一) 准确

准确是对文书工作的质量要求,关系到文书效用的正常发挥,甚至关系到国家及社会组织的根本利益。文书工作在政治、技术上要切合实际、符合规范、准确无误、周到细密;在组织、行文制度、运转程序上要系统严密、井然有序。为了确保文书工作的准确,需要建立、健全各项文书工作的规则,合理设计文书处理程序,改进文书人员的工作作风。

(二) 及时

及时主要表现在迅速、适时两方面。迅速,就是要快,即实际工作的时间量与完成任务需要的时间量距离最短。适时,就是要恰当,即实际工作的时间节奏与完成任务所需要的时间节奏相互吻合。及时原则要求视轻重缓急处理文件,加速文件的运转,做到不积压、不拖延、不误时误事。

(三) 安全

安全是文书工作政治性的集中体现。一方面,政治上保密,保证文书内容的安全,不失密、不泄密,消除和防范不安全因素,对涉及国家机密的文件,严格遵守《中华人民共和国保守国家秘密法》的有关规定。另一方面,物质上安全,保证文书实体的安全,使用耐久的字迹材料和合乎要求的载体,减少各种人为或自然损坏因素,延长文书的寿命,更好地发挥文书的功能。

(四) 精简、高效

第一,发文要少而精,不要事事发文。精简文件,控制发文数量,不滥发文件、报表。做到不该发的文不发,可发可不发的文少发。

第二,处理文件要高效。文书处理工作的环节多、情况复杂,必须一切从实际出发,讲究实效,避免内容重复、文字冗长、层层转阅、费时颇多,有效地完成文书处理每个环节的工作。

第三,文件管理要利于使用。

(五) 党政分开

第一,在行文上要党政分开。

第二,在文件处理上要党政分开。

第三,在文件管理上要党政分开。

(六) 实行集中统一管理

第一,从全国来说,党政系统分别实行集中统一领导。

第二,从一个机关来说,文书工作由本机关的秘书长或办公厅(室)主任负责领导。

第三,从上下级机关之间来说,上级领导机关的办公厅(室)有责任对所属机关的文书工作进行业务指导;党政领导机关的办公厅(室)有责任对同级各部门的文书工作进行业务指导。

第四,各级档案管理部门和本机关的档案室有责任对机关文件的立卷归档工作进行指导、监督和检查。

第五,机关业务部门责成一名人员负责本部门的文书工作。

第三节 文书工作的组织形式

文书工作的组织形式,是指文书工作机构的设置和安排文书处理程序各个环节的形式。文书工作采取什么样的组织形式,直接关系到文书工作的正常运转和工作效率的提高。

一、文书工作组织形式的类别

根据我国机关设置及文书工作的实际情况,各级各类机关采取的文书工作组织形式有集中和分散两种类型。

(一)集中形式

集中形式是把文书工作中除文件承办外的其他环节的工作都集中由文书部门办理。在一个机关内,除了文件的承办外,文书处理的其他各个环节都集中在机关的中心机构,即办公厅(室)来进行,其他业务部门不再设置文书工作机构或专、兼职文书人员。采取集中形式进行文书工作,可以节省文书工作人员及经费,简化文书工作手续,提高文书工作效率。

(二)分散形式

分散形式是指将一个机关的文书工作分别由机关的办公厅(室)、业务机构的文书部门或专职、兼职文书工作人员分工负责。可以按文书处理的不同环节、文书的内容和职责进行分工。

采取分散形式,可使各业务部门工作方便,有利于提高机关文书工作的效率。

二、文书工作组织形式的选择

文书工作存在两种基本组织形式,具体到某一机关,必须选择其中的一种。一个机关究竟应当采取什么样的文书工作组织形式,应视具体情况区别对待。

(一)选择文书工作组织形式的原则

一个机关的文书处理工作效率的提高,除必须有健全的文书工作制度和加强领导以外,正确地选择文书工作的组织形式,合理地安排各个工作环节,也是不可忽视的问题。这关系到文书工作流程的顺畅、有条不紊和节省一定的人力与时间的问题。选择文书工作组织形式应遵循以下基本原则:

1. 有利于机关工作

选择文书工作的组织形式,目的是保证和推动机关工作的有效进行。因此,在选择什么样的文书工作组织形式时,需要从本机关的实际出发,以便更好地完成文书工作任务,提高机关工作效率和方便工作。

2. 保持相对的稳定

一般来说,一个机关的组织机构是较为稳定的,这就要求为其服务的文书工作的组织形式也要相对稳定。所以,一旦选择了某种组织形式,就不应轻易变换,应相对稳定一个时期。否则,时而采取集中形式,时而采取分散形式,势必造成文书工作的混乱。

(二) 选择文书工作组织形式的依据

明确了文书工作组织形式的选择原则,只是在选择时有了总的遵循原则。在具体选择时,还要考虑与文书工作组织形式密切相关的各种情况,并以此作为选择的主要依据。具体如下:

1. 机关的工作性质、任务和职权范围

一般说来,机关的工作任务重,职权范围大,采用分散形式较为适宜;机关的工作任务少,职权范围小,则采用集中形式较合适。

2. 机关内部组织机构设置的层次和数量

机关内部机构设置的层次多、数量多,适宜采用分散形式;机关内部层次少、数量也少,则适宜采取集中形式。

3. 机关收发文件数量的多少

机关收发文件数量多的,适于采用分散形式;机关收发文件数量少的,则应采用集中形式。

4. 机关工作人员的数目和机关文书人员的配备

文书人员的配备不但要考虑数量,还要考虑质量。如果文书人员已按定编配齐,素质也较高,就应采用分散形式;否则就以集中形式为妥。

5. 机关所属部门办公地点是否集中

通常情况下,机关所属部门办公地点不集中,彼此距离较远的,应采用分散形式;所属部门比较集中,彼此距离又很近的,可采用集中形式。

当然,上述五种情况不是彼此孤立的,相互之间往往有一定的联系,应加以综合考虑。总的来说,工作任务多、职权范围大的机关,机关内部机构层次设置和数量就多,收发文件的数量自然也就多,就有必要采用分散形式。同理,工作任务少、职权范围小的机关,内部机构层次设置和数量就少,收发文件的数量也比较少,这就有必要采用集中形式。同时还应考虑机关所属部门办公地点是否集中、距离远近、有无相对独立性。在比较复杂的情况下,究竟采取哪种组织形式,应根据起主要作用的因素来确定。

相对而言,集中形式往往比较适用于小型机关和基层单位。对于中等机关而言,如各省市(地)厅及县政府机关,要看具体情况。如果是高等院校,厅、委、局或业务较单一的,则采用集中形式为宜;如果是地、市、县等涉及部门较广的,则以分散形式较妥。至于大的机关,一般采取分散处理的形式,如国务院的各个部、党中央的某些部及省委、省政府等,一般有二三层机构,部门单位数量多、对外联系广,就应采用分散处理的形式。

文书工作无论采取集中的组织形式还是分散的组织形式,都需要妥善地协调好有关方面的关系。比如采用集中形式,虽然文书工作都集中到文书部门,但也要同各业务部门密切联系和相互配合,组织业务部门参与文书工作,充分发挥它们的作用。采用分散形式,更要努力做好协调和分工,哪些文书工作应当由总的文书部门来做,哪些文书工作应当由具体业务部门的文书机构或专、兼职文书人员来做,要合理地分工和安排。在文书组织上采用分散形式的机关,通常设总收发室和机要部门负责收发工作,所以它是外收发与内收发兼做的。

三、文书工作的机构设置

文书工作的机构是文书工作组织的具体单位,即文书工作部门。文书工作机构是进行文书工作的必要组织保证。

在一个机关的内部,除有党的组织(党委、党组)、工会、青年团等组织外,根据机关的职能和任务以及人员编制、内部分工,需要设置若干部门和办事机构,通常称为内部组织机构或部门。这些机构按照它们所担负的任务可分为两类:一类主要是为机关本身,包括为领导和业务部门服务的机构,文书工作机构便属于这一类机构;另一类是专管机关业务的,是机关职能机构或业务机构。

文书工作机构,包括专、兼职的文书工作人员,也不是所有的单位都设置的。一般而言,一个单位要设置文书工作机构或专、兼职文书工作人员,至少应具备以下条件:

第一,是一个依法存在并有一定职权的单位。所谓依法存在并有一定职权的单位,主要指该单位是一个相对独立的而且能单独行使其法定职权的单位。

第二,有一定数量的收发文件。

第三,有一定数量的常驻领导干部和办事人员。设置文书工作机构或专、兼职文书工作人员的目的,是通过文书处理和管理为实现机关职能服务。

只有具备以上三个条件,才能设置文书工作机构或专、兼职文书工作人员,三者缺一不可。当然,设置什么样的文书工作机构,设置专职还是兼职的文书工作人员,还要从机关工作的实际需要和机关整个机构的实际情况出发,本着精干、高效的原则进行,防止机构臃肿和人浮于事。

四、文书工作机构设置的要求

文书工作是机关日常工作的一个重要组成部分,是直接为机关的领导工作、业务工作服务的,是行政机关行使职权、沟通信息、处理问题、办理事务的一项重要工作。各机关的文书工作通常都纳入机关的综合性办事机构,即机关的办公室、秘书处、秘书科等。各机关文书工作机构的设置根据任务的轻重、工作量的多少分为两类：

一类是对较大的机关来说。由于其文书处理工作任务较繁重，所以应考虑设立专门的机构，如文书工作由办公厅(室)负责，设置机要室、打字室、印刷厂、收发室、通讯科等文书工作机构。至于拟稿、核稿、签发、阅办、立卷等工作，其他部门也要兼办。

另一类是对较小的机关来说。由于其在文书处理中文件的数量较少，所以一般只在办公室设一两个专职或兼职的文书工作人员就可以了。

第四节　文书工作的行文规则

行文规则是指各级机关公文往来时需要共同遵守的制度和原则。遵守这些制度和原则，有利于公文传递的方向正确、线路短捷有效，避免公文旅行，阻止部分公文进入不必要的流通过程，抑制无价值公文的产生。行文规则规定了各级机关的行文关系，即各级机关之间公文的授受关系，它是根据机关的组织系统、领导关系和职权范围来确定的。

机关之间的工作关系是由各自的组织系统或专业系统归属、地位、职责、权利范围等因素决定的。它对行文关系有决定性的影响，规定着公文传递的基本方向。按工作关系行文，能为公文产生实际效用确立保证，有利于各个机关在自己的工作范围内各司其职，不为无关信息所干扰，从而使各项工作有条不紊、高效地运行。

一、机关之间的工作关系

机关之间的工作关系主要有四种类型，如图2-4所示。

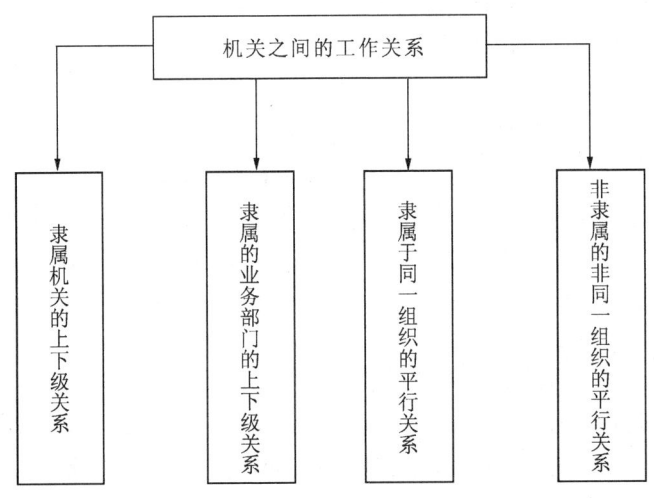

图2-4　机关之间的工作关系

第一类,处于同一组织系统的上级机关与下级机关存在领导与被领导的关系。

第二类,处于同一专业系统的上级主管业务部门与下级主管业务部门之间存在指导与被指导的关系。

第三类,处于同一组织系统或专业系统的同级机关之间的平行关系。

第四类,非同一组织系统、专业系统的机关之间,无论级别高低,均可视为不相隶属的平行关系。

根据公文授受机关的工作关系不同,可以将公文划分为上行文、下行文和平行文。上行文和下行文主要存在于以上第一类和第二类工作关系类型中。上行文是指下级机关向上级机关发送的公文,如报告、请示等;下行文正好相反,是上级机关向下级机关发送的公文,如批复、指示等。平行文存在于以上第三类和第四类关系类型中,同级机关和不相隶属机关相互发送公文都是平行文,如函等。

二、行文的基本规则

正常有效的行文应当遵循以下普遍适用的基本规则。

(一)按机关隶属关系和职责范围行文的规则

这条规则明确了两点:一是按机关隶属关系行文。上级机关对下级机关可以作指示、布置工作、提出要求;下级机关可以向直接的上级机关报告工作、提出请示,上级机关对请示事项应予研究答复。如果没有这种直接的领导与被领导关系,党和国家的方针、政策就难以层层贯彻落实。除了这一层关系外,在我们国家现行管理体制中,还形成了一种各业务部门上下垂直的条条关系,其中有些部门属本级政府和上级有关部门双重领导,大部分和上级业务部门之间虽然不属直接领导与被领导的关系,但在业务上的确存在指导与被指导的关系,也就形成了直接的上下行文关系。二是按机关的职责范围行文。这一点的要求是,行文的内容应是本机关职责范围内的事项,而不能超出,超出了即为越权。如果干涉了别的机关事务,不仅在实践中行不通,而且会造成政令混乱。当然,不相隶属机关之间也有公文往来,那只能是商洽工作、通知事项、征询意见等,而不存在请示、报告或布置任务的性质。

(二)授权行文的规则

这条规则是上一条规则的引申。如果一个政府部门的业务需要下级政府和有关部门的支持与配合,按隶属关系和职责范围又不具备布置工作、提出要求的行文权限时,就可以通过授权行文来解决。具体说,这个部门可向本级政府请示,经本级政府同意并授权后,向下级政府行文。在操作中,应将文稿拟好,由本部门领导签署,请本级政府分管领导审批。经本级政府分管领导审批后的文稿,在行文时,才能在文首或文中注明"经××政府同意"的字样。这里特别需要说明的是,各级政府办公厅(室)的行文都具有授权行文的性质(内部事务除外)。各级政府办公厅

(室)以及各部门的办公室是政府和部门的综合办事机构,对外行文都是代表政府和部门的,与本级政府和本部门的公文具有同等效力,下级机关(部门)都应贯彻执行。由各级政府办公厅(室)下发的公文,可不在文首或文中标注"经×××同意"的字样。

(三)联合行文的规则

这条规则仍属第一条规则的引申。同级政府与政府之间,部门与部门之间,上级政府部门与下级政府之间可以联合行文;政府与同级党委、军事机关之间可以联合行文;政府部门与同级党委部门、军事机关部门之间可以联合行文;政府部门与同级人民团体和行使行政职能的事业单位之间,就某些互相有关的业务,经过会商一致后可以联合行文。

联合行文,既可联合向上行文,也可联合向下行文。联合行文应当确有必要,单位不宜过多。

(四)一般情况下不越级行文的规则

不越级行文体现了一级抓一级、一级对一级负责的原则。一般情况下不能破坏这种原则,破坏了,就会造成混乱,也影响机关办事效率。所以,通常情况下不应越级行文。遇有特殊情况,如发生重大的事故、防汛救灾等突发事件或上级领导在现场办公中特别交代的问题,可越级行文,特事特办,但要抄送被越过的上级机关。否则,受文机关对越级公文可退回原呈报机关,或可作为阅件处理,不予办理或答复。

(五)不越权行文的规则

第一条规则中已明确要求按机关职责范围行文,如果有涉及其他部门职责范围的事项又未与其他部门协商,或虽经协商但未达成一致意见,不可以单独向下行文。如果擅自行文就构成侵权行为,会造成工作中的许多矛盾。上级机关如发现这种情况,有权责令纠正或撤销这类公文。现实中,这类情况时有发生,因此造成"文件打架""政出多门"。解决这类问题,应提倡部门之间多协商、多对话、多沟通,通过联合行文或授权行文的方式解决。

(六)"请示"不直接报送领导者个人的规则

"请示"直接报送领导者个人,其危害性大体上有三点:一是未经文秘机构签收、登记,成了"账外公文",公文的流向、处理情况不得而知,查无踪迹,成了"断线的风筝"。二是这类公文到了领导同志手里,领导同志也颇为难,批,没有部门的审批意见,只能以经验、凭感觉办事,往往失去决策的科学性;不批,也有可能影响报送单位的工作。三是现实中一些单位拿着直送领导的批示件当"尚方宝剑",到有关部门要钱要物,借领导批示向对方施加压力,从而引起矛盾。所以,领导同志一般不受理这类直报的请示,而是退给文秘机构统一签收、登记、分办,这便形成了公文"倒流",它破坏了公文处理的正常程序,造成了不必要的混乱。如果是上级领导个别交办、答应的事项,由此而上报的"请示",最好也应主送该领导所在的机关,并在公文中做出说明。收文机关在分办时,自然会把这份公文分送给这位领导同志批阅。

（七）"请示"应一文一事、只主送一个机关、不抄送下级机关的规则

这条规则包括三项内容:一是一文一事。机关或部门都有明确分工,各自只能办理职责范围内的事,如果一文数事,必然涉及几个主管部门,给公文交办带来困难,即使勉强交办出去,可能谁也不愿牵头办理,造成互相推诿、扯皮。二是"请示"公文只主送一个机关。请示内容是要求答复的事项,主送机关有责任研究并做出答复。相关的机关或部门采用抄送形式,以便主办机关征求意见或会签。如果多头呈送,上级机关一般不予受理。如果办理,会造成机关之间相互等待或意见不统一,增加协调难度,影响工作效率。三是不同时抄送下级机关。请示内容是未决事项,在上级机关还没有批准前,向下级机关抄送,会引起不必要的误会或矛盾,不利于工作的开展。因此,请示事项只能在上级机关答复或批准之后,再通知下级机关。

（八）"报告"中不得夹带请示事项的规则

"报告"和"请示"是两种不同的文种,适用范围有明显的界线,不能混用。"报告"是向上级机关汇报工作,反映情况,或向上级机关提出意见、建议,供上级机关决策参考时使用的。上级机关对"报告"一般不作答复,如果报告中夹带请示事项,很容易误事。如果既想汇报工作,让上级掌握具体情况,又想请示解决问题,一般有两种办法:一是将"报告"和"请示"分开,形成两份公文分别上报;二是以请示公文为主,将报告的内容作为附件,附在请示后面作为背景材料,让上级了解请示的理由。

（九）公文由文秘机构统一处理的规则

为了使公文按正常的渠道运转,按规范的程序办理,机关都设有专司公文处理的文秘机构或配备专人处理公文。公文的正常流程应该是:"收"由文秘机构统一签收、拆封、清点、分类、登记、拟办、分办、催办;"发"由文秘机构统一核稿,分送领导签批,然后再回到文秘机构登记、编号、缮印、校对、用印、分发。这样,无论是公文收进或发出,都经过专司公文处理工作的一个口把关,就能保证公文在机关有秩序地运转,规范办理,从而提高机关办事效率,保证公文质量。

行文规则中还要说明的是党的领导机关根据工作需要,可向同级政府及部门或下级政府机关行文;而政府机关不得向党的组织行文作指示、交任务。

经批准的报刊上全文发布的行政法规和规章,应视为正式公文依照执行,可不再发文。发文机关可印制少量文本,供存档备查。

三、行文方式

行文方式是根据行文关系、行文方向以及公文性质、效力范围等多种因素而确定的公文发布、传递的方式。行文方式从不同角度可以有不同的分类。

(一)行文与正式行文

按公文性质不同,有行文与正式行文两种提法。行文是指撰制与运行《国家行政机关公文处理办法》《中国共产党机关公文处理条例》《中国人民解放军机关公文处理条例》中规定的所有文种,广义的行文还包括撰制与运行机关事务公文;正式行文则仅指撰制与运行其中具有政策性、规范性的公文,即指撰制与运行下行文种。行文与正式行文为属种关系,行文可以上行、下行、平行,既可以用"文件格式"又可以用"信函格式";正式行文仅为下行,即只能用"文件形式"。

(二)内部公文和外发公文

按发布、传递范围不同,有内部公文和外发公文两种提法。内部公文是指仅在本机关内运行的公文,因其版头中发文机关标识不必套红印刷,故俗称"白头文件";外发公文,是指通过文书部门或邮电部门封装传递至其他机关的公文,因其版头中发文机关标识套红印刷,故俗称"红头文件"。

(三)直接行文和间接行文

按公文递送途径不同,有直接行文和间接行文两种形式。直接行文是发文机关直接向需要承办或执行公文中有关公务的受文机关行文,是最常见、最基本的行文方式;间接行文则是不直接向最终承办或执行公文中有关公务的机关行文,而是通过中转机关批转或转发该公文以达到最终目的的一种行文方式。

(四)逐级行文、多级行文、公开发布和越级行文

按机关隶属关系和公文的发送、效力范围不同,有逐级行文、多级行文、公开发布和越级行文四种形式,如图2-5所示。

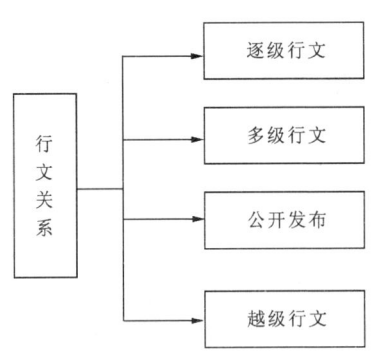

图 2-5 行文关系分布图

逐级行文,即按照隶属关系向直接上、下级机关行文。其中下行文的行文形式比较复杂:从过程讲,可以只向直接下级行文,也可以再由直接下级根据本级机关具体情况提出贯彻执行的意见后向更下一级机关转发该公文,以此类推,直至基层;从范围讲,可以向所有下级机关行文(即普发式行文),或向部分下级机关行

文,及向个别下级机关行文。

多级行文,即根据需要向上、下多级机关行文。

公开发布,即指用登报、广播或张贴等公开方式发布公文。

越级行文,即超越直接上、下级机关行文,一般专指越过直接的上级机关或多层上级机关向更高上级直至中央行文。

> **链接**
>
> **文书工作人员应有的素养**
>
> 文书工作人员要想适应文书工作的新发展,更好把握文书工作的新变化,必须具备如下素养:
>
> 1. 政治素养。文书工作是一项政治性、思想性、业务性很强的工作,要求文书人员必须有坚定正确的政治方向。
>
> 2. 职业素养。要热爱本职工作,忠于职守,明确文书工作任务、意义和原则,树立服务意识,认真、高效、高质量地做好文书工作,发挥好参谋和助手的作用;要遵守纪律,严守秘密;要廉洁自律,无私奉献。
>
> 3. 文化素养。要有文字功底,了解历史、地理、政治、经济、法律、企业管理等方面知识。
>
> 4. 业务素养。要具备精深的专业知识,了解文书学、公文写作、信息管理、档案管理、秘书学等相关学科基础知识,熟悉文书工作的内容、程序与方法;拥有熟练的业务技能,如综合办文、撰写文书、速记与校对、办公设备使用等,并掌握数字化、智能化方法。

本章小结

文书工作是一项具有政治性、机密性、科学性和事务性的工作。文书和文书工作的性质是由国家的性质来决定的,是直接为统治阶级的利益服务的。我们国家的文书工作是传达贯彻党的方针、路线、政策和国家的法律、法令的媒介,是加强党的领导,进行社会主义建设的工具,是为人民服务的手段。本章主要针对文书工作的性质、作用、任务、原则及文书工作的组织、文书工作的行文规则进行了阐述。

文书工作的任务是文件的撰写与处理、平时归卷与调阅、年终立卷归档、记录的整理、准备参考资料、编写大事记及其他事务性工作。

文书工作依据文书工作的性质、作用、任务、原则,采取集中或分散的形式。要严格遵守文书工作的行文规则,弄清楚行文的上下级关系及不同机关的行文隶属关系和行文特色,做好文书工作。

案例分析题

小董在一家公司的信息技术部门工作。为了满足数字化建设及应用的需要，公司准备更换一批电脑。部门领导让小董拟写一份电脑购置的文件，并就具体情况与他进行了沟通。小董针对部门工作开展情况、购买缘由与事项，拟写了《关于购置电脑的请示报告》。上交后，领导审稿中发现了问题。

请思考：

问题是什么？它违反了哪些文书工作的行文规则？

课堂讨论题

1. 根据自己看到过或者听到的事例，讨论文书工作的机密性。
2. 文书工作行文规则的具体实施方法。
3. 为什么要遵守文书工作党政分开的原则？

复习思考题

一、单项选择题

1. 文书工作的政治性不表现在（　　）。
   A. 这项工作直接关系党和国家的方针、政策和法令的贯彻执行
   B. 它是整个国家正常运转的保证
   C. 它是提高机关工作效率的重要环节
   D. 直接关系到人民的生活质量

2. 文书的机密性取决于文件的内容，而文件机密性的最终实现有赖于（　　）。
   A. 人们的重视程度　　　B. 文件本身的重要性
   C. 文件的秘密等级　　　D. 整个文书工作

3. 文书工作的重要性是指（　　）。
   A. 文件的重要性　　　　B. 具有鲜明的政治性
   C. 具有机密性　　　　　D. 文书工作岗位的重要性
   E. 文书处理各个环节的时间衔接性

4. 文书工作的工具性体现在文书工作的全过程中，没有（　　）这种表现形式。
   A. 文书的形成使文书的职能和作用的实现具有了可能性
   B. 文书的处理使文书的职能和作用由可能性变成了现实性
   C. 文书的管理使文书的职能和作用得以多次实现
   D. 文书的规范使文书的职能和作用得以充分体现

5. 下面不体现文书工作原则的一项是（　　）。

A. 准确 B. 及时 C. 简便 D. 保密

二、多项选择题

1. 文书工作的机密性是指(　　)。
A. 政治性　　　B. 机密性　　　C. 时限性
D. 文书工作的重要性　　　E. 秘密等级

2. 文书工作的实用性是指文书工作内容(　　)。
A. 重要　　　B. 琐碎　　　C. 实在　　　D. 具体
E. 可操作

3. 文书工作的时限性表现在(　　)。
A. 文书处理的迅速性　　　B. 文书处理的适时性
C. 文书处理的规范性　　　D. 文书处理的重要性
E. 文书处理各个环节的时间衔接性

4. 文书处理的规范性表现在(　　)。
A. 文书的形成上　　　B. 文书的处理上
C. 文书的格式上　　　D. 文书的管理上
E. 文书的具体实体上

5. 文书工作任务的特点是(　　)。
A. 以常规工作为主　　　B. 以被动工作为主
C. 常规工作和非常规工作的统一　　　D. 被动工作和主动工作的统一
E. 常规工作和被动工作的统一

6. 文书工作的信息作用主要表现在(　　)。
A. 传递信息　　　B. 筛选信息　　　C. 存储信息
D. 发布信息　　　E. 利用信息

7. 一般来说,大多数机关文书工作的服务作用主要表现在(　　)。
A. 为上级机关服务　　　B. 为本级机关服务
C. 为下级机关服务　　　D. 为人民群众服务
E. 为公务人员服务

8. 文书工作的安全是指(　　)。
A. 政治上的安全　　　B. 物质上的安全
C. 管理上的安全　　　D. 分发上的安全
E. 存储上的安全

三、简答题

1. 文书工作的性质和作用有哪些?
2. 文书工作的任务和原则有哪些?
3. 文书工作的组织形式有哪些?
4. 文书工作的行文规则有哪些?

实训题

通过到具体文书档案部门实习,了解文书工作的性质、作用、任务、原则及文书工作的组织形式、行文规则。

第三章　文书处理

学习目标

- 了解文书处理的含义与基本环节
- 明确收文处理和发文处理的基本程序
- 理解文书管理的原则及基本方法

何琳刚开始做××局文书处理工作时,对文书处理的手续掌握不严,文件的传、借全无记载。因此,工作不到三个月的时间,就有两次因调不出文件而影响了工作。实践使她认识到,文书处理工作是一项重要和细致的工作,要求从业人员具备一定的业务水平和办事能力;同时,要建立并严格执行文书处理制度,以保证工作质量。于是,她建议采取一些措施。在局领导的支持下,首先,固定了专门的文书处理人员,由其负责全局文件的工作;其次,建立了收文、文件借阅、归档等制度,并简化手续,采用收文簿和借阅卡片。在各方面的协作努力下,何琳出色地完成了全局的文书处理工作任务。

【分析】

上述案例提示我们,文书处理是一项复杂的工作,它包括诸多的程序和环节,处理不好必将影响工作的正常进行。本例中何琳前后两种不同处理方式孰优孰劣不言而喻。掌握文书处理的相关知识及技能对秘书人员尤为重要。

第一节　文书处理概述

无论你是国家机关还是企事业单位的办公室工作人员,日常最基本的工作任务之一就是处理文书。每天,大量的公文和信函等着你处理。当你了解了有关方面的知识后,再通过实际训练,你就会熟练掌握处理文书的方法。

一、文书处理的含义

文书处理是机关、企事业单位在公务活动和经营管理过程中,围绕文书的撰写、印制、收发、办理及立卷、归档等一系列环节所进行的运转处理。

文书处理的各个工作环节互相衔接,承前启后,形成文书运转的全过程。科学地组织与协调文书处理,对于文书的正常运转处理,建立正常的工作秩序,提高办事效率是非常重要的。

随着电子政务、电子商务的迅速发展,信息技术的运用成为文书工作自动化发展的必然趋势,形成纸质文书和电子文书并存的局面,赋予现代文书工作新的内涵。电子文书更加依赖计算机通信技术的应用,具备文件数字化、传输网络化、服务远程化、人员专业化等特征,但与纸质文书的处理流程没有本质区别。

> **链接**
>
> **文书处理模式的转变**
>
> 在办公自动化不断发展的背景下,现代化设备与技术广泛应用于文书工作,如利用文字处理软件排版与打印文书,利用复印机与桌面印刷系统印刷文件,为文书信息的收集、整理、传递、存储提供支持,文字、图形、语音、公务、信息处理逐渐向自动化转变,无纸化成为主要模式。这有利于提升文书工作效率,加强文书处理质量,在减少文书人员工作量和劳动强度的同时提高文书工作质量。

二、文书处理的程序

各类机关、单位的规模、工作性质、文书数量各不相同,文书处理的要求和方法也不一样,所以不同机关、单位的文书处理程序不尽相同。依据文书工作的规律,文书处理的程序通常包括:拟制、办理和管理。

（一）拟制

拟制包括文书的起草、审核、签发等程序。

（二）办理

1. 收文处理

收文处理是指对外单位发给本单位的所有文书进行收进处理的一系列程序性工作。主要包括对文书的签收、登记、初核、分送、传阅、拟办、批办、承办、催办、注办和答复等工作环节。

2. 发文处理

发文处理是指本单位对外发送文件的一系列程序性的处理工作。主要包括对文书的编号、复核、登记、印制、校对、用印和核发等工作环节。

（三）管理

文书管理是指对从文件的形成、运转到文件的保管、利用乃至文件的立卷、归档、销毁等文书工作所有环节的管理、统辖和控制工作，它贯穿于文书工作的整个运转流程(参见图3-1)。

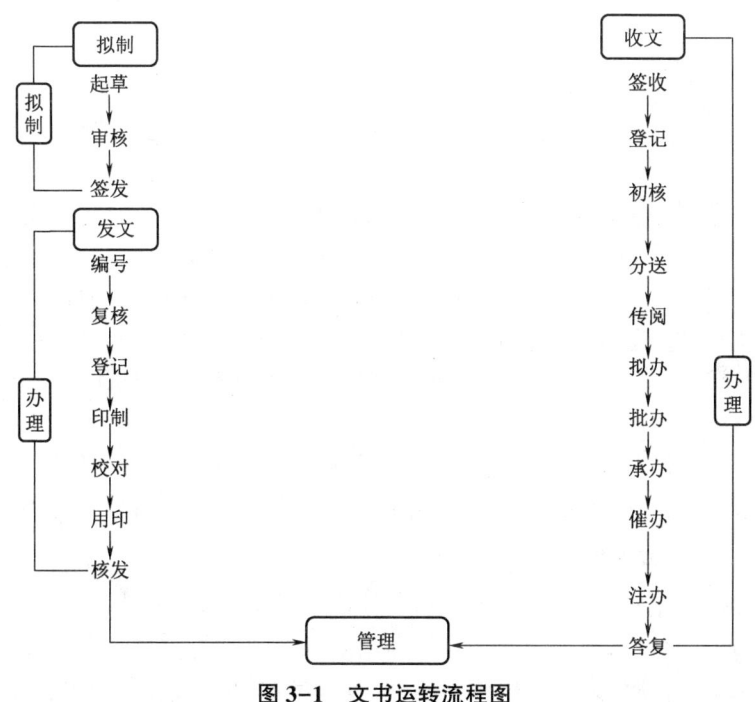

图 3-1 文书运转流程图

三、文书处理的基本原则

公文处理应当坚持实事求是、精简、高效的原则，做到及时、准确、安全；必须严格执行国家保密法律、法规和其他有关规定，确保国家秘密的安全。简言之，文书处理的基本原则为：客观性、精简、高效、安全保密。

（一）客观性的原则

公文处理工作必须要发扬深入实际、联系群众、调查研究、认真负责的工作作风，因为公文的出发点和最后的目的就是要解决实际问题，它是公务活动面对实际问题必须借助的方法、工具之一。如果不深入实际、调查全面、真实的情况，只是闭门造车，必然陷入官僚主义、形式主义和文牍主义的泥沼，使公文成为脱离实际，堆满了官话、套话、空话、假话、大话的垃圾堆。这样，公文处理不但无助于组织的管理，发挥不了实际的作用，甚至可能会带来混乱，制造矛盾。所以，公文处理必须是一种有效的信息沟通,公文处理的实践者应该从客观实际出发,倾听群众和基层的呼声,如实地反映真实情况,不先入为主,不任意夸大和缩小问题,不掩饰矛盾,既报喜也报忧。同时,公文处理的实践者要能对搜集上来的各种情况和材料的性质、真伪、是非、可行性作出准确的分析、判断和推理,运用科学的方法从客观事实中得出正确的结论。能够发现问题,提出问题,分析问题,最终还要落实在能有效地解决问题上。所以在公文处理实践中,最重要的是要能指出解决问题的具体方法、手段、途径和措施。

(二)精简的原则

精简是使公文处理活动能够更加准确、便捷、高效的保证。"繁文缛节"一直是困扰公文处理活动实现高效的突出问题。党和政府的有关领导曾一再要求"反对党八股",倡导"搬文山,填会海"。今天,市场经济社会对于公文处理活动的时效性要求更高,质量要求更严,因此在公文处理中必须要化繁为简,删繁就简。首先,文章要写得短一些,精一些,公文的格式、结构、种类都要力求简化。其次,公文运转处理程序的环节要力求精简,减少不必要的层次和工作环节,合并一些环节和手续,随着逐步改善加工手段,有效地控制程序,减少出现差错的机会,最终实现逐步简化的目的。再次,公文处理的实践者必须从观念上破除那种陈腐的以为繁琐、层次多必有效的旧观念,树立起精简的意识,认识到简便易行的程序、责任到人的工作安排、规范功用强的方法和工具,才是保证公文处理便捷有效的正确方法。

(三)高效的原则

效率和质量是相依相伴的,效率高不仅依赖于快节奏、高时效,更取决于公文处理的高质量,只有每项工作、每个环节都做到准确、细致、严谨、周到,使公文处理这一系统工程、群体行为能够按质完成,所有人员都能各司其职,公文处理的高效率才有可能实现。公文处理的质量涉及公文处理活动构成的各个要素,涉及工作过程的每个环节,涉及评估审核的指标体系。质量的高低不仅要依靠设备、物质、材料、工具等硬的因素,也要依靠人的主观努力、信息的保证和制度的完备等很多软的因素,只有在两个方面都达到高的质量,效率才能真正有保证。否则,只是片面地强调速度,强调快,强调客观设备条件、物质条件是否具备,就有可能"欲速则不达",出现只重物而不重人的倾向。

(四)安全、保密的原则

安全、保密是整个文书处理过程中都要高度注意的问题,既要确保文书不丢失、不损坏,也要避免因空气、温度不合标准造成对公文保存寿命的影响,更要注意公文的保密工作。现在公文处理中复印件很多,对其要严格按正式文件管理。每个文秘人员都要严格遵守公文管理的保密规定,做到不泄密、不失密。

安全和保密是相互关联的,只有严守党和国家的机密,才能保证公文的绝对安全。

案例

张教授是 A 市一所著名高校的知名教授。2008 年秋,该市某部门组织了一个课题,邀请张教授作为牵头人。经过一段时间的研究,课题形成了初步成果。该部门的李部长来到学校听取张教授等人的研究情况汇报时,张教授提出,国内的一些背景资料,尤其是上级部门对这项工作的具体要求,还有各地的实践情况资料还比较欠缺。李部长立即把办公室小刘叫了过来,要求他全力配合张教授到部里查阅资料,需要什么就提供什么。第二天,张教授就和小刘取得了联系,要求到该部门的档案室查阅资料。虽然单位规定,档案室是保密要害部位,不能随意领人进入,但小刘想,为课题查阅资料这件事是部长指示过的,应该不算违规吧,于是就把张教授带到档案室的涉密库房,毫无保留地把最近几年中央、省和市与课题有关的文件(部分涉密)搬出来,让张教授查阅。张教授随即拿出携带的笔记本电脑开始摘抄资料内容。

2009 年冬天,助教小徐对张教授说,"张老师,学校要求课程结束后,把有关课件放到网络课堂上给同学们学习用。您的研究生课程已经结束,您看什么时候方便就把资料挂到网上去。""我最近比较忙。这样吧,你把我的移动硬盘拿去,整理一下,把和课程相关、有用的东西挂到网上。"于是,小徐把张教授的移动硬盘带回家中整理。整理过程中他发现,张教授从该市某部门扫描的那份涉密文件参考性很强,于是直接挂到了学校的网络课堂上。张教授的学生小赵看到学校网络课堂刊登的这份文件,觉得很有用,便将其下载后刊登在自己的博客上,导致文件被大规模传播。事件发生后,张教授和小刘分别受到了党纪政纪的严肃处理。

(资料来源:苏州市国家保密局)

【分析】

《保密法》第二十四条第一款规定:不准在私人交往和通信中泄露国家秘密。

《党政领导干部保密工作责任制的规定》第三条第三款规定:各级党政领导干部必须自觉接受保密监督,模范遵守保密纪律、法规,不擅自或指使他人复制、摘抄、销毁或私自留存带有秘密的文件、资料。确因工作需要复印的,复印件应按同等密级文件管理。

《国家安全法》第二十九条规定:非法持有属于国家秘密的文件、资料和其他物品的,构成泄露国家秘密罪,依法应追究刑事责任。

上述案例充分说明了公文处理工作中"保守机密,安全可靠"这一要求的重要性,如果机关单位的保密制度不严,工作人员的安全意识不强,就会给党和国家造成不可估量的损失。案例中的张教授和小刘的行为皆触犯了国家的法律。

第二节 文书拟制

公文拟制包括公文的起草、审核、签发等程序。

一、起草

起草也称拟稿,是文书拟制阶段的起始环节。起草质量的好坏,体现了文秘人员的基本功,反映了文稿法定作者即党和国家机关、企事业单位、社会团体发布政令、交流信息、开展业务的愿望和要求,因此是一项严肃的工作。

需要注意的是,公文虽属应用文体类,但由于其具有特定的作者、特定的对象、特定的性质、特定的体式、特定的语言修辞、特定的格式和特定的制作程序,所以又不同于一般的应用文,更不同于记叙文、议论文、说明文等一般文章。

(一) 公文与一般文章的不同之处

第一,内容上有所不同。公文拟稿的政治性、政策性十分强。

第二,语言风格上有所不同。公文语言讲究字斟句酌,语意准确,概念、含义明确,解释时不致产生歧义。

第三,格式规范上有所不同。公文有明确的格式要求,并要做到统一规范。拟稿时必须按照规定的格式拟写,不能任意改变,更不能独出心裁,标新立异,另搞一套。

第四,制作程序上有所不同。公文制作的全过程包括草拟、审核等程序,制作必须按程序依序进行,不能违反规定办理。

(二) 起草公文应注意的问题

第一,符合国家法律法规和党的路线方针政策,完整准确体现发文机关意图,并同现行有关公文相衔接。

第二,一切从实际出发,分析问题实事求是,所提政策措施和办法切实可行。

第三,内容简洁,主题突出,观点鲜明,结构严谨,表述准确,文字精练。

第四,文种正确,格式规范。

第五,深入调查研究,充分进行论证,广泛听取意见。

第六,公文涉及其他地区或者部门职权范围内的事项,起草单位必须征求相关地区或者部门意见,力求达成一致。

第七,机关负责人应当主持、指导重要公文起草工作。

(三) 起草公文的人员

起草公文的人员主要包括机关办公部门的秘书人员、业务部门有关人员、临时组成的秘书班子和机关领导人。

> **案例**
>
> 20××年,某市的一个公文由于市纪律检查委员会和监察局提出不同意见而停止执行。这个公文的题目是《××市委、市政府关于加快发展个体、私营企业的决定》。《决定》中有这样一句话:"市直各部门都要进一步解放思想,大力支持我市个体、私营企业的发展,只要钱不装入个人口袋,怎样干都行。"《决定》下达后,不到半年,这个市的个体、私营企业如雨后春笋很快发展起来。但是,出现了一些市直机关与个体户合股、合资或拆墙开设门面房与个体户合作办店办企业现象。这些"合作"私营企业中,有少数打着市直机关的招牌,向国有企业要走俏商品转手买卖,从中获利。市纪检监察部门认为这种做法不符合省纪委第×次全体会议精神,向市委、市政府提出意见,主要是指《决定》中有:"只要钱不装入个人口袋,怎样干都行"这句话是市委的一位领导同志在一次企业家学习座谈会上讲的,没有公开发表,不能作为《决定》中的内容。
>
> (资料来源:http://www.wzyms.cn/main/school_Item6.asp?Id=88)
>
> **【分析】**
>
> 公文审核是公文处理程序中的一个重要环节。本例《决定》的那句话,是《决定》起草者引用市委一位负责人在一个座谈会上的即席讲话中的一句。其实,这个即席讲话是在特定的场合、特定的前提下讲的,前后还有多层意思,草拟者把它放到《决定》中是不对的。而负责公文审核的同志也未认真进行审核,因而出现差错。由此可见,公文的审核是十分重要的。

二、审核

审核也称核稿,就是在公文送机关负责人签发前,由机关办公部门对公文的内容、体式、文字等进行全面的核对检查。这一环节通常由办公厅(室)负责或由具有工作经验、水平较高的秘书人员负责。

(一)审核的意义。对公文进行审核主要有以下三个方面的意义

1. 为领导简政

机关的秘书、文书部门是为领导提供综合服务的,不仅应协助领导督促机关的文书工作,还应对报请领导阅批的文件进行认真审核,以节省领导审核和修改文件所花费的时间和精力。

2. 贯彻集中统一的原则

对文件要进行把关,有利于在行文中集中统一领导,克服和防止分散主义。

3. 有利于下级机关的贯彻执行

公文是传达政令的依据,只有政策界限明确、方法措施得当,才能有利于贯彻

执行。通过审核可以严把文件质量关。

(二)审核的内容。审核文稿时应着重注意以下几个方面的内容

第一,行文理由是否充分,行文依据是否准确。

第二,内容是否符合国家法律法规和党的路线方针政策;是否完整准确体现发文机关意图;是否同现行有关公文相衔接;所提政策措施和办法是否切实可行。

第三,涉及有关地区或者部门职权范围内的事项是否经过充分协商并达成一致意见。

第四,文种是否正确,格式是否规范;人名、地名、时间、数字、段落顺序、引文等是否准确;文字、数字、计量单位和标点符号等用法是否规范。

第五,其他内容是否符合公文起草的有关要求。

在审核中需要发文机关审议的重要公文文稿,审议前由发文机关办公厅(室)进行初核。

经审核不宜发文的公文文稿,应当退回起草单位并说明理由;符合发文条件但内容需作进一步研究和修改的,由起草单位修改后重新报送。

总之,文稿审核是一项十分严肃而重要的工作,审核中必须注意研究,认真对待。

> **案例**
>
> 某单位办公室主任草拟了一份要求下属单位上报工作总结的通知,经局长签字后送交打印室。新来的打字员打印完校对无误后,主任嘱咐他次日上午交收发室盖章后送到各下属单位。第二天上午,主任发现桌上放着的"通知"居然多了"签发人",而"签发人"正是自己的名字。当询问打字员原因时,他解释道:另一个打字员打的文件上就有"签发人",所以在这份通知上也加上了。最后,虽然下发的通知收回了,但仍不时有下属单位的人调侃这位主任:什么时候能再看到你签发的文件?
>
> (资料来源:http://www.people.com.cn/GB/shehui/8217/34282/34284/2968978.html)
>
> 【分析】
>
> 这个案例涉及公文生效的法定程序之一——签发。根据《国家行政机关公文处理办法》的规定,"上行文应当注明签发人、会签人姓名"。《国家行政机关公文格式》(GB/T 9704—1999)规定:"上报的公文需标识签发人姓名,平行排列于发文字号右侧……如有多个签发人,主办单位签发人姓名置于第一行,其他签发人姓名从第二行起在主办单位签发人姓名之下按发文机关顺序依次顺排,下移红色反线,应使发文字号与最后一个签发人姓名处在同一行"。可见,签发人是上行文的必备格式。依据《国家行政机关公文处理办法》的规定,可以用作上行文的正式公文文种一般是"请示""报告",有时有上行的"意见"、报给上级机关备案的"会议纪要"等。而案例中的"通知"是下行文,无须标注签发人。

三、签发

签发就是单位领导人对文稿进行最后的审定并签署意见的工作。《党政机关公文处理工作条例》中规定,公文应当经本机关负责人审批签发。重要公文和上行文由机关主要负责人签发。党委、政府的办公厅(室)根据党委、政府授权制发的公文,由授权机关主要负责人签发或者按照有关规定签发。签发人签发公文,应当签署意见、姓名和完整日期;圈阅或者签名的,视为同意。联合发文由所有联署机关的负责人会签。

签发公文的过程中,应再次认真审阅文稿,如发现问题需作重大改动,应做出明确批示,可在文稿的右白边批注意见,或由秘书口头转告拟稿部门重新修改,待修改并重新誊清后再作签发。

签发时应在"发文稿纸"(见表3-1)的签发栏内写明意见,并亲署姓名和具体日期。代行签发的要注明"代签"字样。签署意见必须明确,不能模棱两可。字迹要清楚、端正。如需要送机关领导人审阅的,要写明"请某某领导同志审阅后发"。若审批人圈阅或签名,应当视为同意。受领导委托代行签发职责的,要注明"某某代签"。

表 3-1　(机关名称)发文稿纸

密级:(　　　)　紧急程度:(　　　)

签发(会签):	主办单位拟稿人:
	主办单位核稿人:
事由:	附件:
主送机关:(受文对象) 抄送机关:(党、政、军、群、团、人大、政协、公、法、检、各民主党派等)	
主题词:	打字:　校对:　共印　份
发文字号:机关代字〔　〕号	成文日期:　年　月　日
(正文)	

第　　页

几个机关或部门联合发文,一般应由主办该文件的单位负责送请有关联署机关或部门的领导会签。单独发文的成文日期,应以领导人签发的日期为准;联合发文的成文日期,应以会签的最后一位领导人签发的日期为准。

第三节　收文处理

收文处理的主要工作程序包括签收、登记、初核、分送、传阅、拟办、批办、承办、催办、注办、答复环节。

一、签收

签收就是单位文秘人员收到文件材料后,在对方的传递文书单或送文登记簿(见表3-2)上签字,以表示文书收到。其目的是明确交接双方的责任,保证公文运转的安全可靠。

表3-2　送文登记簿

第　　页

序　号	发文时间	封套号	发文机关	文　别	签收人	签收时间	备　注

（一）签收的范围

一般来说,一个单位每天都会收到大量的函件,但并不是所有的函件都需要履行签收手续。需要履行签收手续的主要有以下收文:机要交通送来的机要文件；邮局送来的挂号函件和电报;外机关和部门直接送来的文件材料;本单位领导和工作人员出差带回的文件材料等。

（二）签收的具体操作步骤

签收的具体操作步骤包括以下几个方面:

1. 清点

清点就是检查、核对所收公文的件数是否与传递文书单或送文登记簿登记的件数相符。

2. 检查

检查就是核对所收公文封套上注明的收文机关、收件人是否确与本机关相符,核对封套编号是否与传递文书单或送文登记簿的登记相符,检查公文包装是否有破损、开封等问题。如有错误,要及时退回;如有包装破损、开封等现象要及时查明原因。

3. 签字

签字就是经清点、检查无误后,在传递文书单或送文登记簿上签署收件人姓名和收到日期。应该签写收件人的全名,并写上收到的时间,普通件注上收到的年、月、日即可,急件则要注上收到的年、月、日、时、分,以备事后查考。签字一定要清晰、工整。

二、登记

登记就是对收进的文件在收文登记簿(见表3-3)上编号和记载文件的来源、去向,以保证文件的收受和处理。目的是便于对收文数量进行统计以及今后的查考利用。登记是文书工作中的一项重要环节和程序。

表3-3 收文登记簿

第　　页

顺序号	来文日期	来文机关	来文标题	密级	送往部门	签收人	备注

(一)收文登记的范围

一般来说,无论是上级机关的文件还是下级机关的请示、报告,不管有无密级的文件,凡收到的重要文件都应登记。同时,仔细确认不必登记的文件,主要包括:公开的和内部不保密的出版物;一般性的简报;事务性的通知、便函、介绍信、请柬等。

(二)收文登记的方法

根据具体情况采用总登记或分类登记的方法。总登记适用于收文数量较少的单位,即把所有收到的文件按年度、按收文时间先后编流水号登记;分类登记适用于文件量多的单位,即对所有收到的文件先分类别,可以按文件的来源分,也可以按文件的内容分,然后在各类别内再编流水号登记。

(三)收文登记的作用

收文登记是一项极其重要的工作,因为它记录了来文的基本信息,从中可以了解文件的来龙去脉,以便今后查询;还可以据此掌握来文数量和范围,为平时归卷工作和今后整理、归档工作打下基础。

(四)收文登记的具体要求

收文登记是一项十分繁琐而细致的工作,在登记中,文书人员应认真负责、一丝不苟。要做到以下几点:

①登记时不能漏项,能在登记时完成的项目,应当即填上,需要后补的,应及时补上;

②在填写收文号时不要空号、重号;

③登记项目不可任意删减;

④书写时,字迹要工整、规范,不得随意涂抹,要用钢笔和签字笔;
⑤分清轻重缓急;
⑥如果收文较多,应先登记急件和重要件,一般件稍后处理。

三、初审

初审即在收到下级机关上报的需要办理的公文时,由文书部门对公文的内容、行文规则、文种的使用等进行审查核对工作,看其是否规范。这一环节是针对下级来文设置的,目的是把好上行文的质量关。初审的重点包括以下方面。

(一)看来文是否应由本机关办理

有些下级机关,在没有完全了解某级机关的职能的情况下就发来文件,要求帮助解决本级机关职权范围之外的问题,类似这样的来文不应由本机关办理,文书部门审核后,就可以将来文退回发文的下级单位。

(二)看来文是否符合行文规则

看发来的文件是否是按照组织系统进行的,采取的行文方式是否符合要求,是不是必要的行文,是否正确运用了主送和抄送方式等。如果是不符合行文规则的文件,亦可退回发文机关。

(三)看内容是否符合国家法律、法规及其他有关规定

为了建设法制化社会,必须依法行政,而这一点首先要体现在公文当中。如果在审核中发现下级来文的内容不符合国家法律和法规,收文的上级机关就有权向下级机关提出修正的要求。

(四)看来文是否符合程序

如果来文涉及其他部门或地区职权,那么要看发文的单位是否与相关单位进行了协商,是否经过了会签。否则,就会引起矛盾,影响工作的正常进行。

(五)看文种使用和公文格式是否规范

每一种公文都有其使用范围,进行哪项工作,应该使用哪一个文种,文书处理办法都有明确规定。例如:向上级反映情况用报告而不能用请示,请示与报告不能合用,否则就会影响文件的回复,从而影响工作。文件的格式不可缺项,在格式上缺项的公文是不规范的公文,尤其是在办公自动化的条件下,格式不规范的公文会给工作带来很多麻烦。如果发现文种格式不规范的文件,应向下级机关指出,引起其重视,以防再犯类似的错误。这对实现文书工作的规范化有着重要意义。

四、分送

分送也称分发或分办,是指文秘人员在文件登记后,按照文件的内容、性质和办理要求,及时、准确地将收文分送有关领导、有关部门和承办人员阅办。

分送工作的原则和要求如下:

第一,已有明确业务分工的文件,根据本单位的主管工作范围分送到有关的领导人和主管部门。

第二,来文单位答复本单位询问的文件,如收到的批复、复函或情况报告、报表等,要按本单位原发文的承办部门或主管人分送,即原来是哪个部门请示、询问或要求下级报送的,复文就送哪个部门办理。

第三,分送文件要建立并执行登记交接制度。无论是分送给本单位领导人和各部门的文件,还是转发给外单位的文件,都要履行签收手续。

第四,要求退回归档的文件,要在文件上注明"阅后请退回归档"字样,以便及时收回,防止散失。

> **案例**
>
> 鹏程公司总经理指示行政部王主任:查一下去年给市场部的"批复"中规定他们今年增加中南地区产品份额的具体数字是多少。王主任吩咐文档室查找,结果负责文档的工作人员查遍了去年所有文件也未找到,仅查到市场部要求增加中南地区产品份额的请示。经工作人员回忆,当时移交文书时,就曾提出未见"批复"件,但时间一长,也就不了了之。因该文件最后一直未能查到,有关人员包括办公室主任,都受到了应有的处分。
>
> 【分析】
> 企业行政部将领导批示后的文件发至承办部门,承办部门秘书人员经过签收、登记、分送、拟办、批办、承办和催办等程序,传达领导批示意见。承办部门办理完毕,应及时将批复件返回行政部,注办以后归档。如承办部门不及时返回,行政部到一定时间应组织有关部门清退文件,按规定收回文件,以免丢失和泄密。
>
> 鹏程公司的批复件,显然是市场部在办完后,未能主动返回办公室,行政部亦未组织清退而造成丢失,这样的教训应当记取。

五、传阅

传阅即有关人员在工作职责范围内传递阅读文件。需要传阅的文件有两种情况:一是文件经主要领导批办后需要其他副职领导或有关人员传阅,以掌握文件精神和主要领导的批示意见;二是来文属于抄送件,不需要特别办理,只要求有关单位、部门和人员了解,收文后,文秘人员将文件直接送有关部门和人员传阅。

传阅文件的要求是:

①有密级的文件,应严格按照保密工作的要求做好文件保密工作,即按不同的

密级要求限定传阅范围;

②传阅文件要有时间限制,尤其对有办理时限要求的文件,更要严格控制好传阅时间;

③文件传阅完毕必须及时交还给办公室保管,不得随意存放在个人手中;

④每份传阅文件都要由文书部门在文件首页附上文件传阅单(见表3-4),凡传阅人员都要在文件传阅单上签注姓名和日期。

表 3-4 文件传阅单

来文单位				来文标题			
来文字号		来文日期		收文日期		收文号	
传阅范围							
阅件人签名	阅件月、日、时	备 注		阅件人签名	阅件月、日、时	备 注	

六、拟办

拟办是文秘人员对收文应如何办理所提出的初步意见,以供领导批办时参考。

拟办的意见,是一种参谋性意见或建议,协助领导及时、有效地处理文件,为领导节省时间和精力,提高办文效率。文秘人员提出拟办意见时要抓住中心,有针对性,应考虑全面,切实可行,文字表述要简明精练。

(一) 拟办的范围

需要注意的是,不是所有的收文都要写拟办意见,只有那些除了阅知之外还需要具体办理的文件,才需要写拟办意见。其范围包括:上级机关主送给本机关需要贯彻落实的文件;机关直属各部门主送本机关的请示性或建议性文件,重要计划、方案、财务预决算等;下级机关主送给本机关的请求性文件;平级机关和不相隶属机关主送本机关的商洽性文件,以及涉及重要答复和共同研究协作等问题的文件;其他需要贯彻和承办的文件。

(二) 拟办的要求

拟定拟办意见的人应当熟悉党的方针政策和国家的法律法规,熟悉本机关的情况,熟悉各个部门的业务范围和相互关系,了解各个重要事项的办理程序和处理重要业务的有关规定,在提出拟办意见时,要全面考虑,使之科学、合理,并且做到简明扼要。同时,要将拟办意见写在文件处理单(见表3-5)"拟办意见"一栏内。

表 3-5　文件处理单

密　　级：
收文日期：　　　年　　月　　日　　　　　　　　　　　　　　收文号

来文单位		来文日期		来文字号	
内容摘要：					
附件：		主办部门：			
拟办意见：					
批示意见：					
处理结果：					
归卷日期		归入卷号			

七、批办

批办是领导人对文件如何办理提出最终的批示意见和要求。批办通常由单位主要负责人对来文作出批示,这是领导人参与公文处理的重要环节,是领导人行使其职权的过程,也是收文办理中最重要的程序,它决定了文件的最终处理要求,是决策性的办文环节。

批办文件,要求单位领导人认真阅读文件,琢磨拟办意见,提出原则批示意见。批示中要给文件承办部门指明办理原则、应注意的问题和办理要求,做到表态明朗、词义明确,并将批办内容写在文件处理单(见表3-5)"批示意见"一栏内。

八、承办

承办一般指贯彻落实文件精神和要求,按领导人批示执行具体的工作任务,办理有关事宜的过程。承办应严格遵循以下要求。

(一) 确认承办范围

部门(人员)接到收文后,首先要确认是否属于自己的承办范围,对不属于本单位职权范围或者不宜由本单位办理的文书,应当及时退回交办的文秘部门,并说明理由。

通常需承办的文书有:

①上级机关或本机关的方针、政策性文件,有的需向下传达贯彻,有的在本机关内部执行;

②上级领导交办的事项或需要办复的公文;

③来自下级机关的请示或重要的报告;

④平行机关或其他不相隶属机关要求协作的函电、合同等;

⑤人大代表的议案、建议和政协委员的提案。

(二) 按批办意见办理

承办部门(人员)收到交办的文书后,应认真阅读,掌握它的内容、发文意图及领导的批示意见,按照批办意见认真组织办理,不得自行其是或者寻找理由推诿。但当遇到批办意见与实际情况不一致,或随机出现了新情况而不能按批办意见执行时,可以请示后按批示意见办理;情况紧急的,可在一定的条件下采取相应措施。两个或两个以上部门联合办理公文时,被定为牵头单位者应担负起主办责任,并负责将有关单位提出的意见归纳整理,报请本单位领导审批。协办单位要积极配合,不得借故推诿。

(三) 及时、迅捷办理

任何文书都具有时效性,对需要承办而本身没有明确规定办理时限的文书,承办人员应根据其性质与重要程度及以往惯例确定办理的时限;对于紧急文书,应当按时限要求办理,确有困难的,应当及时予以说明。通常,特急件应随到随办,尽快在当时或在一日之内办理完毕;急件原则上也是随到随办,最迟不超过三天;对于限时完成的文书,必须在限定的时间范围内办理完毕,不能延续。

(四) 依据规章办理

承办中应遵循有关的方针政策和法律法规,依据惯例及实际情况办理。同时,承办工作要实行岗位责任制,对文书承办人员明确职责,提出具体的要求与指标,做到目标明确、各司其职、权责相符、赏罚分明,以保证承办工作准确、及时、安全地完成。凡被指定为牵头单位者,具有主办责任,但不得独自行事,而应在法定职权范围内召集会议,组织协调,并负责将有关单位提出的意见归纳整理,拟写办理意见。

(五) 签注文书的承办结果

为了日后查考文书承办的过程、方式、结果以及承办的责任者,便于维护正常的承办工作秩序,防止出现重复办文的现象,需简要注明文书的办理经过与结果。

包括:发文承办的,注明复文号、复文日期;会议承办的,注明会议名称、会议时间、议定事项;电话回复的,注明时间、地点、人员、主要内容;当面解决的,注明时间、地点、解决的方式与方法以及措施与结果等。

在文书办理完毕之后,承办人员应清晰、工整地在文件处理单(见表3-4)"处理结果"一栏内填写承办的经过与结果,并应填写承办人姓名与日期,以备日后查询。

九、催办

催办即文书人员或有关部门对需要承办的文书进行检查督促的工作。它是文书处理中一项必要的制度和必不可少的环节,是解决文件积压和延误、加快文件运转的有效措施。

(一)催办的范围

催办的范围包括:上级机关来文要求及时回复的;平级机关与本机关联系工作、商洽事务需要复文的;下级机关送本机关的请示需要批复的;等等。

(二)催办的形式

1. 电话催办

电话是现代社会运用最普遍的交流联络工具,因此,电话催办是最便捷的催办方式,对内催办检查多用电话,有时对外催办也用此种方式。

采用电话催办比较方便灵活,可以节省时间,催办速度也快,但只能靠接话人汇报,不能发现文件处理中的复杂问题。

2. 信函催办

对于外埠和比较复杂的催办工作,往往用信函的方式进行。其优点是:采用信函方式催办,不受通话时间的限制,可以讲清情况,有利于承办人及其领导传阅。缺点是:往来信函不论是写作还是传递,都要耗费大量时间,速度比较慢。

3. 催办卡(单)催办

有时催办人可以利用催办卡(单)进行催办,即在事先印好的催办卡(单)上填写有关项目,催促有关机关、单位尽快办文。它比催办信函写起来省时、省力,但邮寄起来同信函一样慢。

4. 登门催办

登门催办即催办人走出办公室,亲自到承办部门、机关、单位进行催办。这种催办的好处是,催办人深入基层、深入实际,在同承办人的交谈中,可以发现不少问题,便于帮助承办人解决一些具体困难和实际问题,催办的实际效果较好。但如果催办的任务多、催办人员少,往往不容易做到。

5. 会议催办

会议催办即通过汇报会的方式进行催办。在催办人员少、催办任务重的情况下,可以采用这种方式。采用会议催办的方式,催办人把承办人甚至把承办单位的主管负责人请来,让他们汇报办文情况,这样可以及时发现问题,彼此交流情况,总结推广承办经验,是一种较好的催办方式。但确有必要时才能采用这种催办方式,不然就会给承办人增加负担。

6. 简报催办

一些大机关不定期发简报,用于沟通情况、交流信息。催办人员也可以利用机关简报,定期或不定期地公布各部门、各单位的办文情况,对久拖不办的部门、单位进行适当批评,对办文速度快、质量高的部门、单位加以表扬,或者总结推广其办文经验,这些做法都可以起到催办的作用。

(三) 催办的要求

催办工作应做到:紧急公文跟踪催办,重要公文重点催办,一般公文定期催办,并随时或者定期向领导反馈办理情况。

与此同时,对有明确办理时限的批办件,催办部门应在到期前三个工作日向未办理完毕批办件的承办部门发送催办单,提醒承办部门按时办结;对未明确办理时限的批办件,催办部门应根据情况的轻重缓急,不定期发送催办单或电话催办。

催办部门应定期向领导报告催办结果,写明催办公文运行的具体环节、每个环节的完成情况及时间、未及时办理的原因等。

催办还应有工作记录;通过发催办单催办的,应留存工作底单;通过电话催办的,应备有电话记录。

十、注办

注办也称查办,即由文件承办部门或承办人员在公文办理完毕后对文件的办理情况和办理结果所作的说明。这项工作应由承办部门或承办人完成。承办完毕后,将情况和结果填写在文件处理单(见表3-5)"处理结果"一栏内。

公文注办一般包括以下内容:

①一般的传阅文件,在有关人员传阅完毕后,文书人员应注明阅毕的日期;

②需要办理复文的文件,办理完后要注明"已复文",并注上复文的日期和文号;

③用口头或电话答复的要注明时间、地点、接谈或接话人、主要内容等,并由承办人签字;

④不需要复文的文件要注明"已办""已阅""已摘记"等字样。

十一、答复

公文的办理结果应当及时答复来文单位,并根据需要告知相关单位。

第四节　发文处理

发文处理是指各单位答复来文或根据需要向外单位主动发出文件的过程。

> **案例**
>
> 某区政府主管部门在代该区政府拟写一份给某外资企业的批复文稿时,由于起草人员疏忽大意,将文稿中"需交纳土地征用某某费和某某费",误写为"需交纳土地征用某某费或某某费",区政府办公室在核稿和送审过程中都没有发现这一字之错。该外企收到政府批文后,即在规定期限内向有关部门交纳了其中的一项数额少的土地征用费,而没有交纳另一项数额较大的土地征用费。直至数月后,该区有关部门发现这一情况,向该外企致函责询,才发现区政府公文中一字之差的政策性差错。由于该项土地征用费是国家法律规定必须交纳且数额较大,区政府和有关部门只好拿着国家相关法律多次上门解释,要求该外企尽快补交。但该外企均以区政府已有正式批复为由,不愿再交纳另一项土地征用费。区政府只好采取强制措施,想迫使该企业补交。于是,该外企一纸诉状将该区政府告上法庭。法庭经过审理,认为该区政府的批文格式规范,文字、印章、生效时间准确无误,应属有效公文,判决区政府败诉。区政府万般无奈,又以国家法律为依据,发文撤销已发的批复公文,并上诉法院要求判处该外企补交土地征用费。
>
> (资料来源:http://13836913.blog.hexun.com/cate.aspx?cateid=216838)
>
> **【分析】**
>
> 上述案例涉及公文处理的全面优化质量原则。公文要求出"精品",在内容上、文字上以及运转处理上应该实行全面优化的质量要求。尤其是在市场经济、法制经济环境下,公民和市场主体的法制意识增强了,政府公文不规范、不准确、不合法,就有可能被告上法庭,不仅要打国内官司,还可能打国际官司。我们应该切记前人"一字入公门,九牛拔不出"的至理名言,公文应该准确无误,万万马虎不得。

一、编号

编号即编写发文字号,同时也包括编文件的份数序号。

发文字号即文件的编号,同一份文件只有一个发文字号,它是今后引用、检索文件的重要依据,必须按要求来编。

发文字号要能反映出该文件的制发机关、制发文件的年代和该文件在制发当年所发文件中的顺序。因此,它的结构包括发文机关代字、年份、序号。年份、序号用阿拉伯数码标识,年份应标全数,用六角括号"〔〕"括入,序号不编虚位(即 1 不编为 001),也不加"第"字。

公文份数序号是指将同一文稿印制若干份时每份公文的顺序编号,通常称为"份号",可编虚位,最多可用 7 位数,如"0000001"。如果文件只有个位数,不能写成"1",应用两位数"01"表示。

联合行文,只标主办机关发文字号;"绝密""机密"级公文应当标明份数序号。此外,文件印数较多时也要编份数序号,以便清点文件份数。

二、复核

复核就是指在公文正式印刷之前,文书部门对文件定稿进行再次审核的工作。

公文复核是公文正式印制前文秘部门进行的最后一次复审。这是非常重要的一个环节。在以往的发文处理中,人们习惯上总认为已经负责人签发的公文就不会有错,或者即使发现了欠妥之处,也习惯于以最后签发稿为准,不认真去思考或请求复核,以致造成个别发出的公文不尽完美。因此,在发文处理中一定要重视复核环节。

复核的重点是:审批、签发手续是否完备;附件材料是否齐全,在办理过程中是否有遗失或缺页;格式是否统一、规范;是否有错别字、漏字,等等。

三、登记

登记即发文登记。它是在文件发出之前对文件的主要内容和基本要素的记录,以便对发出的文件进行统计、核查等管理。具体内容如下(见表 3-6)。

表 3-6 发文登记簿

顺序号	发文日期	发文字号	文件标题	附件	密级	份数	发往机关	归卷日期	归入卷号	备注

顺序号——文件在登记簿中顺序登记的流水号。

发文日期——文件登记发出的日期,登记后的文件要尽快发送。

发文字号——所发文件的正式发文编号。

文件标题——标题要登录全称。无标题文件,要简要摘录文件的内容,填入此栏。

附件——根据需要作为正文的补充说明和参考的材料。

密级——所发文件的秘密等级,没有密级的文件不填。

份数——发给收文机关的文件数量。

发往机关——收文机关的名称。有些普发性的文件可登记发放范围。

归卷日期——发文的定稿和正本应及时归卷保存,并登记归卷的具体日期。

归入卷号——注明在第几号卷中。

备注——需要注明的其他情况。

四、印制

印制是指对已经领导审批签发的定稿进行排版、印制文件正本的过程。印制文件一般通过打印、胶印、铅印或复印的方式进行,必须严格按照《国家行政机关公文格式》的有关规定执行。

第一,印制公文要以签发的定稿为依据,从文字到格式,都不得擅自改动。

如发现定稿中确有错漏之处需要改正,应向上级汇报,由拟稿人或审核人进行重新审核和修改。

第二,要严格按规定的公文格式制版。

公文的印制过程也就是公文格式标准化、排印规范化的过程。定稿一般书写在"发文稿纸"上,印制时要将定稿的公文格式转化为符合国家统一标准的格式。

第三,要在规定的时间内印制完成。

急件要先印制,保密件要指定专门的印制单位或专人印制。要建立完善的文件印制管理规章制度及登记制度。登记的内容见表3-7。

表3-7 印制登记表

文件名称	送文单位	送文时间	印文数量	印完时间	取件人姓名	印制人姓名	备 注

五、校对

校对是在印制文件过程中将印制出来的文本清样与定稿从内容到形式进行全面对照检查的一道程序。

(一)校对的原则

忠于原稿是校对的基本原则,即以原稿为基本依据进行校对。校对人员不能脱离原稿校对,不能随心所欲地改动原稿。如果发现原稿有错误,应与撰稿人研究,证实确实是错误之后,才可以修改。有些专业性比较强的文稿,有时校对人员认为不对,而实际上是正确的,所以校对人员不可自以为是,随意改动原稿。一些属于原则性的重大改动,撰稿人、核稿人和校对人都不能自行决定,需经领导批准后才可改动。

(二) 校对的具体要求

采取"地毯式"检查的校对方法,即逐字逐句、逐个标点地进行校对。对数字、地名、人名等关键词语,要反复校核,对公文的发文字号、密级、紧急程度、标题、主送单位、抄送单位、日期、印刷份数、页码等尤须逐一校核。

注意消灭和纠正排版错误,统一字体、字号、格式。使用统一的校对符号进行校对,防止因校对符号不一致而发生误解。

每次校对最好由不同的人员进行,以避免先入为主和一些个人因素的局限。如果文稿不长,一校、二校即可;如果文稿较长或很重要,校对的次数相对要多一些。重要公文还应将校对后的清样送领导人审阅、修改。

六、用印

用印是指在印好的文件正本的落款处,正确加盖单位公章,以示文件生效的过程。

加盖单位公章是机关行使职权的凭证,是公文是否有效的标志,也是公文格式的一个组成部分。

印章是各种图章的总称,目前我国各级各类机关单位所使用的印章大致分为三大类:机关单位的公章;财务、税务、合同等专用章;机关负责人名章。这些印章从文字到规格,从使用到制发,都有其专门的规定。

使用印章应遵守有关制度。用印必须经本机关领导批准。文件用印时,文件落款必须同印章的名称一致。如果是代用章,用印后应注明"代章"二字。在开介绍信和证明信时,不得在空白信上盖章。用印必须坚持办理登记手续,每次用印都要认真做好详细记载,以备查考。

要按规定用印,即在落款处成文日期上用印,做到上不压正文,下要骑年盖月。印章要盖正,印色应是朱红色,要浓淡适宜,印迹要清晰可辨。用印要以签发为依据,领导签发的文件才可用印。

印章应由文书部门负责人或专人保管,保管人不得擅自委托他人代管。印章放在有保险措施的抽屉或文件柜中,不得随便乱扔,用印时随用随取,用后及时收回锁好。如果他人用印,管印人应在场监印,不得擅自离开。印章如需要携带外出,应采取防范措施,确保安全。印章丢失要立即报公安机关备案,并以登报或信函的方式通知有关单位,声明印章作废。

印章因损坏或机构变动而停止使用后,制发机关应及时收回,并做好封存或销毁处理。销毁旧印章,须经领导人批准,二人监督,并做记载,任何机关或个人不得擅自留用旧印章。

> **链接**
>
> 某厅办公室印鉴管理员在一日中午将近下班时,遇到下属公司一个常来办事的党支部书记兼经理拿着一份他女儿参加成人高考的登记表,要求其签署主管部门意见,并加盖厅的公章。开始,印鉴管理员要他找厅人事主管处盖章,但这位经理借口"已经下班,没时间了"要求其盖章,并说"单位已同意盖章了"。印鉴管理员碍于"熟人、面子",并以"她考上才算数"为理由,因而没坚持原则,便在登记表上签署意见,并加盖了该厅的印章。一年后,群众揭发经理弄虚作假、以权谋私,骗取单位和主管厅签印,送不符合条件的子女入高校读书一事。经有关部门查实,除对当事人作了纪律处分外,对不坚持原则、越权、违纪、随意用印的某厅办公室印鉴管理员也给予了处分。
>
> (资料来源:http://course.onlinesjtu.com/mod/page/view.php？id=12490)
>
> 【分析】
>
> 印章的使用有严格的规章制度,用印必须遵循一定的手续,不能违章用印、擅自用印。一个单位掌握印鉴的人,他的手起手落之间,担负着重大责任。单位印章是单位法人代表的凭证,它的使用权属单位主要负责人,使用权除主要负责人外,还有他授权分管某方面职责的副职和该单位办公室主任。办公室的印章监管员,只有代为管理的职责,只有在单位领导人签字认可的情况下,才能代领导者在正式文书上用印。未经领导者授权,随意代替单位签署意见和用印,就是越权、违纪行为。而上述案例中的某厅办公室印鉴管理员正是违反了印章使用的管理制度。

七、核发

核发又叫封发,是指对印制完毕、需要发出的文件按分发的范围作分封和发送的过程。

核发是发文工作的基础环节。核发文件总的要求是要使文件准确、合理地进行定向、定速、定量的流动。文件核发由文秘部门承担,包括书写封面、装入文件、封套封口、登记、发送文件等一系列工作。

做好核发工作的总体要求是:份数准确,书写正确,封口牢靠,发送安全,确认收文。

封装文件前要先看发文稿纸注明的发送单位、密级、有无附件,然后根据发送文件的份数,对发出的文件数量进行认真清点,确认份数无误,特别要注意附件是否有漏缺,文件有无缺页、倒页、错页等现象,文件有无漏盖印章等问题。

文件封面的书写必须清楚、明白、正确,邮编地址、部门名称、姓名称谓都要书写工整,不得滥用简称和不规范的字体;文件如有紧急、密级等特殊要求,必须在封面上盖上相关戳记。

文件装入封套时要注意短于封口,封口要牢靠、严实,不能用订书钉封口,应用糨糊或胶水封实,有密级的文件还要按密封的要求贴上密封条并骑缝加盖密封章。

文件发送要按照文件自身的情况通过不同的渠道进行。文件发送的渠道主要有电信传送和人工传送。电信传送指通过电传、传真、网络等形式传输文件,但对机密文件的传输必须采用加密方式。

大批寄发的普发性文件,可印制成套的信封,以节省书写时间,避免书写差错。

文件封装发出以后,文秘人员应将发文定稿和正本及时归卷,以留待查考和年终立卷归档。对办复的发文,要履行注办手续。

第五节 文书管理

文书管理是指对文书流转的过程进行系统综合的管理、统辖和控制。这是一个保证文书工作正常进行,提高机关工作效率的系统工程。

一、文书管理的任务

在文书处理过程中,文件的印刷、收文、发文,都存在一个科学管理的问题。做好文书的日常管理,做到文书既不遗失、泄密,又便于查找、调阅,方便工作,是机关实现职能的一项重要工作。实现文书的全面管理,应完成以下几方面的工作。

(一)控制文件的数量

控制文件的数量,就是控制单位的发文数量,这是实现文书全面管理的首要任务。

首先,要减少不必要的行文。文件是机关开展工作的重要工具,但不是唯一的工具,因此不是事事都要行文。

其次,要适当行文。控制文件数量,并不是说发文越少越好,而是要坚持必须、适当的原则。以下几种需要发的文件必须发:涉及贯彻党和国家方针政策的文件;涉及全局工作的文件;涉及干部任免、机构设置、财务调度等方面的文件;涉及典型事例和具有普遍意义的行文;对距离较远、分布较散的下属单位的工作指导性行文;针对收文的复文。

(二)提高文件的质量

文件的质量问题,是关系党和国家的方针政策以及发文机关意图是否能够贯彻执行的重要问题,也是文书管理中的关键问题。行文主旨不清,观点不明,政策掌握不准,甚至出现语法错误等问题,关键是在文书管理中没有严把质量关。

要保证发文质量,就要对文件拟写和制作过程中的每一个环节进行严格管理,特别是要把好起草关、审核关、签发关和校对关。

首先,要把好起草关。在对起草文件的管理中,应首先抓起草文件人员的素质问题,这是保证文稿质量的前提。起草文件工作应选择有一定文字功底、思维缜密敏捷、理解能力强、有责任心的人员来担任。另外,起草文件人员要严格按照选题、选体、选材、拟提纲、拟稿、修改等步骤进行工作,其间,还要经常与主要领导和文书部门负责人沟通,在他们的参与和指导下进行起草文件工作。这是提高文件质量的第一步。

其次,要把好审核关。审核是对文稿从政策到文字进行审核,要求审核人员不断提高政策水平和文字功底,积累丰富的文秘工作经验。要求经过这一关的文稿,不能出现大的漏洞。这是提高文件质量的关键一步。

再次,要把好签发关。签发应由机关领导和文书部门共同完成。虽然签发工作是由机关领导来做,但签发的质量如何,却需要文书部门来监督,文书部门要对签发工作提出要求,提醒机关领导按照规定进行签发,这样才能保证签发的质量。

最后,要把好校对关。校对是保证文件质量的关键一关。此关如疏忽,将前功尽弃。许多行文中的差错往往就是由于校对不慎而造成的,应要求校对人员认真做好每一稿的校对工作。

(三)对文件传递运转过程进行管理

文件制作出来以后,是靠传递运转实现其价值的。传递运转渠道不畅通,文件制作的目的就无法达到,整个单位的工作就会受到影响。因此,要保证文件运转的畅通,必须重点把好登记关、传阅关和传送关。

把好登记关,就是要在登记的时候,按照要求把该登记的项目认真详细登记清楚,以便掌握文件的来龙去脉,随时查找文件的行踪和下落,如果出现事故也好追查责任,这是保证文件有秩序地运转的关键步骤。

把好传阅关,就是在登记之后,文书人员应抓紧时间组织传阅工作。文件传阅时,可采取一些具体的方法,保证传阅的顺利进行。例如:留意领导的工作规律和日程安排,抓住领导在本机关的适当时机,及时送阅和送签;用打电话、写留言条等方式,请经常在外的业务人员回机关阅看处理文件;合理安排和调整阅文的顺序,不要因某个人而耽误了他人的传阅;督促阅文人员将处理和阅完的文件及时送还文书部门,而不应消极等待。

把好传送关,就是在发文时科学处理传送中的各个环节。例如:合理选择文件递送的途径与方式,根据机关发文的实际需要,灵活采用机要交通、电信、传真、网络或直接投递等方式来传递文件;拟办和批办时,应正确按各部门的职能范围进行,避免出现因文件批办不准确而往返周转,使文件不能及时有效处理等问题。

(四)建立健全各项管理制度

文书工作有诸多程序和环节,要保证所有程序和环节都正常运行,制定各项管理制度是十分必要的。

文书管理制度主要有以下几种:

1. 收发文件登记制度

要根据收、发文件的来源、内容及发出渠道,合理地编排收、发文件字号。利用文件登记册,建立起文件收进、运转、处理及发出的完整记录,使之有据可查,以利于核对与保护文件。

2. 文件传阅制度

在组织文件传阅过程中,要合理安排、灵活调度。对于阅办件,根据文件的不同内容和急缓程度,按照"先办事后阅知、先主办后协办"的原则,按拟办意见先送主管领导,后送承办部门。如果主管领导外出,应直接送承办部,使文件能得到及时处理。

3. 文件阅退检查核对制度

该办法的具体做法是,在领导阅毕或部门办文完毕退还文件时,根据登记字号检查核对。领导有指示意见时,则按领导指示处理;领导需短期留用的,办理借文手续;承办部门退还的文件未曾签署的,要求承办部门补签,以维护文件的齐全与凭证性。

4. 文件借阅及催退制度

凡需带出保密室或阅文室使用的文件,都要办理借文手续,定期归还。如需长期留用,一般只借出重份文件或文件复印件,原件保存。对借出的文件要定期催退,对办文的承办部门要催办。同时要求承办部门将办理完毕的文件及时清退。文件不得长期保存在各个部门,更不允许文件长期滞留在个人手中。

5. 文件的归口制度

实行文件归口制度,可以杜绝有关人员截留参加会议带回来的文件或外单位寄到本部门的文件的现象,使文件的现行效用得到及时而全面的发挥,保证日后档案的完整。

6. 文件保密制度

在秘密文件的收发处理工作中,一定要坚持保密原则,严格按照文件自身的保密要求和阅知范围办事。该发的文件一份不少发,不该发的文件一份不多发,该阅知的不少让一人阅知,不该阅知的不多让一人阅知。

链接

按规律进行文书管理

文书管理有自身的规律性,要更好地探求和发现文书工作的客观规律,并运用这些规律指导工作实践,以促进文书工作的发展,更好地满足工作的需要。工作实践给我们认识和掌握规律提供了有利条件,但要真正了解和掌握客观规律,还要对文书工作的基础知识进行深入的学习和研究,将感性认识上升为理性认识,更好地掌握文书管理的规律。

二、文书管理的原则

做好文书管理工作,应遵循以下几项原则。

(一)公文管理统一

党政机关公文由文秘部门或者专人统一管理。设立党委(党组)的县级以上单位应当建立机要保密室和机要阅文室,并按照有关保密规定配备工作人员和必要的安全保密设施设备。

(二)公文制度统一

各级党政机关应当建立健全本机关公文管理制度,确保管理严格规范,充分发挥公文效用。各单位应根据《党政机关公文处理工作条例》的有关规定,结合本单位实际情况,统一制定公文处理工作制度,如文件登记制度、批办制度、催办制度、保密制度等,使本单位的公文处理纳入制度化,有条不紊地统一处理。

(三)公文处理渠道统一

各单位办公室应当配备专职人员负责公文处理工作,由他们统一掌管文件的收发、分办、传递、用印、立卷、归档、销毁等。其他部门和其他人员不得擅自收拆、分发、用印和销毁文件。本单位其他部门代收的文件或代拟的文稿,都应统一由文秘部门登记处理。

三、文书管理工作的具体内容

文书管理的内容很多,这里主要谈谈文书的保管和利用。

(一)文书的保管

文书的保管,顾名思义,即对文书保存的管理。文书在处理完毕之后,现实效用已结束。这些失去现实效用的文书,需要由文书部门进行收集、清退、保存、归档、销毁。文书部门对文书的收集、清退、保存、归档和销毁,即是文书保管工作的基本内容。

1. 文书的收集

一般来说,正常运转的文件无须专门收集,但有些文件材料并非通过正常的渠道运行,这就需要文书人员去专门收集。收集的方法大致有以下几种:

(1)平时收集。一年之中,不经过正常运行程序、正常渠道运行的文书材料很多,有些材料,特别是内部材料,一般很少有人专门保管,而且时限性很强,如果等年终整理前专门收集,往往收集不到或收集不全,必须在平时随时收集。文书人员应在日常工作中,时时注意对失去现实效用的文书进行收集,这样才能保证文书收集的齐全完整,保证不失密泄密。

(2)主动收集。主动收集即要求文书人员发挥主观能动性,主动去收集文件材料,而不是被动地坐等别人把文书材料送上门来。注意每一份发文和收文的运转情况,注意会议文件和内部文件的形成情况,注意外出开会带回文件和报刊上公开发表文件的情况。凡遇到上述情况,都要积极主动地进行收集,防止疏漏。

(3)重点收集。重点收集即抓住形成文书材料的重点部门,如综合部门、调研部门、业务部门、秘书部门等,收集不经正常渠道运转的文书材料;抓住应该归档的重点材料,尤其是本机关内部形成的重要文件的原稿和正件,进行重点收集。

2. 文书的清退

文书清退即文书部门根据有关制度和规定,对运转处理完的文件进行清理追退。清退是文书归档和销毁前十分重要的工作环节,清退工作做得如何,直接影响到文书的整理、归档和利用。

(1)清退范围。每年各机关单位的收发文件很多,但不是所有的文件都必须清退,这就涉及一个范围问题。属于清退范围的有:

①加密的文件及资料。凡是标有绝密、机密、秘密字样的文件或资料,无论是传阅、承办,还是学习研讨之用,都应及时清退。

②送领导传阅的文件。送领导传阅的文件一般都是重要文件,而且领导工作繁忙,经常不能及时将文件退回文书部门,因此,领导人传阅的文件应在文书部门重点清退的范围之内。

③注明"清退"字样的文件。凡是注明"清退"字样的文件,诸如领导人的重要讲话、各种重要资料、密码电报、会议印发的要求退还的文件讨论稿等,均在清退的范围之内。

④有重大错误的文件。如果发现发出的文件有重大原则错误,应及时通知收回,以免扩散影响。

(2)文件清退的具体做法。发文机关在发文时,对需要阅后退回的文件,尤其是密件,应在文件上注明"清退"字样,并在每年的第一季度发出清退文件通知,附带上一年需要清退的文件目录。受文单位应按通知的要求和目录规定的范围、清退时间,将文件退回到文书部门。

对于传阅的文件,如果需要返回,须在传阅之前盖上"阅后退回存档"图章,以便提醒阅文者及时将文件退回。

文书人员应对超过退交时间而仍未退回的文件进行随时催退。

3. 文书的保存

被收集和清退回来的文件在未进行整理和归档之前,在文书部门有一段保存的时间。机关文书的保存方法,主要是采用文件夹和文件盒存放文件。在采用文件夹和文件盒存放文件的时候,为了做到条理清楚,便于利用,必须抓好以下几个环节:

(1)做好文件夹和文件盒的置备工作。文件夹和文件盒是平时盛装、存放文书的工具,必须有充足的备品,这是文书保存的基本条件。文书部门必须在每年的年初购进足够的文件夹和文件盒,以备使用。

(2)文件夹和文件盒的分类。文件夹和文件盒的分类实质上是对装在文件夹和文件盒中的文件的分类,这是文书管理中重要和必要的工作内容,合理的分类,可以使文书管理工作井井有条。

分类的方法有很多。例如:按文件密级分类,这种分类有利于文件的安全保密;按发文机关分类,这种分类便于查找;按收文时间分类,这种分类便于近期文件的使用和阅办;按文件的内容分类,这种分类便于对同一内容文件的查找;按整理归档要求分类,这种分类有利于平时归档和年终整理。各级机关单位应根据本单位的实际情况,选择一种或几种分类方法,以有利于本单位的文书管理工作为原则。

(3)文件夹和文件盒的编目标注。文件夹和文件盒内均应编写文件目录,记载文件夹和文件盒内文书的内容,以便查找和管理。文件目录的内容有以下几项:顺序号、文件标题、发文机关、行文日期等。另外,文件夹和文件盒的封面或脊背上应注明类别,以便查找。

(4)文件夹和文件盒的陈放和整理。文件夹和文件盒一般陈放在特别的卷柜内。摆放时,应按类集中排列,这样才便于管理和查找。对文件夹和文件盒中的文件应定期整理,随时调整置放错位的文件,并对已处理完毕的文件做一些整理的准备工作。

利用文件夹和文件盒保存文件,是文书管理的传统方法,亦是有效的方法。这种方法在文书管理工作中起到了非常重要的作用。

4. 文书的归档、销毁

(1)文书的归档。文书归档就是指文书处理部门将办理完毕的、具有保存价值的文件立卷,向单位档案室移交。需要归档的公文及有关材料,应当根据有关档案法律法规以及机关档案管理规定,及时收集齐全、整理归档。两个以上机关联合办理的公文,原件由主办机关归档,相关机关保存复制件。机关负责人兼任其他机关职务的,在履行所兼职务过程中形成的公文,由其兼职机关归档。

(2)文书的销毁。文书的销毁是指对运转处理完毕而又无保存价值的文书进行销毁。

进行销毁工作之前,必须明确销毁范围。需要销毁的文书大致包括:不需归档的各类文书、平时清退回来的重份文书、无保存价值的其他文献资料、上级机关授权销毁的材料、翻印复印的上级文件、订阅的内部发行的材料与刊物等。

文书的销毁,一般可一年集中进行一次,最好是安排在文书整理归档之后,也可以随时销毁,特别是密级较高的文件,应随时清退随时销毁,以防止丢失或泄密。

文书的销毁是一项严肃的工作,必须按照有关规定和手续要求进行。其具体要求有以下几点:

①按上级规定的销毁权限和范围销毁。清退回的文件,需要销毁的由负责清退的机关统一销毁。清退以外的文书,由县以上单位文书部门清点登记销毁,县以

下单位一般不得销毁上级机关制发的各种文件。凡属销毁范围内的文件,任何文书管理部门和个人不得以任何借口截留不毁。

②履行销毁审批手续。文书销毁的审批,一般由机关办公部门的领导人负责。文书管理部门报批销毁时,应有关于销毁文书的书面申请,并附有销毁目录,经领导审批签字后,方可进行销毁。

③销毁文件应登记造册。文书人员应对准备销毁的文件逐件进行登记,然后认真进行核对,确定准备销毁的文件与登记册上的内容和数量无误时,才能进行销毁。文书销毁后,监督人员应写出销毁文书报告,销毁人和监督人需在报告上签字。销毁报告连同销毁文书的请批件、销毁目录一并由销毁单位存档。

④大批量文书销毁的处理。遇有大批量需要销毁的文书,可送造纸厂保密车间溶化纸浆。但绝密文件和密码电报等不可送造纸厂,应由机关人员自行焚毁。严禁向物资回收部门出售内部文件和资料、刊物等。

(二) 文书的利用

文书工作中所有环节的进行,包括收文处理、发文处理、整理归档以及文书的保管,最终目的就是为了文书的利用,这是文书工作的价值和意义所在。

文书的利用是指对外机关发来的文件,特别是上级机关发来的文件,进行传阅、传达、贯彻、落实,并根据文件精神和本机关的实际情况,制定具体实施意见和办法等一系列行为。另外,在文书处理完毕整理归档之后,对文件的查阅、参考、研究等行为,也属于文书利用的范畴。

1. 文书利用的原则

在文书的利用工作中,有两条原则应该遵守:

(1)既要保密又要方便。在利用文书的过程中,不能只顾急于传达贯彻文件而忽视了文件的保密规定,任意扩大文件的传达范围,会造成失泄密现象;不能只强调文件的保密,把文件锁在柜子里,不按照文件的规定及时向有关人员传达、贯彻、落实,适时推动工作的开展。也就是说,文书的利用既要考虑保密要求,又要考虑对实际工作的推动,将利于保密和便于工作结合起来。

(2)既要坚持原则又要机动灵活。在文书利用的过程中,既要考虑上级文件的基本原则、基本标准和基本要求,贯彻落实文件精神不走样,不打折扣,按文件的要求处理问题,又要结合本地区、本机关、本部门的实际情况,具体问题具体分析,在不违背原则的基础上,做某些机动灵活的变通处理。

2. 文书利用的方式

文书利用的方式大致有以下几种:

(1)文件的传阅和传达。收到外机关特别是上级机关的文件之后,由文书人员安排本机关领导人进行传阅,并根据领导人的批示,向机关有关人员传达文件,使其了解文件的内容。这是文书利用的最基本的方式。

(2)文件的承办和拟制。收到来文之后,要根据文件的要求进行承办。有时需要对文件进行回复,如对下级的请示进行批复、批转报告、答复上级的询问、处理检举揭发信等;有时需要起草新文件,如对上级发来的方针政策性、指导指示性文件,需要根据本地区、本部门和本机关的实际情况,拟制新的贯彻落实的文件,根据上级的法规性文件,制定适合本地区、本部门的具体实施办法或细则等。总之,在承办过程中,要对原文加以利用,也就是说,回复和起草新文件,离不开原文件。

(3)文件的查阅和借阅。在机关工作中经常遇到以下情况:根据以往的发文和上级来文精神解决、处理各种问题;在拟制本机关的文件时,需要参考以往有关文件;解决群众需要和应该解决的问题,需要根据以往的文件;向上级机关提意见和建议,亦需要根据以往的文件精神;等等。凡遇上述情况,都需要向文书及档案部门调阅已处理完毕的文件。因此,我们说查阅和借阅文件,也是文书利用的一种方式。

(4)文件的复印和汇编。一些上级发来的重要文件,因份数较少,传阅、传达起来很不方便,需要进行复印或翻印;有些经常使用的重要文件,特别是涉及方针政策以及法规性文件,为了提高文件的使用率,有时把它们汇编成册,发给有关人员和部门;有些重要资料,如统计数据、典型材料等,往往也要进行复印或汇编。文件的复印和汇编亦是重要利用手段之一。但是,复制、汇编机密级、秘密级公文,应当符合有关规定并经本机关负责人批准。绝密级公文一般不得复制、汇编,确有工作需要的,应当经发文机关或者其上级机关批准。复制、汇编的公文视同原件管理。复制件应当加盖复制机关戳记。翻印件应当注明翻印的机关名称、日期。汇编本的密级按照编入公文的最高密级标注。汇编,确有工作需要的,应当经发文机关或者其上级机关批准。复制、汇编的公文视同原件管理。复制件应当加盖复制机关戳记。翻印件应当注明翻印的机关名称、日期。汇编本的密级按照编入公文的最高密级标注。

(5)建立阅文室。为了方便文书的利用和利于保密,国家要求,在有条件的机关单位,尤其是文件收发量较大的单位,应建立阅文室。

建立阅文室可以发挥以下几方面的积极作用:

①便于领导安排阅读时间。传阅文件时,领导人须在限定时间内阅完文件,否则将会影响他人阅读。建立阅文室,领导人可不受时间限制,自行安排阅文时间。工作忙时,可集中精力处理工作;工作闲时,可随时去阅文室阅读文件。这样,既保证了阅文时间,又保证了阅文质量。

②有利于提高文件周转率和办文效率。在传阅文件时,领导人往往由于忙于处理事务而造成文件的积压,延长了文件传阅的时间。在阅文室阅文就不会出现这种情况了。一位领导阅读后,另一位领导就可以接着阅读文件,阅读的周期大大缩短。另外,在传阅文件时,由于文件周转慢、周期长,领导人的批办意见自然得不到及时承办,势必延缓办文速度。在阅文室阅文,领导人的批办意见文书人员马上

就可以见到,可以立即办理,大大提高了办文效率。

③有利于加强文件的管理和保密。文件集中保管在阅文室,可以防止阅文范围之外的人接触,防止了文件的丢失和泄密,有利于文件的管理。

④有利于提高文书工作效率。传阅文件,文书人员的重复劳动多,工作担子重,集中在阅文室阅文,可以减少很多不必要的劳动,节省时间,有利于文书人员集中精力管理文件,提高文书工作效率。

> **链接**
>
> **高效文书管理的方法**
>
> 文书管理效率是衡量一个组织工作效率的重要因素,政策指令、规则制度、业务活动、信息咨询等都要依靠文书形成、保管和利用的一系列过程。电子文书具有更快的节奏、更低的成本,更利于分享信息和节约办公资源,实现文书的电子化流转和办文的透明便捷。文书管理的信息化水平和规范、及时与否,决定着组织工作的运转状况和服务质量。随着电子政务的不断发展,计算机化和网络化的现代办公手段大大提高了文书管理效率。

本章小结

文书处理工作,是指公文拟制、办理、管理等一系列相互关联、衔接有序的工作。

公文拟制包括公文的起草、审核、签发等程序。

公文办理包括发文处理、收文处理等程序。

发文处理程序主要有编号、复核、登记、印制、校对、用印、核发等环节。

收文处理程序主要有签收、登记、初核、分送、传阅、拟办、批办、承办、催办、注办和答复等工作环节。

文书管理则是指对文书流转的过程进行系统、综合的管理、统辖和控制。这是保证文书工作正常进行,提高机关工作效率的系统工程。上述每项程序都有相应的操作规范,在文书处理过程中,要按规范化的方式进行操作。

案例分析题

1.××市城建局外收发人员对收文签收后,将《××市××区职工大学关于申报基建用地的函》径直送到局办公室。工作人员小李即将该函启封。阅后,认为该事项应由城建局土地管理处办理。于是,小李给土地管理处打了电话,请他们来办公室取走该公函。土地管理处小王从小李手里拿走公函,回去后交给了该处处长老马。老马阅后,认为不急于办理,就将该文放在抽屉里。过了20天,××职工大学打电话给城建局办公室,接电话的是办事员小何。询问事情以后,在电话记录本上记录:"××职工大学来电话询问申报基建用地一事。"过了两天,局长陈××偶然翻阅电话记录,看到该记录后,问办公室工作人员:"这是怎么回事?"但是没有人回答。局长陈××很是生气。

请思考:

上述案例中办文环节的错漏之处有哪些?为什么?

2. 某市工业局的公文处理依照如下的基本程序进行:局办公室外收发人员将收到的文件拆封登记后再送内收发签收;内收发人员将文件清点登记后,加盖收文章,然后将文件全部送局办公室主任批阅;办公室主任对所有文件进行拟办,提出初步办理意见后送局长、副局长在文件上批办;局领导批办后,将文件直接交各业务处室的业务人员承办。

请思考:

这几个工作步骤中各有哪些不当之处,为什么?

3. 某单位要求秘书部门于一周内将某项工作意见拟好发文。A秘书接受任务后,为了抢时间争速度,按领导意图拟稿后只交给本业务部门负责人审核,审核后即送打字室进行印制。因未经领导审阅,打印出来的一百多份"工作意见"全部作废,造成人力、财力、物力的浪费,耽误了文件的准时下发,造成不应有的失误。

请思考:

上述案例中,A秘书造成失误的原因何在?如就此制定一个办文制度以杜绝类似现象发生,应从哪些方面加以限制?

课堂讨论题

1. 你认为公文处理工作中"保守机密,安全可靠"这一要求的重要性是什么?

2. 你是如何理解"公文处理在使公文得以形成并产生实际效用的全部活动中占重要地位"这句话的?

复习思考题

1. 何谓公文处理程序?收文处理和发文处理各有哪些主要程序?
2. 草拟一般分为哪些步骤?应注意哪些问题?
3. 审核文稿具有什么意义?审核文稿的主要内容有哪些?
4. 什么是签发?签发的原则是什么?
5. 什么是签收?签收文件的具体步骤有哪些?
6. 文件登记有哪些作用?文件登记的要求主要有哪些?
7. 什么是拟办?拟办有何要求?
8. 什么是承办?承办应注意哪些方面?

9. 什么是催办？如何确定催办的范围？催办的形式有哪些？

10. 你认为办公室文员应在哪些方面做好文书的管理工作？

11. 何谓文书利用？文书利用的意义有哪些？

实训题

目的：了解文书处理的过程，掌握文书管理的方法。

任务：熟悉收文处理的工作程序。

操作步骤：

1. 到收发室取回外单位发来的公文及邮件，履行签收手续。

2. 回到办公室启封，注意邮件启封的权限，同时要仔细操作，以免损坏里面的文件材料或邮戳等标记。

3. 将必须登记的文件、材料登记造册。

4. 按收文的内容要求，将收文快速送达有关领导或主管部门传阅或承办。

5. 按要求填写文件传阅单和文件处理单。

第四章　文书的整理与归档

学习目标

- 了解文书立卷的步骤
- 掌握文书整理的方法
- 理解归档文件整理的规则
- 掌握文件归档的范围

小黄到青宝公司办公室工作半年多就赶上公司文书的立卷归档工作。由于小黄在学校学的是秘书专业,现在又负责文书的收发工作,所以文书立卷任务就落在了小黄头上。小黄心想:这是我到公司后第一次进行文书立卷,一定要干得漂亮,让同事了解我的能力和工作水平。小黄从文件柜中把零散的文件材料都抱出来堆在办公桌上,然后开始整理。小黄想起老师曾经说过,归档文件应齐全完整。为了避免遗漏有价值的文件,他将重份文件剔除出去,其他的文件材料都列入了归档范围,然后进行组卷。初步组好卷后,他满心欢喜地请有多年立卷经验的老赵审查。老赵仔细看过之后指出,案卷中有不属于归档范围的文件材料,需要重新划定归档范围。

【分析】

小黄在文书立卷过程中,面对的是一堆零散的文件材料。他注意了归档文件的齐全完整性,却忽略了要按归档范围鉴别和选择归档的文件材料。

为了避免单位工作中形成文件材料的散乱、丢失,做好立卷准备,给归档文件整理打下基础,应做好平时的文书归卷工作,在平时有计划地积累文件材料,将收集的零散文件进行分门别类的保存。做好文书的整理与归档,要遵循文书整理的原则和要求,按照整理的步骤和方法进行,准确地划定归档范围,达到便于保管和利用的目的。

第一节 文书立卷

文书立卷是将已经办理完毕、具有保存价值的文书，按照其内在联系和形成规律进行整理加工，分门别类地组成案卷的系统整理过程。文书立卷是文书处理工作的最后环节，是文书管理工作的重要内容，是传统的文书管理方法。在实际工作中，一些单位对纸质文件仍采取立卷的方法。

一、文书立卷的要求

文书立卷是一个分类、组合、编目的过程，是将单份文件组成案卷。它既是一项整理工作，也是一项组织工作。

文书立卷必须遵循文书形成的客观规律，根据各种文书自身的特征和联系进行科学的组织处理，保证文件之间的历史联系，全面地反映本单位工作和活动的真实历史面貌；确保归档文书的齐全完整，使本单位各项工作活动中形成的应立卷归档的文件材料均得以收集；保证立卷质量，按照文件的保存价值组卷，确保归档文书对今后工作具有查考利用价值；便于文件的保管、检索和利用，为档案工作的开展奠定基础。

二、文书立卷的方法

文书立卷是在了解文件的内容及其形成过程的基础上，将具有共同特征和密切联系的文件组合在一起，即按照问题、作者、名称、时间、地区、通讯者特征将文件组成案卷。

文书立卷的方法是由文书立卷的基本原则和要求决定的。各个单位的工作性质和职能不同，形成的文件材料不一样，这就决定了立卷方法的多样性和灵活性。

（一）按问题特征立卷

问题是指文件内容记述和反映的某方面的工作情况或涉及的人物、事件、事物等。按问题特征立卷是将反映同一问题的文书组成一个案卷。

文件是各单位围绕贯彻方针政策、处理和解决问题而形成的。把相同问题的文件集合在一起，能反映某一方面或某一具体问题的相互联系和对问题的处理情况，揭示活动的全貌，保持文件内容方面的联系。利用者可以按文件内容所叙述的问题查找文件，便于检索利用。

按问题特征立卷是一种最常用的立卷方法，运用最为广泛，有很大的灵活性。

（二）按作者特征立卷

文件作者是制发文件的单位、部门或个人。按作者特征立卷是将属于同一作者的文件组合成案卷。这种立卷方法特征明显，易于掌握，方便查找和利用。

按作者特征立卷反映同一作者的工作活动,体现文书的来源、重要程度和行文关系,便于反映本单位的工作以及其他单位与本单位的联系。由于作者的职能和地位不同,按作者立卷,能够自然地区分文件的重要程度和保存价值。

(三)按名称特征立卷

名称是指文件的名称。按名称特征立卷就是把同一名称的文件组成一个案卷。

不同的文件名称,反映文件的不同效能、作用和性质,说明文件的重要程度。有些文件名称相近,可以合并组卷,如报告、总结、汇报。按名称特征立卷,能较好地反映单位的工作活动,适当地区分文件的重要程度和保存价值。

(四)按时间特征立卷

时间是指文件形成时间和文件内容所针对的时间。按时间特征立卷是将属于同一年度、季度或月份的文件分别组成案卷。一些时间针对性比较明显的文件,如年度预算、季度计划、月份统计报表等,通常是按文件内容针对的时间立卷。

按时间特征立卷,可以保持文件时间上的联系,反映一个单位一定时期的工作特点和发展状况,便于按时间查找文件和查考单位在不同阶段的工作情况。按时间特征立卷方法操作简单,多用于时间特征明显的专业性文件。

(五)按地区特征立卷

地区是指文件来源的地区、文件内容针对或涉及的地区,一般指行政地区或自然区域。按地区特征立卷是将内容涉及同一地区(如省、市、县、乡)的文件组成案卷,或者把同属某一地区的作者的文件组成案卷。

按地区特征立卷可以反映文件之间的横向联系,便于对各地区工作的了解和比较。它适用于领导单位的文书立卷,因为领导单位工作范围广,所辖区域多。采用这种方法立卷时通常与其他特征立卷方法结合运用。

(六)按通讯者特征立卷

通讯者是指有密切的文件往来关系的双方单位。按通讯者特征立卷是将本单位与某一单位就某些问题进行工作联系或协商而形成的来往文件集中组成案卷。

按通讯者特征立卷,反映单位之间处理有关问题的沟通联系过程,展现本单位的对外交往,体现收发文单位双方或个人之间的联系,适用于单位往来文书的立卷。

文件之间的联系错综复杂,在实际工作中要结合本单位的具体情况,按照文件自身的特点,灵活运用,保证立卷的科学合理和文件的分类组合质量。

三、文书立卷的准备工作

(一)文件材料的收集和清理

文件材料的收集是立卷工作之前的一项必不可少的准备工作。它是根据立卷类目和文件材料形成的实际情况,将工作中形成、保管的文件材料进行收集和清理,保证归档文件材料的齐全和完整。每个工作人员有责任与义务在立卷前,向立卷人员移交属于归档范围的文件材料,不能遗漏、疏忽,更不能擅自据为己有。

(二) 平时归卷

平时归卷是文件归档整理的前期工作。做好文件材料的平时归卷工作,使办理完毕的文件的管理工作科学、有条理,为查考利用提供方便,对于保证归档文件的完整齐全、平时查阅利用和年终整理归档工作顺利进行,加强文书的日常管理,都具有重要的意义。

进行平时归卷,要把好登记、收集、检查、管理关,做好平时文件材料的收集工作,在工作中随时将办理完毕的文件归入卷夹内。

平时归卷的依据是预先编制的立卷类目。要依据文书立卷归档范围,考虑单位工作活动和文件材料形成的规律,制定本年度归档文件的类目表。归卷时,针对文件材料的类型和载体,根据编制的立卷类目,按类目的有关条款将文件归入相应的卷内,到年终与其他案卷一并归档。

(三) 检查与调整卷内文件材料

立卷之前,要对经过组合的卷内文件进行认真的检查。检查的内容包括:卷内文件是否符合归档范围的要求;卷内文件是否齐全、完整;组合成的案卷是否保持了文件之间的有机联系;卷内文件的保存价值是否相当。凡是不符合要求的,要予以调整,补充遗缺,清理重复或不需归档的文件材料。

四、文书立卷的步骤

文书立卷就是将全宗内已经分类的同类文件材料进一步系统化,并按一定联系和规律,将若干单份文件材料组成案卷。文书立卷的步骤是将一个单位一定时间内的若干文件按照立卷方法和要求组成案卷,以便于管理和查找利用的一系列工作程序。文书立卷工作有以下几个步骤。

(一) 拟订立卷类目

立卷类目是详细、具体的立卷方案,包括类号、类目名称、条款号、条款名称、保管期限、备注等。立卷类目是平时文件立卷的指南,是整理归档的参考依据。立卷类目的拟订,是文书处理部门根据工作活动和文件材料形成的规律进行预测,对可能形成的文件材料按立卷要求和方法,预先编制年度归档文件的类目表。

(二) 文件的归类和组卷

文件的归类就是文件处理部门根据文件的分类方案和立卷类目,将办理完毕的文件材料归入所属的类目中。

组卷是按照一定的原则和方法,区分不同的保存价值,将已归类的、具有共同文件特征的文件组合成案卷。

(三)卷内文件整理

文件组成案卷后,需要对卷内文件作进一步整理。卷内文件整理的主要工作内容是:整理卷内文件的排列、编号,填写卷内文件目录和备考表。

1. 卷内文件的排列

卷内文件排列是将案卷内的文件材料按一定的规律进行系统排列,保持文件间的联系和有序性。

卷内文件可按时间、作者、问题、地区、文件的重要程度和文件名称排列。无论采取哪种方法排列,必须注意保持请示与批复、正件与附件、同一文件的各种不同稿本之间密不可分的联系。

2. 编号

卷内文件材料排列后,要进行统一编号,固定次序,以便保管和查找利用。凡是载有文字、图表等内容的页面,均要逐张编页号。页号位置在文件正页的右上角。页号从卷内第一份文件的第一页的右上角编到最后一页。

3. 填写卷内文件目录

卷内文件目录位于卷首,介绍卷内文件的内容和成分,便于查找卷内文件。主要项目有顺序号、文号、责任者、题名、文件日期、页码、备注。卷内文件目录的填写一般是逐件登记,卷内文件目录各项均应进行逐项填写。卷内文件目录格式见表4-1。

表4-1 卷内文件目录格式

顺序号	责任者	题名	文号	日期	所在页号	备注

(1)顺序号。填写卷内每份文件排列顺序的编号。

(2)文号。填写每份文件的发文字号。

(3)责任者。填写每份文件的作者,要用全称或规范化的简称。

(4)题名。填写每份文件的标题。一般填写原文的标题;原文标题若不能准确反映文件内容,则先写原文标题,然后写上自拟标题并加"[ ]"以示区别;原文若无标题,应根据文件内容自拟标题并加"[ ]"表示。

(5)日期。日期指文件的形成时间。填写文件生效日期(领导签发日期或文件落款日期),年、月、日可用"·"代替,如2006.12.12。年、月、日要齐全。

(6)所在页号。填写每份文件在案卷内的所在页号。

(7)备注。如有其他需要说明的情况则可填入备注。声像材料应用文字说明摄制的对象、时间、地点、中心内容和责任者。

4. 填写备考表

备考表位于卷末,用以说明卷内文件状况,便于管理人员和利用者了解案卷情况。备考表的项目主要有本卷情况说明、立卷人和检查人签名及立卷时间。备考表格式见表4-2。

(1)本卷情况说明。填写卷内文件数量,说明案卷的状况。

(2)立卷人。由责任立卷者签名。

(3)检查人。由案卷质量审核者签名。

(4)立卷时间。填写完成立卷的日期,年、月、日要完整。

(四)案卷封面的填写和案卷装订

为了便于文件的保管和利用,要认真填写案卷封面,装订好案卷。

表4-2 备考表格式

本卷情况说明:
立卷人: 检查人: 立卷时间:

1. 案卷封面的填写

卷内文件整理完毕后,要用钢笔或毛笔填写案卷封面,做到字体工整、美观。案卷封面的主要项目有:全宗名称、类目名称、案卷题名、时间、保管期限、件数、页数、档号。封面上的项目要填写齐全、清楚。

(1)全宗名称是立档单位的全称或人物的姓名。

(2)类目名称是全宗分类方案的第一级类目名称。填写一级类目及其下位类目名称。

(3)案卷题名即案卷标题,一般由作者、文件内容、名称组成,是对卷内文件的总概括,揭示卷内文件的内容和成分,为查找利用提供线索。案卷题名是封面中最主要的项目,是编制各种检索工具的基础。

拟写标题是档案编目的主要内容之一。拟写案卷标题的关键是熟悉卷内文件的内容,要求内容概括明确,表述事实准确,基本结构完整,文字简练通顺,概念准确。

2. 案卷的装订

案卷的装订是为了固定文件之间的排列顺序,保护卷内文件材料不受损坏,防止散失，便于保管使用。

案卷装订前应注意进行卷内文件的修整，拆除文件上的金属物（包括订书钉、曲别针和大头针等），检查是否有漏页、重页和倒页等情况，修补受损文件，修复字迹褪色文件，裱糊破损的页面，折叠过宽和超长的非规格的文件材料。字迹不清的页面要复制并与原件一同立卷。

文件材料整理取齐后按规定采用三孔一线的方法装订案卷，装订要结实、整齐、美观，不掉页，不倒页，不压字迹，不影响阅读。案卷装订后按规定向档案室移交档案。

第二节　归档文件的整理

归档文件整理是与传统的"立卷"相对应的一个概念。国家档案局发布的《归档文件整理规则》明确了归档文件的整理方法和质量要求，为文件整理工作确立了标准和依据。

一、归档文件整理的含义

归档文件整理是将归档的文件以件为单位进行装订、分类、排列、编号、编目、装盒等技术工作，使之有序化的过程。归档文件整理的含义可从以下几方面理解。

（一）办理完毕的文书整理归档

整理归档的文书必须是办理完毕的文书，正在办理的文书是不能整理归档的。文书办理完毕并不是指文书中所涉及的事件已经全部办完，而是指文书在处理程序上已经办理完毕。

文书中提到的事情只需近期办理，并确定已经办理完毕。如请示与批复、问函与复函等，这种询问答复性文书，已回复，可随时整理归档。有的文书在发文机关发出或对方机关单位收到后就算办理完毕的，也可随即整理归档。

文件需要长期办理或执行时，如重大问题、上级机关发布的指导性法规以及重要决议、年度计划、长远规划等，从发文机关来说在文件发出前就可以将定稿整理归档；而收文机关，则经有关领导人阅知、研究、传达并采取了具体执行的措施后，才可以整理归档。

不需要办复的文书，如上级机关发来的任免令、通知、通报等，经机关领导人阅批或传阅等文书办理程序完毕，就可以整理归档。

（二）有查考利用价值的文书整理归档

需要整理归档的文书，必须是具有一定保存价值的文书。对于日常工作中形成的大量文书，没有必要都作为档案保存起来，没有查考利用价值的文书不需要整理归档。

（三）文书归档前必须经过科学的整理

需要整理归档的文书，必须按照它们在形成过程中的自然联系分类整理。日常工作中形成的文书，是逐渐产生的，处于相对杂乱的状态，为了查考利用时检索的便利，应该把有密切联系的文件材料以"件"为单位进行分类整理。整理好的文书，应即时装盒，以便保管和利用。

二、归档文件整理的作用

文件要整理归档，是由文件本身的特性决定的。这种特性就是文件具有现实的办事效用和日后的查证功能。文件整理对文件的保管利用和档案的管理具有重要的作用。

（一）保持文件之间的历史联系，便于查找利用

文件是在办结后以件为单位归档的。由于文件来源分散、顺序凌乱，只有进行整理，将有价值的文件材料按照一定的规律进行分类、排列、组合，才能使文件之间保持一定的联系，使一组文件处于集中状态，从而有利于对一组有联系的文件进行查找。

（二）维护文件的完整与安全，便于保管

档案是反映工作活动的真实记录，而某一项工作活动形成的文件又是多种多样的，彼此之间有着内在的必然联系。通过整理，将这些文件材料汇集在一起才能全面地反映出整个工作活动的流程和状况，使文件得到妥善的保管，更好地维护其安全。

（三）保证工作活动的连续性，为档案工作奠定基础

对文件进行有序的整理工作，可以保证这些文件的有效利用，使得工作活动能够顺利、连续地展开，为日后的档案工作打下基础。

文件整理归档是介于文书处理和档案管理之间的一项重要工作。文件整理的质量，直接影响档案的收集、整理与保管等各项工作。

三、归档文件整理规则

文书立卷是传统的归档文件的整理方法，以案卷为文书档案的基本保管单位。传统的立卷方法对我国档案的保存和利用发挥了重要的作用。随着档案事业的发展，适应档案管理现代化和提高工作效率的需要，归档文件整理规则应运而生。

（一）《归档文件整理规则》的有关规定

国家档案局于 2000 年 12 月发布了中华人民共和国行业标准——《归档文件整理规则》（DA/T 22—2000）。作为改革传统立卷方式的一个新标准，该规则的核心在于适应办公现代化条件下计算机管理文档的新形势。其中规定：文书整理工

作以"件"取代"卷",实行文件级管理;以"案盒"取代"案卷","案盒"作为保管单位;以年度、机构(问题)、保管期限的文书整理分类方式取代以往按几大特征的分类方式;以归档文件目录替换卷内文件目录;取消硬卷皮和软卷皮,取消案卷目录、目录号。

随着档案工作的深入发展和信息化技术的日益普及,该标准在实践中遇到一些新情况、新问题。2015年10月25日,国家档案局发布档案行业标准《归档文件整理规则》(DA/T 22—2015),以适应纸质文件与电子文件并存的现状,满足信息化条件下归档文件整理的需要。新版规则通过规定归档文件的整理原则和方法,细化文件归档的流程与方式,明确整理的具体要求,完善和加强了档案管理制度,提升了管理效果。

(二)《归档文件整理规则》实施的意义

《归档文件整理规则》从档案工作的实际出发,在借鉴传统立卷方式合理做法的基础上,规定归档文件的整理原则、方法,确立以件为单位进行文件整理的全新模式,改变了人们在档案工作中的传统惯性思维,给档案工作带来新的影响和变化,其意义如下:

1. 提高文件管理效率

传统的文书立卷工作程序多、难度大。以件为单位进行整理,操作方式发生变化,档案人员的手工劳动减少,节省人力、物力。特别是采用计算机管理档案,文件信息都输入电脑,按照分类大纲编制程序,省去了拟写案卷标题、填写封面、编制卷内目录和案卷目录等一系列工作,减轻档案工作量且可深度检索,大幅度提高工作效率。

2. 整理方法易于掌握

传统的立卷方法要求立卷人具备档案专业理论知识,熟悉立卷工作的规范、要求,具备一定的综合分析能力。《归档文件整理规则》在遵循文件整理工作基本规律的基础上,简化了文件整理程序,工作难度相应降低,文件整理方法容易理解和学习,便于档案工作的顺利开展。

3. 有利于档案的保护和利用

整理方法的简化、工作量的减轻,使档案人员有更多的精力从事档案的编研和利用工作,较好地协调了档案的整理、保护和利用的关系。

传统的立卷方法中,档案案卷由多份文件装订成册,而利用者通常只需查阅其中的一份文件,不利于档案的保密。同时,档案的整卷调出会导致卷中其他文件的无端损耗,缩短自然寿命。实行按件管理后,可以按照档案利用者的需要调阅相关文件,既方便又安全保密,同时还减轻了档案人员调档的工作量。即使是完成归档后发现零散文件,也无须拆卷、再装订,只需将文件插入相关类别的卷盒中,在备考表或备注栏中说明即可,方便灵活。

4. 利于开展鉴定工作

用传统立卷方法组成的案卷,内容比较杂,卷厚,文件装订在一起,编目固定,影响档案部门鉴定工作的进行。根据《归档文件整理规则》,档案鉴定工作不以卷为单位,不需要重新整理,人们不用担心换卷皮、重拟新写案卷标题、重新编页号和案卷号等一系列问题,极大地减少了鉴定工作的难度和工作量。

5. 适应档案管理现代化的需要

随着办公自动化的不断发展,计算机管理档案逐渐普及,电子文件得到广泛应用。文件级管理,使得纸质文件与电子文件的整理实现有效连接,适应计算机存储、利用档案的需要,促进了档案管理系统的优化,提高了归档齐全完整程度和档案整理规范化水平,有利于电子文件的管理。

> **链接**
>
> **归档文件**
>
> 《归档文件整理规则》将"归档文件"这一概念概括为:"立档单位在其职能活动中形成的、办理完毕、应作为文书档案保存的文件材料,包括纸质和电子文件材料。"其中,"办理完毕"是指文件相应的文书处理程序已经完成。将电子文件纳入归档文件载体,确保了纸质文件和电子文件整理协调一致。

四、文件整理的步骤与方法

文件的整理是以件为单位,按修整、装订、分类、排列、编号、编目和装盒的步骤进行。文件整理的步骤如图4-1所示。

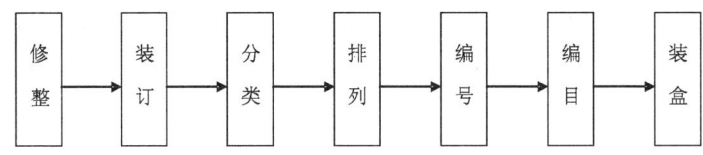

图 4-1　文件整理的步骤

（一）修整

为保证文件能够长期保存和有效地提供利用,装订前必须对不符合要求的归档文件材料进行必要的修整。

修整的主要内容包括:按照 DA/T25—2000《档案修裱技术规范》修复破损文件,复制字迹模糊或易退变的文件,如对纯蓝墨水、红墨水、复写纸、圆珠笔、铅笔等字迹材料制成的文件材料及传真件进行复印;去除原装订文件用的易锈蚀、易氧化的金属或塑料装订用品,如订书钉、曲别针、大头针;对大于A4纸型规格的报表、图样等文字材料,按照 A4 纸型的尺寸加以折叠,尽量减少折叠层次,折痕处尽量位于字迹之外,不影响其日后使用效果。

(二) 装订

归档文件一般以件为单位装订。要进行组件,将文件按件构成基本整理单位,进行文件材料的排序,逐件固定文件的页次,保护文件,方便保管和利用。"件"内的各页应按一定方式对齐,以便于翻阅利用。一般来说,采用左上角装订的,应将左、上侧对齐;采用左侧装订的,应将左、下侧对齐。

装订方式应能较好地维护文件的原始面貌,相同期限的归档文件装订方式尽量保持一致,不同期限的装订方式相对统一;装订材料应符合档案保护要求,成本低廉,简便易用,不能包含或产生可能损害归档文件的物质。永久保管的归档文件,宜采取线装法装订。

> **链接**
>
> **组件的有关规定**
>
> 1. 来文与复文(请示与批复、报告与批示、函与复函等)一般独立成件,也可为一件。
>
> 2. 会议纪要、会议记录一般一次会议为一件,会议记录一年一本的,一本为一件。
>
> 3. 简报、周报等材料一期为一件。
>
> 4. 文件正本与定稿(包括法律法规等重要文件的历次修改稿)为一件;报表、名册、图册等一册(本)为一件(作为文件附件时除外)。
>
> 5. 有文件处理单或发文稿纸的,文件处理单或发文稿纸与相关文件为一件。

(三) 分类

分类是指将所有归档的文书,按照自身的内容、形式、时间、来源等方面的异同,分门别类地组织在一起,使所有归档文件构成一个有机的整体。

常用的分类方法有年度分类法、机构(问题)分类法和保管期限分类法。文件整理可采用年度—机构(问题)—保管期限、年度—保管期限—机构(问题)等方法进行三级分类。

分类采用的一般方法是,文件按形成年度分开;同一年度的文件按不同的保管期限分开;同一年度、同一保管期限的文件按问题分开。如果文件数量较多,可先按机构分开,再按问题分开。规模较小或文书办理程序不适于按机构(问题)分类的立档单位,可以采取年度—保管期限等方法进行两级分类。

(四) 排列

文件经过分类,整体上具有了一定的系统性,但具体到每一类内的文件,仍然

处于零散杂乱的状态,需要通过排列进一步系统化。文件排列可以按下列方法进行:

第一,时间结合事由排列。事由指一件具体的事、一个具体的问题或一段较紧密的工作过程。在分类方案的最低一级类目内进行归档文件排列,同一事由中的文件,按文件形成先后顺序排列。

第二,不同事由间的文件可以按不同事由形成时间的先后顺序排列。

第三,成套文件可集中排列,如会议文件、统计报表等。

(五)编号

编号是反映归档文件在全宗中的位置和固定归档文件的排列先后顺序的重要标识。归档文件应依分类方案和排列顺序编写档号,在文件首页上端的空白位置加盖归档章并填写相关内容。编制档号是档案规范管理的基本要求,也是不同类型档案统一管理的重要前提。

1. 确定编号项目

编号的作用是固定归档文件在全宗中的位置,是代表编号项目的一组数字和字符的组合。档号的结构宜为:全宗号-档案门类代码·年度-保管期限-机构(问题)代码-件号。上、下位代码之间用"-"连接,同一级代码之间用"·"隔开。

(1)全宗号。全宗号是档案馆对其接收范围内各立档单位所编制的代号,便于档案馆对各单位移交进馆的档案进行管理。用4位数字或者字母与数字的结合标识,按照 DA/T 13—1994 编制。

(2)档案门类代码·年度。归档文件档案门类代码由"文书"2位汉语拼音首字母"WS"标识。年度为文件形成年度,以4位阿拉伯数字标注公元纪年,如"2022"。

(3)保管期限。保管期限是整理文件时按照《文书档案保管期限表》等有关规定划定的文件保存期限。保管期限分为永久、定期30年、定期10年,分别以代码"Y""D30""D10"标识。

(4)机构(问题)代码。机构是形成文件的单位、部门,填写作为分类方案类目的机构名称。填写问题项时,可根据分类方案直接填写。机构(问题)代码采用3位汉语拼音字母或阿拉伯数字标识,如办公室代码"BGS"等。归档文件未按照机构(问题)分类的,可以省略此代码。

(5)件号。室编件号和馆编件号统一为件号,是单件归档文件在分类方案最低一级类目内的排列顺序号,用4位阿拉伯数字标识,不足4位的,前面用"0"补足,如"0018"。

2. 填写归档章

应在归档文件材料上逐件加盖归档章,并填写相关项目。归档章的位置在每份文件首页上端的空白处,不要压盖文件字迹。

归档章设置全宗号、年度、保管期限、件号、页数作为必备项,机构(问题)作为选择项。归档章的一般式样如图4-2所示。

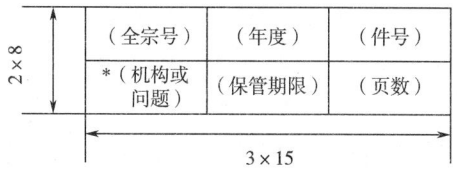

图4-2 归档章的一般式样

注:有"＊"的为选择项,单位为 mm。

页数用阿拉伯数字标识,保管期限也可以使用"永久""30 年""10 年"简称标识,机构(问题)也可以用"办公室"等规范化简称标识。

（六）编目

编目是编制归档文件目录,为档案的保管、鉴定、检索和利用提供有利条件。编目应以"件"为单位,根据档号顺序编制归档文件目录,系统、全面地反映归档文件面貌。

归档文件目录(见表4-3)由不同条目按照一定的体系和方法排列而成。

表4-3 归档文件目录式样

序号	档号	文号	责任者	题名	日期	密级	页数	备注

归档文件目录包括的项目有:

1. 序号

序号指归档文件顺序号。

2. 档号

档号是在归档文件整理过程中赋予的一组字符代码,以体现归档文件的类别和排列顺序。

3. 文号

文号即文件的发文字号,是发文机构按发文次序编制的顺序号,一般由机关代字、年度、顺序号组成。没有文号的,不用标识。

4. 责任者

责任者是制发文件的组织或个人,即文件的发文机关或署名者。填写责任者一般应使用全称或通用简称。

5. 题名

题名即文件标题,直接表达文件的内容,由责任者、问题、文种三部分组成。没有标题、标题不规范,或者标题不能反映文件主要内容、不方便检索的,应全部或部分自拟标题,并加"[ ]"。

6. 日期

文件的形成时间,以国际标准日期表示法标注年月日,如20220309。

7. 密级

文件密级按文件实际标注情况填写。没有密级的,不用标识。

8. 页数

页数填写每件文件的页面总数。文件中有图文的页面为一页。

9. 备注

备注项用于填写归档文件需要补充和说明的情况。

在编目过程中,应注意以下几点:归档文件应逐件编目;来文与复文作为一件时,对复文的编目应体现来文内容;目录表格采用A4幅面,页面宜横向设置;归档文件目录除保存电子版本外,应装订成册并编制封面。归档文件目录封面(见图4-3)设置全宗号、全宗名称、年度、保管期限、机构(问题),其中全宗名称即立档单位名称,使用全称或规范化简称。归档文件目录可以按年度装订成册,也可每年再按照不同保管期限装订成册。一般每年归档文件数量较多的单位多采用按照保管期限分开编目。

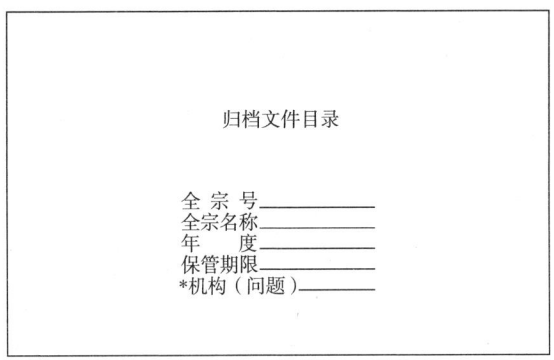

图4-3 归档文件目录封面式样

(七)装盒

归档文件应按件号顺序装入档案盒,填写档案盒封面、盒脊及备考表项目。装盒的具体要求是:形成年度、机构(问题)、保管期限不同的文件材料不得装入同一档案盒内。

1. 档案盒封面及盒脊

档案盒封面应使用全称或规范化的简称标明全宗名称。档案盒的盒脊设置全宗号、年度、保管期限、机构(问题)、起止件号、盒号等项目。其中,起止件号填写盒内第一件文件和最后一件文件的件号。

2. 备考表

归档文件整理结束后或者盒内文件发生调整变化时,整理者或者文件调整人应填写文件备考表,放于盒内文件之后。备考表的项目包括盒内文件情况说明、整理人、整理日期、检查人、检查日期(见图4-4)。

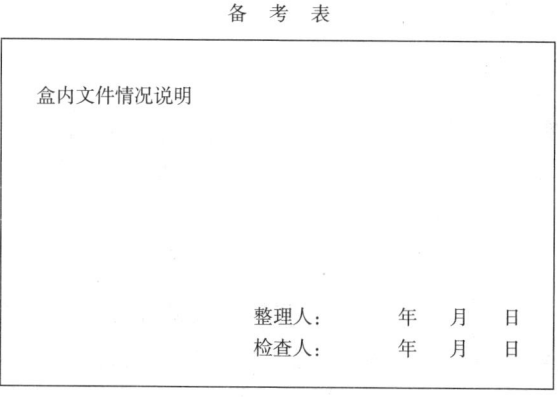

图4-4 备考表式样

(1)盒内文件情况说明,填写盒内文件缺损、修改、补充、移交、销毁等情况。
(2)整理人,对盒内文件进行整理人员的签名或签章。
(3)整理日期,是指文件整理结束后的年、月、日。
(4)检查人,对文件整理情况和质量进行检查人员的签名或签章。
(5)检查日期,归档文件检查完毕的日期。

3. 档案盒规格及监制

档案盒外形尺寸为310mm×220mm(长×宽),盒脊厚度可以根据需要设置为20mm、30mm、40mm、50mm等;档案盒应采用无酸纸制作。

链接

归档文件的平时整理

文书工作人员在日常工作中,要主动催促承办人员清退办毕的文件,将办理完毕的文件及时整理。对外发出文件时,同时将定稿、存本整理。收来的文件,在文件登记批办后结合催办工作,及时清退整理。内部使用的文件、会议文件、有关人员外出带回的文件等,及时进行登记和收集。总之,平时的整理,要做到随办随收、随收随归。

第三节　文书归档

文书归档,即各单位在工作活动中形成的具有保存价值的文件材料,由单位的文书部门和业务部门整理完毕,定期移交给档案室或负责管理档案的人员集中保存。归档工作已成为一项制度,各单位都应认真贯彻执行。归档制度的内容包括:归档范围、归档时间和归档要求。

一、归档范围

归档范围是指办理完毕的文件材料应当归档及不应归档的范围。文件材料归档与否,主要取决于文件本身的保存价值。凡是反映本单位工作活动,具有查考价值的文件材料均属归档范围。

(一) 文件材料归档的范围

国家档案局《机关文件材料归档范围和文书档案保管期限规定》对文件材料归档和不归档的范围有明确规定。应列入归档范围的是:反映本单位主要职能活动和基本历史面貌,对本单位工作、国家建设和历史研究具有利用价值的文件材料;机关工作活动中形成的在维护国家、集体和公民权益等方面具有凭证价值的文件材料;本机关需要贯彻执行的上级机关、同级机关的文件材料;下级机关报送的重要文件材料;其他对本机关工作具有查考价值的文件材料。具体来说,文件归档范围主要包括以下内容:

1. 上级来文

上级来文主要有上级单位颁发的属于本单位主管业务并要执行的文件,普发的、非本单位主管业务但需贯彻执行的法规性文件,上级召开的需要贯彻执行的会议的主要文件等。

2. 本单位形成的各种文件

本单位形成的各种文件包括:本单位代表性会议、工作会议和专业会议的文件资料;本单位颁发的各种正式文件(签发稿、印制稿及重要文件的修改稿);本单位与上、下级单位之间的请示、批复文件;本单位及其内部职能部门形成的工作计划、总结、报告;反映本单位业务及科技管理活动的专业文件;等等。

3. 同级单位和非隶属单位的文件

同级单位和非隶属单位的文件主要有:这类单位颁发的非本单位主管业务但需要执行的法规性文件,与本单位联系、协商工作中重要的来往文件,以及有关业务单位对本单位工作检查形成的重要文件。

4. 下级报送的文件

下级报送的文件主要有:下级单位报送的重要的工作计划、报告、总结、典型材料、统计报表、财务预算、决算等文件;直属单位报送的重要的科技文件;下级单位报送的法规性备案文件;等等。

（二）文件材料不归档的范围

档案是由文书转化而来的,不是所有的文书都归档,要正确分析,区别对待。应该明确不归档的范围,划清文件材料应归档与不应归档的界限,确保档案质量。既要保证该归档的文件材料收集齐全,完整归档,防止"有档不归";又要注意不该归档的文件材料不能归档,防止"有文必档"。文件材料不归档范围主要包括以下内容:

①本单位的重份文件。
②一般事务性的无查考、保存价值的文件。
③上级单位普发的供本单位参阅、不需办理的文件材料。
④上级单位征求意见的未定稿的文件。
⑤未成文的草稿及一般性文件的历次修改稿。
⑥未经会议讨论,未经领导审阅、签发的未生效文件。
⑦从正式文件、电报上摘录的供工作参阅的非证明材料。
⑧无特殊保存价值的信封以及一般的人民来信。
⑨单位内部互相抄送的文件材料。
⑩本单位负责人兼任外单位职务形成的与本单位无关的文件材料。
⑪为参考目的从各方面收集来的文件材料。
⑫参加主管单位召开的会议但不需要贯彻执行的文件材料。
⑬非隶属单位抄送的不需要办理的文件材料。
⑭下级单位送来参阅的简报、情况反映等文件材料。
⑮越级抄送的一般的、不需要办理的文件材料。
⑯下级单位抄送备案的一般性文件材料。

（三）归档与不归档文件材料范围的确定

对本单位工作活动中形成的文件办理完毕后进行平时归档积累时,要判断哪些该归档、哪些不该归档,即确定归档与不归档文件的范围。

《中华人民共和国档案法》第十四条规定:"应当归档的材料,按照国家有关规定定期向本单位档案机构或者档案工作人员移交,集中管理,任何个人不得拒绝归档或者据为己有。国家规定不得归档的材料,禁止擅自归档。"归档范围按照国家档案局颁发的《机关文件材料归档范围和文书档案保管期限规定》,结合本单位文件材料的实际情况而定。

确定归档范围主要把握两点:第一,抓住文件材料所记述和反映的内容与本单位的关系。凡是记述和反映本机关、本单位职能活动和历史面貌的文件材料,包括本机关、本单位形成的正式文件、会议文件、内部使用文件,本机关、本单位收到的上级、下级与本身工作活动有密切联系的各种文件材料,都应列入归档范围;凡是与本机关、本单位职能活动无关的和无保存价值的文件材料不列入归档范围。第

二、严格执行《机关文件材料归档范围和文书档案保管期限规定》，遵循规定中关于上级机关、本机关、同级机关和非隶属机关、下级机关文件归档范围，准确划分不归档的文件材料。

（四）不归档文件材料的管理和处理

对不属于归档范围的没有保存价值的文件材料，应区别不同情况，进行合理的处置。

一般来讲，一些工作中不需要查考的不属归档范围的文件材料，应作为资料保存一段时间，避免因需要参考却已销毁而不得不重新收集、复印的情况，造成不必要的浪费。

本机关工作人员在外地或国外参观、考察搜集来的，并非记载和反映本机关的职能活动，但对发展本地区、本系统文化、科学、技术和经济建设有参考价值的文件材料，包括复印件和重份文件，可作为资料由有关业务部门进行管理；同级机关和非隶属机关的或抄送本机关而不需办理的文件材料，若对本机关某项工作有一定的借鉴作用，可作为参考资料由有关业务部门或综合部门暂存备用；上级和本机关制定的正在执行或需长期执行的重要法律法规和方针政策性文件，除按规定归档的份数外，其不应归档的重份文件应视情况由各部门作依据性资料保存一段时间，以便工作中随时查考。

属不归档的文件材料留在部门作为资料保存，应纳入统一的管理制度，由档案部门或档案人员监督实施，指定专人并配备必要的设施进行妥善管理。

档案部门应组织有关部门或有关人员，将已确定要销毁的无保存价值的不归档文件材料，逐件登记造册，经主管领导审查批准后，指派专人监销。任何组织或个人不得将机关不归档文件材料随意处理。

二、归档时间

归档时间是文书部门和业务部门将需要归档的文件向档案部门移交的时间。

办理完毕的文件一般在第二年6月底之前向本单位档案部门移交。某些专业文件、特殊载体的文件或办公地点分散的部门形成的文件，为了便于日常工作查考，可根据实际情况规定归档时间。不设内部机构或内部机构简单的立档单位，文书与档案工作由一人兼管，不需专门规定归档时间，只需将处理完毕的文件归入卷夹，组成案卷，编制出案卷目录即可。电子文件应根据具体的技术设备、技术手段等，采取定期归档或即时归档方法。要确定合理的归档时间，确保归档文件的完整齐全，保证工作活动对文件的利用需求。

三、归档要求

归档要求是归档文件和案卷必须符合的要求。整理归档的文件材料应遵循文件材料形成规律，保持文件之间的有机联系，符合有关标准和规范。

(一) 归档文件材料应齐全完整

应归档的文件材料的种类、份数及每份文件的页数均应齐全、完整与准确,并进行分类、组合,划分保管期限,达到系统有序,反映文件的形成规律。凡需归档的文件材料,任何部门或个人都不得以工作需要为理由,长期保存在个人手中。如需查用,需在归档后借阅或复制。

(二) 确保归档案卷质量

归档的文件材料一般一式一份,重要的、利用频繁的和有专门需要的可适当增加份数。非纸质文件材料应与其文字说明一并归档。

归档文件材料的载体和字迹应符合耐久性要求。为了保证案卷质量,应统一公文用纸格式,规范书写,字迹清晰,禁用铅笔、水彩笔和圆珠笔书写。已破损的文件要修整,字迹模糊、载体存在质量隐患的文件要复制。

卷内文件应有序排列、编页号、填写卷内文件目录和备考表。归档案卷封面的各个项目均应填写清楚,案卷题名要简明准确,注明保管期限。

归档案卷要按一定次序系统排列,编制顺序号及案卷目录。

(三) 认真履行交接手续

归档文件材料整理完毕,应编制移交清册,经核准后向档案部门移交。档案部门应全面检查归档文件材料的质量。对符合质量标准的案盒文件,检查人员要在备考表上签字,以示负责;对不符合质量标准的案盒文件,要退回文书部门重新整理,达到标准后再予以接收。交接案卷时,交接双方要认真核对移交清册,履行签字手续,移交清册各留一份以备查考。

链接

档案信息分类与实体分类

档案分类有两种情况:一种是档案信息的分类,又称检索分类,它以档案所记录的内容信息为对象,目的是解决档案信息利用中的检索查询问题;另一种是档案实体的分类,又称馆藏分类,它以档案实体为对象,目的是解决档案实体在档案馆(室)中的秩序和位置问题。

本章小结

文书立卷是将办理完毕具有保存价值的文件材料,按照形成规律、内在联系和保存价值组成案卷。文书立卷的方法是按照问题、作者、名称、时间、地区、通信者特征立卷。立卷工作的步骤有:组成案卷、排列卷内文件、拟写案卷题名、填写卷内文件目录和备考表、填写案卷封面、封装案卷。

《归档文件整理规则》是改革传统立卷方式的一个新标准,提出文书实行文件级管理,文书整理以"件"取代"卷",以"案盒"取代"案卷",以"案盒"作为保管单位,使文书整理工作更简便易行,适应了档案管理现代化的需要。

归档文件整理是以件为单位,按修整、装订、分类、排列、编号、编目和装盒的步骤进行,使之有序化的过程。归档文件整理能够保持文件之间的历史联系,利于维护文件的完整与安全,便于保管与查找利用,保证工作活动的连续性,为档案工作奠定基础。

文书归档是单位的文书部门和业务部门将处理完毕的文书按照一定的原则整理后,定期移交给档案室或负责管理档案的人员集中保存。凡是反映本单位工作活动,具有查考价值的文件材料均属归档范围。办理完毕的文件一般在第二年6月底之前向本单位档案部门移交。专业文件、特殊载体的文件或办公地点分散的部门形成的文件,可根据实际情况规定归档时间。归档文件要齐全完整,保持文件之间的有机联系,符合案卷质量要求。移交归档文件要认真履行交接手续。

案例分析题

万亿公司以往对文书的整理都是采用立卷的方法。档案室王星的主要工作是指导和监督文书立卷工作,检查案卷的质量,进行文书人员的档案业务培训,开展日常的档案保管、统计和利用工作。从2005年开始,公司以国家颁布的《归档文件整理规则》为依据,改变了立卷归档的老做法,采用文件级整理。改换文书整理方法以后,王星渐渐感觉到自己的工作越来越轻松,还有时间和精力做一些其他工作。于是,王星这段时间总在考虑应该做些什么,以便在档案工作中发挥更大的作用。

请思考:
1. 王星为什么会感觉工作越来越轻松?
2. 你认为王星在现有工作基础上还可以进行哪些方面的档案工作?为什么?

课堂讨论题

1. 实行立卷改革的意义是什么?
2. 对文书实行文件级管理的优势和局限分别是什么?
3. 如何组织实施归档文件的整理工作?

复习思考题

1. 文书整理归档的基本要求是什么?
2. 案卷内文件整理工作的步骤与方法有哪些?
3. 文件整理规则的基本内容有哪些?
4. 归档文件整理工作的步骤及其具体内容有哪些?

5. 确定归档范围应注意哪些问题？

实训题

1. 为企业设计一枚归档章。
2. 对提供的文件材料进行修整、装订、分类、排列、编号、编目和装盒的整理实践。

第五章 档案概述

学习目标

- 理解档案的概念
- 掌握档案的作用
- 认识和把握档案的种类划分

学籍档案,为毕业生提供学历、学位证明

2018年9月,我校2006届毕业生邹某所在单位发来一张学位证书,请档案馆核实真伪。经查,邹某确系我校2006届学生,毕业证书存根显示有领取毕业证书的签名,但学位证书一栏是空白,备注栏注明该生因考试成绩原因未能取得学位证书,并且发过来的学位证书上的学位证号与本校同年毕业的另一学生的学位证号雷同。对此,我们开出证明,将情况如实反映给用人单位。

[资料来源:郑州轻工业大学档案利用效果实例汇编(2018年),略有改动]

【分析】

档案是历史的真实记录,在社会实践中起到重要的参考和凭证作用。随着社会的发展,档案的作用越来越被更多的人们所认识。学生出国、考研、考博、升职、职称评定等,经常需要到学校档案馆查档并开具证明,不能以为事隔多年就可以浑水摸鱼。在完整、准确的档案面前,任何侥幸心理最终只能以失败而告终。

第一节 档案的概念

档案是国家机构、社会组织或个人在社会活动中产生的,作为原始记录保存下来供人们查考的,利用文字、图表、照片、声像等方式记载的文件材料。它是具有清晰、确定的原始记录作用的固化信息。《中华人民共和国档案法》中提到:"档案是指过去和现在的机关、团体、企业事业单位和其他组织以及个人从事经济、政治、文化、社会、生态文明、军事、外事、科技等方面活动直接形成的对国家和社会具有保存价值的各种文字、图表、声像等不同形式的历史记录。"应该明确,档案的本质属性即档案本质上是历史的原始记录。

一、我国档案的历史沿革

档案是人类社会发展到一定历史阶段的产物。文字的产生、社会分工及管理活动的出现是档案产生的基本条件。

(一)档案的起源与发展

我国档案的历史源远流长,留存下来的档案数量庞大,内容丰富,价值珍贵。经考古证实,我国现存最古老的档案是距今4 000年左右的殷商时期的甲骨档案。近代在河南安阳出土的甲骨残片,记载了王令、祭祀、巡游、征战、渔猎、天象、医药等各方面的情况,保存了大量的商代社会资料。这些甲骨档案,当时大多被集中保存在宗庙所在地"天府"之内,由专门的人员进行管理。

除甲骨外,现今保存下来的,还有殷商和周代铸在青铜器上的作为记事和凭信的铭文,一般称为金文或钟鼎文,也具有档案的性质。其中,周代的金文档案内容相当广泛,涉及赏赐、册命、征伐、诉讼、契约等许多内容,从不同侧面反映了周代的阶级关系和社会制度的状况。秦汉以后,有些重要的记载和规定还刻在石头上。这些石刻中的档案与铭文档案,统称金石档案。

另外,从商周起又出现了书写在竹片和木板上的"简牍"。如果记录简单的事情,字数不多,写在单片竹片和木板上即可;事情重大,要写很多字,则把简片连编起来汇集成册。同时产生的还有帛书,即写在丝织品缣帛上的文字。相比金石档案而言,"简牍"和帛书档案更轻便,更利于保管和传递。

汉代发明造纸术以后,档案的书写材料逐渐为纸张代替,这是人类文明史上的重大变革。纸张的应用,极大地便利了档案的书写、处理和保管工作等,但是,社会还是经过了简策、缣帛、纸张并用的很长时间的过渡。又因多在几案上办理公文,所以,汉代以后公文和档案又有"文书""文牍""文案""案牍"等称谓。

随着生产的发展和技术的进步,近现代又出现了以胶片、磁带、计算机硬盘、光盘、移动存储等为载体的新型档案。与古代传统档案相比,它们的科技含量更高,承载的信息量更大,具有传统档案无可比拟的优势。

(二)"档案"一词的由来

"档案"一词,据现有的可靠资料分析,首次出现在清初的官府文书《清太宗皇帝实录》(1638年)中。原文为:"初,户部承政韩大勋为其家人李登法司首告盗取库内金银、珍珠等物,搜获黄金七两,银十五两五钱,珍珠七两九钱。又讯,大勋据供,从刑部赍金二十七两。我与布丹、赫世密三人同谋盗取是实等语……坐此议:众人同谋盗金,故不记档案,俱应论死……赫世密系值日官,他物皆记档案,独金数未经登记,姑免死,革职,解部任,鞭一百,贯耳。阿尔拜系值月笔帖式,他物皆记档案,独金数未经登记,姑免死,解部任,鞭一百,贯耳鼻。"这里的"档案"是指仓库财务的登记簿。大约成书于康熙四十六年(1707年)的杨宾的《柳边纪略》中说:"边外文字,多书于木,往来传递者曰牌子,以削木若牌故也。存储年久者曰档案,曰档子,以积累多贯皮条挂壁若档故也。然今文字之书于纸者,亦呼为牌子、档子矣。"这是迄今所见最早对"档案"这一名词的说明。据《东华录》,在清入关以后,明令"各衙门奏事俱缮本章,不许复用木签",改用纸张等书写。但习惯上仍将保存起来的文书称作"档子""档案"。

从语义学方面来说,"档",《康熙字典》解为"横木框档",就是木架框格的意思;"案",《说文解字》释为"几属",就是像小桌子一类的东西。由此引申,又把处理一桩事件的有关文书叫作一案,并通称收存的官文书为"案",或"卷案""案卷"。"档"字和"案"字连用,就是存入档架收贮起来的文书案卷,而且把放置档案的架子称为档架,把一格称为一档。这些叫法一直沿用到现在,至今我们所称的档案,依然有其形象的和内在的意义。

从我国档案的起源和发展可以看出,我国的档案文化历史悠久,内容广泛。档案反映了历史的原始面貌和社会的进步发展,是联系过去、现在与未来的桥梁。

> 链接
>
> ### 2021年,有这些"档案"大事
>
> 档案是时代发展的真实记录,发挥着存史资政、育人利民的重要作用。记者从2020年12月29日召开的全国档案局长馆长会议了解到,截至目前,我国现有各级各类档案馆4 234个,其中综合档案馆3 337个,馆藏档案8.29亿卷(件),2016—2019年接待利用2 755.9万人次。
>
> 2021年档案工作有哪些看点?档案如何更好服务人民群众?我们为大家划出重点。
>
> 1. 举办"百年恰是风华正茂"主题档案文献展
>
> 为了用档案讲好党的故事,见证中国共产党的百年辉煌,中央档案馆国家档案局深入挖掘馆藏档案资源,与新华社合作举办"百年恰是风华正茂"主题档案文献展。展览于2021年在中央档案馆和中国第一历史档案馆新馆同时展出,并同步推出线上展览。
>
> 2. 新修订档案法将正式施行,加大档案开放力度
>
> 2021年1月1日,新修订档案法正式施行。各级综合档案馆会同有关部门建立档案解密和开放审核机制,及时有序公布开放档案目录。进一步简化利用的手续和流程,将人民群众依法利用档案的权利落到实处。

> **链接**
>
> 3. 全国档案查询利用服务平台初步建成
>
> 全国档案查询利用服务平台已初步建成,2021年5月具备接入条件,与各地共同推进全国档案数字资源共享利用工作,最终实现全国范围内档案查询一网通办。
>
> 4. 做好脱贫攻坚和疫情防控等档案完整归集
>
> 2021年上半年将截至2020年底以前形成的脱贫攻坚、疫情防控档案收集好、整理好。各级综合档案馆规范建设两类档案专题数据库,便于有效开发,实现共享共用。
>
> (资料来源:https://www.sohu.com/a/441297911_267106,略有改动)

二、档案的形成

(一)档案的形成者

档案形成者的类型非常广泛。党政机关、社会团体、企事业单位以及任何个体人都能成为档案的形成者。从法律的意义上来说,档案是法人和自然人在自身活动中形成的,能证明其法律或事务活动的各种文件材料。就形成者的来源而言,既包括法人,也包括自然人。所谓法人,即依法成立并能以自己的名义行使权利和承担义务的各种组织。它包括:各级党政机关,各种工商业、金融保险业、房地产业、信息产业、服务业的公司,各类教育、科研、卫生、文艺、体育、社会福利机构,还有学会、协会、商会等社会团体。档案在这些单位内是按照职责分工有规律地形成的。例如,某个单位履行其职能,在完成一系列工作任务的过程中产生了大量文件,其中有价值的文件就转化为档案。所谓"自然人",即依法享有权利并承担义务的个人,包括家庭、家族等。在这个范围内,档案是以个人、家庭、家族为单位形成的。例如,某个著名人物,在他(她)一生的活动中,形成许多日记、信函和实物,作为有价值的部分保存下来的就是档案。

(二)档案的形成过程

档案是单位或个人在现实工作中形成和使用的各种文件的转化物。档案中记录了大量的事件,内容极其丰富,而一定内容的档案相互间又具有密切的联系。个人、家庭或家族的档案形成过程简单一些,而单位档案的形成过程相对复杂一些,在这里我们主要描述和分析单位档案的形成过程。

1. 选择处理完毕的文件形成档案

"今天"的档案就是昨天的文件,"今天"的文件将是明天的档案。档案是从文件转化而来的,档案与文件是同一事物的不同运动阶段。文件是单位开展各项工作的办事工具和沟通媒介,具有现行的效用;而档案一般是完成了现行任务而留待日后备考的原始文件。所以,只有当文件处理完毕以后,不需要在单位的现行工作中运行了,才可以作为档案保存。因此,也可以说,文件是档案的前身,档案是文件的归宿。

另外,文件的"处理完毕"是指对其完成了文书处理程序。其中有一些文件如法规类文件、政策性文件和契约性文件等在完成了文书处理程序之后,虽已存档,但仍然具有法律上和行政上的效用,可作为现实工作的依据。另一部分则丧失了现行效用而存档,成为历史文件以备日后查考。

2. 保存具有一定查考利用价值的文件形成档案

在现实工作活动中产生和使用的所有文件对人们今后的活动未必都具有查考利用价值,其中一部分文件随着现行工作任务的结束,便因失去了自身的利用价值而被淘汰,而另一部分文件则因仍具有查考价值而被作为档案保留下来。因此,可以说,档案是经过人们鉴别挑选而留存下来的文件。文件是档案的基础,档案是文件的精华。在文件向档案转化的过程中,对文件的把握和选择是影响档案质量的关键因素之一。"有文必档"会导致管理资源的浪费;而忽视积累档案则可能会造成无可挽回的历史性过失。

3. 按照一定的程序和规律集中保存文件形成档案

文件是在单位完成各项工作任务的过程中逐渐生成的,它的状态是分散的。只有经过对其中具有保存价值的文件进行挑选和集中,按照一定的特点和规律进行系统整理,并移交给档案部门才最后成为档案。一般的档案,都是由文件经过分类、立卷归档程序转为案卷保存起来的。因此可以说,档案是由各种文件有条件地转化而来的。文件是档案的因素,档案是文件的组合。

档案虽然是由文件转化来的,但是文件不能自动地成为档案,其间必须经过有关人员开展鉴定和立卷归档工作,才能使具有保存价值的文件最终转化成为档案。因此,归档既是文件向档案转化的程序和条件,又是文件转化为档案的一般标志和界限。

另外,在实际工作中,各单位的文件都使用定稿、正本、试行本、修订本等经过正式程序制发的有效文本。当文件转化为档案之时,要选择和保留它们的原稿、原本,一般不留存副本。所以,档案是以孤本为主,不像图书那样存在大量的副本。

从档案形成的过程看,档案与文件之间有着天然的密切联系,也有着明显的区别。档案是处理完毕的、有参考价值的、集中系统地保存起来的文件。了解档案与文件的联系、区别,熟悉档案的形成过程和条件,是科学开展档案工作的前提与基础。

(三) 档案的形式

不同的组织和个人,在工作生活的不同时期,出于不同的需要,形成了各种形式的文件,因而档案的形式也是多种多样的。

1. 档案的载体

档案的载体是指载录档案信息的物质材料,它随着社会生产的发展而发展和演变。我国古代使用过的档案载体材料有甲骨、青铜、石材、竹简木牍、缣帛、纸张,近代又出现了科技含量高、体积小、携带方便的胶片、磁带、磁盘、光盘、移动存储等。

2. 档案信息的表达和记录方式

档案信息的表达方式包括文字、图示、图像、声音等类型。例如,行政文件多采用文字表达方式,产品设计文件多采用图示或图像的表达方式等。

档案信息的记录方式是指档案信息与档案载体结合的手段,包括刻铸、手写、印刷、晒制、摄影、录音、录像、录入、刻录等方式。

3. 档案的名称

档案用途不同,名称也各不相同。各单位的行政管理文件有章程、条例、命令、决定、意见、请示、报告、通知、通报、公告、计划、总结等;在生产活动中有设计方案、生产图纸等;在经济活动中有市场分析报告、市场预测报告、产品营销策划书、广告文案、报表、账簿、合同等。

三、档案的属性

(一)原始记录性——档案的本质属性

档案是原始的记录,这是档案的本质属性,也是档案区别于其他信息的主要特征。原始记录性作为档案本质属性的根本原因在于:档案是其形成者在工作活动中形成和使用的原始记录的转化物。首先,档案是原生的或首次生成的信息,而不是事后编写或制作的再生信息,因而具有原始性的特点;其次,档案的内容直接记载着其形成者工作活动的情况,可以客观地再现当时的情形,因而具有记录性的特点。原始性与记录性的有机结合就构成了档案所具有的独一无二的本质特征。

原始记录性是档案具有可靠的凭证作用的原因所在。因此,保持档案的原始记录性就成为档案管理与利用工作中的一项神圣职责。无论在何时何地,都不允许任何人改变档案的原始信息内容记录的状态,否则就会使档案失真,从而造成历史事实的扭曲。在我国,档案的原始记录性受到国家法律的保护。《中华人民共和国档案法》规定,对损毁、涂改、伪造档案等行为,根据情节轻重,给予行政处分,直至依法追究刑事责任。因此,各单位的工作人员以及每个公民必须依法保护档案的原始面貌,维护好历史真实性的源头。

(二)社会性

档案是人们在社会实践中形成的,记录了社会实践活动的内容、过程及结论,是人类研究、开发、利用自然的社会实践活动的产物。同时,档案的形成与积累是人们出于服务社会的目的有意识地挑选和留存的结果,与自然界自然形成的原始记录物是不同的,如动物的化石、树的年轮等,它们记录的是自然界的自然现象及其演变过程,是自然形成的原始记录。

(三)历史性

档案是对以往社会实践的原始记录,是一种历史文化遗产。它可以把过去带到现在和未来,也就是所谓"让过去告诉现在""让历史告诉未来",使历史原貌重现,为今天和未来提供依据性、凭证性的信息。

(四)确定性

文件一经封档转化为档案,信息内容便被清晰确定地保存下来,而且信息内容记录在固化的物质载体上面,可以最大限度地保证内容的确定性和真实性。

四、档案与相关事物的关系

档案在社会现实中不仅实存形式广泛多样,而且与许多事物关系复杂,使人们往往难以分辨,甚至将它们混为一谈。因此,在理解档案本质及概念的基础上,非常有必要弄清它们之间的联系与区别。现实中,与档案关系较近且不易分清的事物主要有信息、文献、文书(文件)、文物等。

(一)档案与信息

信息就是对客观事物的反映,从本质上看信息是对社会、自然界的事物的特征、现象、本质及规律的描述。档案(主要是档案的内容)是一种信息,档案与信息是种概念与属概念的关系:档案是信息的一种,是信息家族中的一个重要成员。

档案在信息家族中的角色、地位,是由档案的本质特性即档案在社会生活中的根本价值、作用决定的,同时也是在档案与其他信息的区别中表现出来的。

档案是一种最真实、最可靠、最具权威性与凭证性的原生性固化信息,从根本上体现着信息的确定性与可靠性。信息的确定性与可靠性是信息的根基所在,没有确定性、可靠性或确定性、可靠性程度差的信息没有什么价值,甚至会给人类社会造成负面效应乃至灾难。所谓"错误的信息、混乱的信息、不可靠的信息还不如没有信息"的说法所说的正是这一道理。人类社会对信息的依赖、需求程度越高,对信息的确定性与可靠性的要求程度也就越高。但现实表明,信息在这一问题上的前景并不乐观。因此,档案的信息使命任重而道远。这也是人们重视档案且越发达、文明程度越高的国家越重视档案的重要原因之一。所以,从信息理论的角度可以说,档案是一种最重要的信息,是信息之根本——确定性与可靠性的最高体现形式和实存形态。

(二)档案与文献

档案与文献的关系较为紧密、复杂。文献一般是指前人留下来的历史文化价值较高、内容较系统完整的信息记录。其实存形态有文书、文章、著作(图书)、日记、信函、笔记、照片、音像制品等。档案与文献之间的区别一是本质即核心含义不同：档案是社会实践的原始记录，是第一手的原生信息；文献则不一定是原始记录，非原始记录性的信息记录也可成为文献。二是文献注重历史文化价值；档案则既注重历史文化价值，又注重现实性的查考、实用价值。三是文献内容一般较系统、完整；而档案则包括大量的片段性零星记录在内，如测试记录、发票、账单、登记表单、签名等。

（三）档案与文书

档案与文书之间的联系主要是实存形态上的直接转化关系。文书尤其是其定稿因具有较强的原始记录性，所以可直接转化为档案，成为档案的实存形态之一，且在档案家族中占据主导地位。但二者之间的区别也很明显：第一，档案的实存形态绝不仅仅是过去的文书，还包括大量非文书类的原始性记录物。过去的文书也并非都能转化为档案，只有原始记录性强、查考价值高且文书处理程序完毕的一部分文书才能转化为档案，大量的文书并不转化为档案。第二，文书虽有原始记录性，但原始记录性并非文书的本质所在，也不是人们制作使用文书的根本目的与追求。文书本质上是人们处理、解决现时性具体事务、问题的信息传递工具。它主要在空间上传播交流且具有相当程度的强制性（如公务文书）。而档案的本质则是已往社会实践的原始记录物，主要是在时间上传递，让过去告诉现在，让现在告诉未来，是人们追求、维系时间上的连续性、统一性的产物。

（四）档案与文物

文物是与档案在内涵上最为接近的概念（事物），但它们的区别也较为明显。文物是有文化价值的历史遗留物，其形态主要是过去人们直接使用的实用性物品，如器具、衣服、建筑物等，当然也包括重要的历史文件。这些有历史文化价值的东西必然会有相当程度的原始记录作用。档案，尤其是重要的档案，因其既有原始记录作用又有突出的历史文化作用，可看作文物，并作为文物被收藏。但绝大部分文物却不能成为档案。因为文物大部分是实用性物品，其所记录的历史事实的内容信息是不清晰、不明确的；而档案则是指内容信息清晰、确定，可明确说明某一历史事实的原始记录，其主导性实存形态目前仍是文书。所以，内容信息的清晰性与确定性与否是文物与档案之间的根本区别。

第二节　档案的作用

档案在人们的社会实践活动中产生积极影响，具有独特的、其他事物不可替代的作用。

一、档案的基本作用

档案的作用是多方面的,但概括起来有两个基本作用:一是凭证作用;二是参考作用。

(一)档案是历史的真凭实证

档案的凭证作用是由档案的形成及其本身的特点决定的。从其产生来看,档案是由在工作活动中客观形成的文件转化来的,它记录了形成者的思想和行动;从其形式上看,档案保留着历史标记,如有的是当事人的亲笔手稿、亲笔签署,或有机关、个人的印信,还有的是原来形象的拍照和原声录音。所以,档案是确凿的原始材料和历史见证,是反映历史活动的真实记录,它可以成为查考、争辩、研究和处理问题的依据。

> **案例**
>
> **档案为市民合法婚姻提供佐证**
>
> 2019年10月22日,市民杨某某到我馆要求查询结婚档案。杨某某与爱人于2017年结婚,现需要为其刚出生的小孩报户口,必须提供夫妻合法婚姻证明。但因为结婚证丢失,其小孩无法上户口。工作人员为其查阅了婚姻档案,帮助杨某某解决了难题。
>
> [资料来源:江苏高邮市档案局网档案资料利用效果实例选编(2019年),略有改动]
>
> **档案为职工评定待遇补贴提供佐证**
>
> 1月7日,沙头镇村民吕某因待遇补贴方面的问题来邗江档案馆要求查阅其个人档案。工作人员告知吕某,其个人档案应在其原单位,是不移交进馆的,但可以根据其表述查阅职务任免或职工名册等档案。通过认真仔细检索,在沙头镇全宗卷里查阅到吕某1992年免去沙头色母厂副厂长职务的档案,且1988年、1989年分别存有吕某的预备党员转正通知书、党员通知书。这两份档案中均注明了吕某的职务是沙头色母厂副厂长。吕某表示可以凭借查阅到的三份档案为自己争取一定的生活补助,工作人员为其复印了三份档案并加盖了档案证明章。
>
> [资料来源:江苏邗江市档案局网档案资料利用效果实例汇编(2019年),略有改动]

(二)档案是第一手的原始参考材料

档案不仅记录了历史活动的事实经过,而且记录了人们在各项活动中的思想发展和社会实践中的经验教训,以及科学研究和文化艺术的创造成果。因此,它对于人们查考既往情况,掌握历史材料,研究有关事物的发展规律,以及总结经验、吸取教训,都具有重要的参考作用。

> **案例**
>
> **用好馆藏资源,服务建党百年庆祝活动**
>
> 近日,江北监狱为举办"庆祝建党百年"陈列展,向市档案馆提出查阅馆藏1969—1996年江北农场历史照片的请求。市档案馆积极对接,热情服务,安排专人查询照片档案目录,为准确高效完成查阅工作提供前期保障。
>
> 2021年4月26日,江北监狱派出三名同志来馆落实具体查询事宜。由于时间紧、任务重,市档案馆特事特办,接待人员和查档同志一道按照目录逐件查看,并提供一条龙服务,一边查询,一边扫描,共提供照片106张,圆满完成此次档案查阅工作,助力全市"学党史、悟思想、办实事、开新局"主题教育活动的开展。
>
> (资料来源:荆州市档案信息网档案利用实例,略有改动)

由此可见,档案的参考价值在于其具有自己的优势,它是事实、知识和经验的原始记录,来源可靠,是不可或缺的参考依据;档案的内容涉及面也极为广泛,是丰富的智力资源。如果在工作中能够及时利用档案,就能够大大地节约时间和资金,提高效益。

二、档案的一般作用

档案是人类文明的伴生物,真实记录了人类社会实践和文明的进程,富有大量原始的信息资料。因此,它具有独特的、其他事物无可替代的社会作用和社会价值。它发挥作用的领域也相当广泛。正确地认识档案的作用和价值,对于科学有效地管理档案和充分发挥档案的社会效益和经济效益具有重大的意义。具体来说,档案的作用体现在以下几个方面。

(一)档案作为工作查考的根据,为现实工作服务

档案是各级各类机构、社会组织、企业行使职能、从事管理活动的真实记录,这些记录对于该机构、社会组织及企业人员保持政策、体制、工作方法的连续性、有效性以及决策的科学性,具有不可替代的凭证和参考作用。

在日常的管理工作中,无论是制定制度还是处理具体的事情,都应该有理有据,而这个"据"就是既定政策和事物的本来面貌,它在很大程度上来自档案。工作人员在熟悉情况、总结经验、制定计划、研究案例、处理问题时,常常需要从档案中查考先前的记载,从中得到依据和重要的参考信息,保证工作的顺利进行。在工作的决策和管理活动中,通过对档案的利用和分析,有助于对现实工作和未来发展

做出准确的判断,实现对人、财、物、信息等资源的有效管理,从而达到优化资源配置的目的。因此,档案已成为各类机构、组织、企业工作中不可缺少的工具。充分发挥档案的作用有助于实现计划和决策的科学化,有利于提高工作效率和管理水平。

(二)档案为工农业生产和各项建设事业提供计划和管理的科学依据

档案涉及生产经营、金融贸易、工程设计、教育卫生、文学艺术等诸多方面,记录了工农业生产和各项建设事业的有关情况、成果、经验和教训,反映了各行各业的真实状况,是前人劳动智慧的结晶,为各行各业的发展提供了有力的信息支撑和保障。例如:会计档案是编制国家和地方预算、编制单位预算和财务收支计划的重要依据,是各项经济查证的可靠的书面证明;诉讼档案是各类案件审结和再审、复审的可靠凭证;商标档案是确定商标专用权,开展商标评审工作,监督产品质量,查处商标侵权行为,以及进行商标咨询工作的基本依据。

在工农业生产和各项建设事业中形成的档案不仅为人们提供计划和管理的科学依据,有时还可以产生明显的社会效益和经济效益。中国第一历史档案馆所藏明清时期的水文档案为建设长江三峡水利枢纽工程和治理黄河、海河提供了重要的依据和参考。

(三)档案为历史研究、理论研究和科学技术研究提供第一手资料,为科学研究事业服务

无论是自然科学还是社会科学、思维科学的研究,都必须详尽地占有资料。档案可以从两个方面为科学研究提供丰富的资料:一方面,提供专门进行科学研究的原始记录,可供现实的研究工作直接借鉴;另一方面,从记录的广泛事实和经验中,为各项研究活动提供大量的实验、观察和理论概括的基础材料。例如,马克思在撰写《资本论》的过程中,曾大量收集、研究和利用各种文件中有关工人劳动、童工、工资、生活、居住条件等原始档案材料。我国在水利、气象、地震等方面取得的一些科研成果,就是利用了近 300 年来大量有关档案材料经过分析研究取得的成果。从事史学研究,更需要以历史档案作为第一手材料,这样才能准确地阐明历史事件,科学地总结历史发展规律。

(四)档案可以提供法律证据,维护国家、集体、个人的合法权益

档案在解决争端、处理案件等活动中可以发挥法律证据作用。法律证据作用是档案凭证价值的集中体现。从档案的形成来看,它是当时、当地、当事人在业务活动中形成的原始记录,真实性、可靠性强,是令人信服的真凭实据。

一方面,在政治斗争、军事斗争、经济斗争、外交斗争以及解决领土争端等方面,档案的法律作用表现得十分突出。为此,各国政府都把档案作为一种斗争的武器。在我国大量的档案中,记载着国内外不同时期和各个方面的活动以及我国人民进行革命斗争的情况和有关的历史事实。例如,近几年来,日本右翼势力日渐猖

狂,不断否认当年日本军国主义的侵略行径。而我国各地的档案馆陆续发现大量日军侵华档案,这些日本侵略者自己形成的档案可以说是铁证如山,还原了历史的本来面目。

另一方面,档案在维护国家、集体、个人合法权益方面的法律作用也十分突出。因为在档案中有关立法性质的文件规定了各种社会关系、国家关系、经济关系和政治关系的组成;契约、合同、协议、单据等社会团体、个人之间交往中形成的文件,记载了各方承担的政治、经济、劳务等方面的权利和义务。当在这些问题上发生疑问、争执、纠纷时,档案最能够说明权益的归属,具有无可辩驳的证据作用。在我们的日常生活中,档案作为法律凭证维护正当合法权益的例子也不胜枚举。如档案在解决房地产纠纷,证实个人学历、经历等方面都发挥了很大的作用。

(五)档案是宣传教育的生动素材

档案是一种重要的教育资源,它以第一手的原始材料,翔实记录了人们创造历史的曲折历程和奋斗足迹,形象生动地反映了社会生活的方方面面,其真实性不容置疑,因而具有不可抗拒的说服力和感染力,如果能够得到有效的开发,就能在发展民族心理的过程中,在促进人们了解自身发展及其与外部世界的联系方面,发挥无法估量的作用。档案的教育作用可以通过多种形式表现出来,如通过举办展览的方式来发挥作用。尤其对于我国的社会主义精神文明建设而言,各级国家档案馆完全可以利用自身的馆藏,通过举办各种类型的展览,成为爱国主义(或青少年)教育基地。

三、档案发挥作用的规律性

档案的作用发挥是客观存在的,并且表现出一定的规律性。研究和掌握这些规律性,有助于科学地组织管理档案工作和进行业务处理。

(一)档案作用范围递增

档案对其形成单位和对社会的作用具有双重性和过渡性。在档案形成以后相当长的时期内,本单位为解决现实工作问题,需要较为频繁地查阅和利用档案。这时,档案发挥作用的主要对象是本单位,档案的利用者主要限于档案形成单位内。档案对形成单位的作用,是促使形成单位积累档案的动力。档案对其形成单位的作用发挥得越充分,形成单位积累档案的积极性就越高。随着时间的推移,档案的现行效用逐渐淡化以至完结,形成时间较长的档案的现实利用需求逐渐减少,利用率降低甚至消失。这时,档案应该从本单位向社会过渡,档案转移至国家设立的各级各类档案馆和相关的管理部门,利用者的范围从档案形成单位扩展至全社会,继续发挥其作用。

(二)档案作用方向转移

文件转化为档案以后,不仅从主要发挥现行效用转变为主要发挥历史查考作用,而且发挥作用的方向也会发生一些变化。原始文件的形成往往是出于行政或业务的单一目的或用途,比如:一个房地产契据是出于买卖成交的需要形成的;一套基建技术图纸的设计是出于工程的需要形成的。但当它们成为档案后,发挥作用的方向则可能超越其档案形成者的预想,其目的和用途可以扩展到其他的领域。比如:房地产契据、账册、员工名册可以作为研究社会或经济问题的资料;基建技术图纸有可能作为边界谈判时维护国家领土完整的证据。

(三) 档案机密程度递减

档案是历史的产物,是在人类活动中产生的,人们的某些活动会涉及国家组织、个人的利益和安全。为了维护国家、集体、个人的利益,对具有机密性的档案需要采取保密措施,一般可分为绝密、机密、秘密等不同等级加以管理。档案作用和价值的实现被限制在可以接触这些档案的利用者范围内。在这方面我们应该按照国家的有关规定执行。

同时,我们又应该看到,档案的机密性不是一成不变的,随着时间的推移和条件的变化也会发生变化。除了有些涉及国家政治、军事机密和科学秘密的档案仍须保密以外,其他一些档案就可公之于众而不再保密了。一般来说,档案机密性的逐渐弱化是一个总的趋势,表现为档案机密性的强弱与档案保管时间成反比。档案管理者应该善于利用档案机密程度递减的规律,依法逐渐扩大档案的开放范围,使档案的价值得到更广泛的实现。

(四) 档案作用的发挥取决于一定的条件

档案的作用是客观存在的,但它是潜在的,不会自发地发挥出来。档案的作用——社会效益和经济效益发挥得如何,取决于一定的条件。

1. 社会环境

社会环境包括社会制度、国家的法制情况和方针政策、社会的经济发展水平等,它们都直接地影响着档案作用发挥的程度、方向等。良好的社会环境能够使档案的作用得到充分的发挥。现在,在党的正确方针、路线的指引下,档案工作已走上正常发展的轨道,档案作用得到了较好的发挥。

2. 社会的档案意识

档案意识是指人们对档案的认知水平和认识程度,表现为人们对档案的需求程度和档案工作者能满足需求的程度。人们若具有较强的档案意识,就会促进档案利用的需求,档案作用发挥得就好,产生的社会效益、经济效益就高;如果人们档案意识淡薄甚至没有档案意识,即使有利用档案的需求也难以转换为利用档案的现实行为。同时,档案工作部门服务意识强,档案的作用也就发挥得更充分。我们要加强档案的宣传工作,增加档案工作的透明度,通过各种形式提高人们对档案工作的认识。

3. 档案的管理水平

要使档案更好地发挥作用,必须采用科学、现代化的管理方法,使档案在提供利用上保持良好的服务状态,提高档案的利用率。相反,如果档案管理不善,需要时无从查找,服务质量低下,查询手段落后,合理的拒用率很高,就会严重影响档案作用的发挥。因此,深入开发档案信息资源,提高档案科学管理水平,加速实现档案管理的现代化,提供优质高效的档案利用服务,是今后档案工作的重要任务。

第三节 档案的种类

为了较全面地认识档案,人们往往同时从多种角度、采用多种不同的方法对档案进行种类划分。不同分法的种类概念均反映档案某一方面的属性或特征,解决某一方面的问题。目前,大致形成了以下几种档案种类的划分方法。

一、按照所有权划分

根据国家档案局1992年10月发布的行业标准《档案工作基本术语》,国家的档案按照所有权分为公共档案和私人档案两类。公共档案是指国家机构或其他公共组织在公务活动中形成的为社会所有的档案。私人档案是指私人或私人组织在社会活动中形成的为私人所有的档案。

二、按照档案工作中通行的方法划分

在档案管理的实践中,档案工作者将档案划分为文书档案、科技档案和专门档案。

文书档案是指反映党务、行政管理等活动的档案。即在党务和行政管理活动中由各种行政性或政治性公文转化而成的档案,如请示、批复、决定、决议,法规、法律等。

科技档案是指反映科学技术研究、生产、基本建设等活动的档案。即人们在科技、生产活动中形成的由纯业务性的科技文件材料转化而成的档案,如图纸、设计任务书、科研报告等。科技档案的内容与文书档案明显不同,它不是人类自我管理活动的记录,而是人类面对自然进行科学研究和物质生产活动的记录。科技生产活动在近现代以来获得了充分的、突飞猛进的发展,而且对人类社会的重要性也日益深刻而明显。因此,科技档案也显得越来越重要。

专门档案是指反映专门领域活动的档案,如会计档案、人事档案、诉讼档案、医院的病历档案、婚姻登记和工商注册登记档案等。这些档案虽也有明显的行政管理性质,但与主要由官方正式文件转化而成的文书档案相比,毕竟有所不同。它具有极强的自我独立性和规律性。

三、按照历史时期划分

我国档案行政管理机关从行政管理角度,将归国家所有的全部档案(国家全宗

档案)按照不同的时期划分成三种档案类型,即中华人民共和国成立后的档案、革命历史档案和旧政权档案。中华人民共和国成立后的档案又称中华人民共和国时期档案,是指1949年10月1日中华人民共和国成立之后,在中国形成的归国家所有的档案;革命历史档案又称革命政权档案,是指1949年10月1日中华人民共和国成立之前,由中国共产党及其所领导的军队、政权、企事业单位、社团等社会组织及个人所形成的归国家所有的档案;旧政权档案是指1949年10月1日中华人民共和国成立之前,除了革命历史档案之外的所有归国家所有的档案。这种划分方法是为了便于国家从行政管理的角度对全国归国家所有的全部档案进行宏观控制与管理,为制定规划、政策,进行统计、分析提供概念框架与依据。在国家档案统计中,一般将其简化为"建""革""旧"三个字头。"建"字头的档案还在源源不断地产生,而"革"字头和"旧"字头的档案则是不会再产生的档案种类,因此对其应格外重视并保护、收藏好。

总之,根据人们对档案现象的不同认识角度,档案的种类除上述三种分法外,还有其他分法和种类概念。不同的档案种类概念反映了档案的某种特性与表征,映射出现实中所存在的某个值得人们重视的问题。例如,按照档案载体的不同可分为传统载体(如缣帛、纸张等)档案和新型载体(如胶片、磁带、计算机硬盘、光盘、移动存储)档案等。后者因其载体和信息管理技术的先进性得到越来越广泛的重视和应用。

随着社会生活和档案以及档案管理活动的发展变化,档案还会有新的种类概念出现。同时,已有的种类概念中有些可能会淡出人们的视野,退出历史的舞台。

链接

新修订档案法 2021 年施行,电子档案与传统档案具同等法律效力

新修订的档案法于2021年1月1日开始实施,这也是档案法自1988年施行以来,首次进行修订。推进档案的开放和利用,加强档案信息化建设成为新版档案法的亮点。新修订的档案法,从原来的6章27条修改为8章53条,增设"档案信息化建设""监督检查"两章,内容更加充实完善。明确国家鼓励和支持档案馆和机关、团体、企业事业单位以及其他组织推进传统载体档案数字化;明确电子档案与传统载体档案具有同等效力。为推动档案开放与利用,新修订的档案法将档案向社会开放的期限由30年缩短为25年,同时要求档案馆不断完善利用规则,创新服务形式,推动制定已开放档案利用便民措施。

(资料来源:http://news.cri.cn/20201229/92a14cb7-1207-d765-47a2-8d6190034acd.html,略有改动)

本章小结

档案是指过去和现在的国家机构、社会组织以及个人从事政治、军事、经济、科学、技术、文化、宗教等活动而直接形成的对国家和社会有保存价值的各种文字、图表、声像等不同形式的历史记录。档案的本质属性是原始记录性。

档案的形成:选择处理完毕的文件形成档案;保存具有一定查考利用价值的文件形成档案;按照一定的程序和规律集中保存文件形成档案。

档案的基本作用是:档案是历史的真凭实据;档案是第一手的原始参考材料。

档案发挥作用的规律是:档案作用范围递增;档案作用方向转移;档案机密程度递减;档案作用的发挥有条件。

按照档案工作中通行的方法划分,档案可划分为文书档案、科技档案和专门档案。根据人们对档案现象不同的认识角度,档案的种类有多种分法和种类概念。

案例分析题

2015年6月10日,为撰写学术论文,美国哥伦比亚大学东亚语言文化系的研究生姬某特来我市档案馆查询现代手工业者的技术员工身份转换,特别是制镜工匠方面的情况。我市档案馆工作人员热情接待、积极检索,调阅了涵盖内容丰富又有参考凭证作用的档案案卷,供其参阅查考。全宗W12吴兴县委手工业部(1953—1958年)档案,内容有本部关于手工业情况的工作总结、工作意见、统计表、调查表。嘉兴地委手工业部长会议报告、手工业会议情况报告,内容包括本部关于手工业合作化运动的意见、总结、报告,关于手工业生产社内部审批登记表、社员收入问题调查报告,以及本部关于手工业(组)转为合作工厂的批复。全宗H94湖州市地方志编纂委员会办公室(1994—2003年)档案,内容主要是《湖州市志》涉及的相关内容等。经审查又同意其影印所需资料的要求,为其撰写学术论文、积累材料提供了丰富翔实的档案参考。

(资料来源:湖州市档案局网《2014年档案利用效果五十例》,略有改动)

请思考:

这个案例告诉了我们有关档案的哪些问题?

课堂讨论题

1. 档案与文件有哪些联系与区别?
2. 通过本章的学习,你对档案的认识有哪些提高?

复习思考题

1. 什么是档案？档案的形成条件有哪些？
2. 为什么原始记录性是档案的本质属性？
3. 为什么档案具有凭证作用和参考作用？
4. 作为一个档案工作者，如何才能使档案最大限度地发挥作用？
5. 什么是文书档案、科技档案和专门档案？

实训题

某档案馆联络部的小李刚上任就接到一个任务：馆里要接待一批学文秘专业的大学新生参观，档案馆领导要求小李负责此次接待和讲解工作。

根据上述情况，请思考：小李应该讲解哪些内容？如何讲解才能让参观人员对档案有初步的感性认识？

第六章　档案工作

学习目标

- 了解档案工作的内容
- 理解档案工作的性质和基本原则
- 认识档案工作机构的性质、任务
- 熟悉档案管理制度的内容

齐芳是学知公司档案室的工作人员。到档案室之初，她认为档案工作很简单，只要把档案保管好，不丢失、不破损，能在档案柜中找到阅档者要的档案就行了。所以，她所做的日常工作主要就是将档案柜中的档案摆放整齐，保持档案存放场所的卫生，为利用者查找档案提供服务，感觉工作很轻松。有一天，公司广告部的小王抱着一摞文件材料到档案室找到齐芳，对她说："小齐，我没整理过文件材料，你能告诉我怎么进行这些文件的整理吗？"小齐接过文件材料放在桌上，翻了翻，有点不知所措，只好请档案室的老张帮忙。老张以这些文件材料为例，仔细讲解了文件整理的步骤和要求，一旁的小齐和小王连连点头。

【分析】

档案工作具有科学性，有独特的工作环节。做档案工作，不仅要保管好档案，而且要做好各项档案业务工作。齐芳作为档案室的工作人员，应该全面掌握档案管理理论和档案工作内容，具备档案工作基本技能，明确档案室的工作任务，履行档案人员的职责，比如对业务部门的归档工作进行指导和检查，不能坐在办公室等客上门。各种档案机构的地位和职责不同，档案人员应主动完成各项档案工作任务。

第一节 档案工作的内容

档案工作是适应社会活动的需要而产生、存在和发展的,是维护历史真实面貌、功在当代、利在千秋的重要事业,对充分发挥档案的功能,促进经济社会发展具有重要意义。

一、档案工作的含义

档案工作是用科学的原则和方法管理档案,为党和国家各项工作服务的工作。从狭义上说,它是指档案业务工作所包括的档案的收集、整理、鉴定、保管、统计、检索、编研和提供利用等工作。从广义上说,它是指档案事业所包括的档案馆工作、档案室工作、档案行政管理工作、档案教育、档案科学研究、档案的宣传及出版等工作。

档案工作的基本任务包括:坚持集中统一管理档案的原则;建立国家档案工作制度;科学管理档案,大力开发档案信息资源;逐步实现档案管理的现代化;使档案工作更好地为经济社会全面协调可持续发展服务,为建设社会主义物质文明和精神文明服务。

二、档案业务工作

档案业务工作是档案馆、室在遵循档案工作原则的基础上,具体管理档案实体和档案信息,满足利用需求的工作。

(一) 档案收集

档案收集是指通过一定的制度和手段,将分散在档案形成部门和个人手中的、有保存价值的档案集中到档案机构统一保管,以备今后利用。档案收集是档案管理工作的起始环节,是档案馆、档案室档案业务工作的起点。档案收集是储存档案信息资源的重要途径,是实现档案集中统一管理的基本手段,是档案管理其他业务环节的基础,是决定档案存在和发展的前提条件。

(二) 档案整理

收集的档案数量很多,成分繁杂,有的甚至是零乱的,需要建立档案管理秩序,使档案排列有序化、条理化,这就形成了档案的整理工作。档案整理是档案工作的基础性工作,是科学管理档案和开发利用档案的必要手段和前提,是确保整个管理工作规范有序的重要基础。

(三) 档案鉴定

档案鉴定是对档案价值的鉴别与判定,去粗取精,去伪存真,使档案馆(室)的库藏由庞杂趋向精练。档案鉴定的基本任务是制定档案价值判定标准,鉴定文件材料的保存价值和保存时间,剔除库藏中已经失去保存价值的档案,组织档案销毁。

档案鉴定关系到档案的命运、库藏档案的优化以及档案作用的发挥,关系到档案工作的质量与效益。要在遵循文件的形成规律,保持文件之间的有机联系的原则下,科学判定档案价值。档案人员在档案鉴定中要把握好"度",既不能"有文必档",玉石不分,造成档案信息资源的无谓膨胀,占用大量的人力、物力资源,使档案工作效率低下;也不能把关过严,把一些必须保存的档案销毁或误划保管期限,以致未能齐全完整地归档,给工作带来损失。

(四)档案保管

档案保管是根据档案的成分和状况,通过日常性工作,采取存放和安全保护措施,最大限度地防止和减少档案的损毁,延长档案的寿命,维护档案的安全。档案保管工作包括:档案库房管理,即库房内档案科学管理的日常工作;档案流动中的保护,即档案在各个流动环节中的安全防护;档案保护的专门措施,即为延长档案的寿命而采取的复制和修补等各种专门的技术处理。

档案保管是贯彻档案工作基本原则、维护档案的完整与安全的重要环节。档案保管工作质量的高低,对提高档案管理水平具有重大影响。为了解决档案自然寿命的有限性与社会利用需要长远性间的矛盾,档案保管要做到:以防为主,防治结合;相互协调,密切配合;加强重点,照顾一般;立足长远,保证当前。

(五)档案统计

档案统计是以表册、数字的形式,揭示档案和档案工作的发展过程、现状及其一般规律的工作。它在对档案及档案管理各个方面情况进行记录和量化描述的基础上,分析研究档案及档案管理的状态、趋势及规律,为整个档案管理工作提供真实可靠的原始数据和基本事实,增强档案工作决策的科学性,提高档案管理水平。

(六)档案检索

档案检索是围绕档案信息的查找、存取而开展的一系列工作。档案检索工作应用科学的手段,对档案信息进行加工处理,编制功能齐全的检索工具,从各种途径揭示档案的内容与成分,帮助利用者运用检索工具快速获取所需档案信息,解决档案数量庞大与利用者特定需求间的矛盾。

(七)档案编研

档案编研是根据社会利用的需要,充分有效地挖掘档案信息的潜在价值,对利用价值高的档案内容进行研究、选择、编辑、出版,主动提供给有关部门和社会公众,促进档案信息资源的开发与利用。档案编研工作的内容是编纂公布档案史料、汇编现行单位档案文集、编写档案参考资料、参加历史研究和编史修志以及撰写专门著作。

(八)档案利用

档案利用工作是通过一定的方式和方法,将档案提供给利用者,最大限度地满足社会各方面对档案的利用需求。档案的作用是在利用工作中实现的。档案利用工作是档案业务的中心环节,是档案工作目的的直接体现,是档案事业为社会主义现代化建设服务的基本措施,是带动整个档案工作发展的关键。

档案业务工作中收集、整理、鉴定、保管、统计、检索、编研与利用等各个环节之间,既互相联系又互相制约,相辅相成,组成一个完整的工作过程。档案业务工作的各个环节实际上可以划分为两个基本组成部分:一是档案基础工作,为档案利用创造条件;二是档案提供利用工作,反映档案基础工作的成果,对基础工作提出新的要求。

三、档案事业工作

(一)档案馆(室)工作

档案馆是各方面工作和科学研究利用档案的中心;档案室是整个机关的组成部分,是属于机关管理和研究咨询性质的专业机构。档案馆(室)事业工作的主要内容是:依据国家有关法律法规制定本行业、本单位相关制度规范;在统一领导、分级管理的原则下,对所属行业、单位的档案工作进行监督、检查和指导;统筹规划、组织协调档案事务,保证档案工作的不断发展。

(二)档案行政管理

档案行政管理是以国家各项建设事业的需要为目标,对全国以及地方档案工作进行统筹规划、组织协调、统一制度、监督指导的活动。

档案行政管理工作的主要内容是:以档案行政部门为组织协调中心,培训和提高档案工作人员的行政能力和水平,依法行政,通过调查研究和加强管理,完成规划制定、统一制度、行政监督、组织协调、业务指导和咨询服务的任务,提高档案行政效率,促进档案事业整体水平的提高。

(三)档案教育

档案教育是档案队伍建设的重要内容,是提高档案人员整体素质的需要,有利于档案人员树立终身学习的理念,有利于各级档案部门推动学习型和研究型部门的建设,有利于档案工作跟上时代前进的步伐。

随着我国各项事业的蓬勃发展,档案事业面临着前所未有的机遇与挑战。档案资源建设触角的不断延伸,档案资源保护和提供利用技术的不断进步以及档案数字化建设的不断推进,对档案人员素质提出了新的要求。只有高度重视档案教育,充分发挥档案教育灵活性、开放性、适应性和针对性的优势,加大培训的力度,促进档案教育质量的提高,才能适应科技、经济、社会协调发展的需要,推动档案事业发展,提高档案人员素质,培养高素质的档案人才,使档案人员的知识和技能不断得到更新、补充、拓展和提高,完善知识结构,提高业务能力和专业技术水平,实现档案队伍整体素质与档案事业全面可持续发展相适应。

档案教育作为档案事业的重要组成部分,担负着培养和造就合格专业人才的重任。我国建立了较为完善的档案人才培养体系,许多大中专院校设立了档案专业,各级各类档案机构经常举办档案培训和讲座,档案继续教育得到高度重视。档案教育水平的高低决定能否输出从事档案工作的合格人才,即能否培养出符合档案事业发展需要的档案从业人员。

(四)档案宣传

档案宣传是向人们传播档案、档案工作有关信息、思想,从而影响人们行为的过程。具体而言,就是向广大档案工作者宣传党和国家有关档案工作的法规政策,对其进行思想教育,向社会宣传档案和档案工作,以增强社会档案意识的一种舆论引导和舆论监督性质的工作。

档案宣传的形式多样,既可以通过网站、报纸、杂志等宣传,也可以利用微信公众号、移动客户端、微电影、动画小视频、漫画宣传册、AR 影像图书等新渠道,提升宣传的传播力和影响力。通过宣传档案和档案工作,可以传播档案知识,扩大档案工作影响,增强人们的档案意识,彰显档案工作的独特价值,凝聚起做好新时代档案工作的精神力量。

(五)档案科学技术研究工作

档案科学技术研究工作是通过调查、观察、实验、比较、分析等手段,把档案工作实践的感性材料加以研究和提炼,上升为理性成果的一项创造性工作。它是探求档案和档案工作的性质、规律的过程和活动,包括档案科学的基础理论研究、应用理论研究、应用技术研究和档案科学研究管理工作。我国档案科学技术研究组织形式主要有档案科学技术研究所、中国档案学会和高等院校档案学教研室。

(六)档案国际合作与交流工作

档案国际合作与交流工作是我国社会主义档案事业的重要组成部分,也是发展我国国家规模档案事业的外部条件。我们应积极参加国际档案组织的活动、国家间双边档案工作和国际档案学术的交流与合作,通过档案这一对外交流合作的重要媒介,为提升中华文化的感召力和国际影响力,塑造中国良好形象,发挥积极作用。

> **用好红色档案资源,传承红色基因**
>
> 档案工作在党史学习教育中有着独特作用。红色档案记载着党的百年奋斗历程和辉煌成就,是镌刻中国共产党人初心使命的历史凭证,是传承革命基因、赓续红色血脉最生动的教材。用好用足用活红色档案,是档案工作者的重要职责和神圣使命。档案工作者要发挥好档案鉴古知今、认识规律的资政作用,把红色档案资源开发利用作为档案工作的重中之重,深入挖掘红色档案蕴含的精神内涵,充分利用翔实的文件、直观的照片、鲜活的影像等红色历史素材,举办档案展览或制作档案影视作品、微纪录片等,用档案讲好党的故事、新中国故事、改革开放故事,助力党史教育、党性教育、爱国主义教育和社会主义核心价值观教育,传承红色基因。

第二节 档案工作的性质

档案工作是通过管理和提供档案利用,直接为社会各项活动服务的工作,是维护党和国家历史真实面貌的重要事业。只有了解档案工作的性质,才能进一步增强档案意识,做到热爱档案工作,不断提高服务的质量和水平,努力在服务发展中履职尽责。档案工作的性质可概括为政治性、管理性、服务性和文化性。

一、档案工作的政治性

档案工作的服务方向、管理对象及实质决定了其具有政治性。

(一) 档案工作总是为一定的政治服务

在社会发展的各个历史阶段,档案工作必然为一定的政治、经济、文化服务,否则其就不会存在,也难以发展。这个服务方向是档案工作政治性的集中表现。

时至今日,我国档案工作承担着"为党管档、为国守史、为民服务"的重要职责,政治定位、政治特质、政治功能鲜明,最根本的要求是牢牢把握政治方向,始终确保档案事业沿着正确的方向前进。

(二) 档案工作是机要性工作

这是由档案本身的特点以及党和国家的利益所决定的。档案记载了国家政治、经济、军事、科学技术等方面的真实情况,其中有尚未公布和不准公布的重大事项,涉及单位和个人利益或隐私,关系国家利益和民族利益。机密档案一旦泄露,就有可能危及国家安全,损害党和人民的利益。因此,必须树立正确的保密观念,坚持保密原则,对机密档案在一定时间和范围内要做好保密工作,维护党和国家的机密。

(三)档案工作是维护国家、社会历史真实面貌的政治需要

档案记述了党和政府的方针政策以及人们进行工作的思想意图、成功的经验和失败的教训,记录着经济社会的发展历史,反映一定历史阶段的政治、经济和文化状况,承载着人类文明的优秀成果,客观地维护历史真实面貌,服务于现实经济社会发展需要。因此,必须维护档案的真实性,保持档案的原貌。

档案是历史的见证,反映一定的历史事实,人们了解和研究历史主要依靠档案。做好档案工作,实际上就是维护历史的真实面貌。档案工作的任务就是在统一管理国家档案的原则下,按照档案工作制度,收集和科学管理档案,确保档案的完整和安全,使档案再现当时的历史面貌,从而保障单位历史的延续和发展,维护国家、社会历史的真实面貌。

二、档案工作的管理性

档案工作是具有独特管理对象、范围和方法的科学的管理性工作。档案工作的管理性表现在三个方面。

(一)档案工作是专门管理档案的特殊业务

档案工作用系统科学的理论原则和技术方法管理档案,对档案进行研究、考证、加工处理,属于一项专门业务。它既管理档案实体,又开发利用档案信息资源。

(二)档案工作是管理活动的重要组成部分

档案工作不是孤立的,它是各项社会管理系统中不可缺少的组成,也是单位管理工作的一部分。档案是管理活动的产物,是管理工作的工具和手段,收集、管理和提供档案利用是单位的一项重要工作任务。完成任务,履行职责,借鉴过去工作的经验教训,提高管理水平和工作效益都离不开档案和档案工作。档案工作是单位的一项基础性工作,是管理不可或缺的环节。档案工作的好坏,是衡量一个单位管理水平高低的重要标志。

档案工作的管理对象是档案,服务对象是档案利用者,所要解决的基本矛盾是档案的分散、零乱、庞杂、量大、孤本等状况与管理活动利用档案要求集中、系统、优质、专指、广泛之间的矛盾。管理活动对档案需求的满足程度取决于档案工作的水平,档案工作要适应不断增长的管理活动需求。二者处在从不适应到适应不断的矛盾过程中,从而推动档案管理工作向前发展。档案管理的发展是通过由非独立系统到独立系统、由简单管理到复杂管理、由经验管理到科学管理、由手工管理到计算机管理、由封闭系统到开放系统而逐步实现的。

(三)档案工作是一项科学性、技术性很强的管理工作

档案工作必须遵循档案形成、管理、利用的规律与特点,运用科学规范的管理方法和科技手段来组织开展,使档案工作科学而有序地进行,既符合单位档案工作的实际,又体现档案管理基础理论和形式逻辑原则,理论与实践相结合,有所发展,

有所创新。档案人员只有具备自然科学、社会科学、思维科学的知识和专门业务技能,才能做好各个环节的业务工作,否则档案工作将处于混乱无序的状态。

三、档案工作的服务性

档案的特点和作用决定了档案工作是一项服务性的工作,通过管理档案和提供档案信息服务,满足社会主义事业对档案利用的社会需求。服务性是档案工作区别于其他工作的主要特点,是档案工作赖以存在和发展的条件。

(一)档案工作服务于各项工作的开展

档案工作是党政领导和各项业务工作的参谋和助手。它在科学管理档案的基础上,提供档案信息,为各项工作服务,满足社会对档案的利用需要。

(二)档案工作服务于目标的实现

档案可以为决策服务,帮助人们解决疑难问题,为在工作中了解情况、总结经验、研究问题提供参考。服务是档案工作的生命,服务是衡量档案工作的重要标志。只有努力做好档案信息资源开发利用工作,实现档案的价值,才能充分发挥档案信息资源的基础性、公益性、战略性功能,使档案工作充满生机与活力。

(三)档案工作服务于档案作用的发挥

服务性是发挥档案工作重要作用的基本属性,是档案工作赖以存在和发展的基本因素和前提条件。古今中外,档案工作都是为一定的政治、经济、文化等事业服务的,离开了这一点,档案工作就不会存在,也不会发展。实践证明,档案工作只有与其他各项工作紧密联系,积极发挥档案作用,提供档案为各项工作服务,才能迅速发展,档案工作的地位和影响才能相应地提高和扩大。自觉为社会主义建设事业提供及时全面的服务,促使档案作用得到充分的体现和发挥,是档案工作者的光荣职责和艰巨任务,也是档案工作者的职业道德所在。

四、档案工作的文化性

档案是重要的文化资源,是社会文化的组成部分,对传承人类文明发挥着载体作用。它真实记录人类的发明创造,积累人类文明的优秀成果,推动人类文明的创新和发展,具有文化性的特点。档案文化作为社会主义文化建设的一个重要方面,有着悠久的历史,是宝贵的历史文化遗产,是人类文明发展的记忆器和助推器,必将在社会文化建设中发挥不可替代的作用。

档案工作肩负着保存档案这一保护历史文化遗产的任务,具有利用档案发展科学文化的作用。

通过开展档案工作,文化资源得以积累、存储和传承,人们可以探寻历史发展的轨迹,了解世界各民族所创造的辉煌业绩,继承传统文化精华,推动人类社会不断向前发展。

第三节　档案工作的原则

《中华人民共和国档案法》明确规定："档案工作实行统一领导、分级管理的原则，维护档案的完整与安全，便于社会各方面的利用。"这一原则的确立，既是我国档案工作长期实践经验的总结，也是我国社会主义制度对档案工作的必然要求。它对指导我国档案工作实践具有重要意义，对档案工作理论与实践的发展有很大的贡献。我国档案工作的原则揭示了档案工作的客观规律，内涵丰富。基本原则的核心包括三方面内容：

一、统一领导、分级管理

统一领导、分级管理是我国档案工作的组织原则和管理体制，也是我国档案工作行之有效的成功经验。

（一）全国档案工作由各级档案主管部门统一、分级、分专业管理

国家档案主管部门主管全国档案工作，以统一制度对全国档案事业实行统筹规划、组织协调和监督指导。地方各级档案主管部门在国家档案主管部门或其上级档案主管部门的统一指导下，负责主管本行政区域内的档案事业，对本行政区域内的档案工作实行监督指导。各专业系统档案主管机关在国家档案主管部门的指导下，针对本专业系统的特点，对本系统的档案工作实行监督指导。

（二）国家全部档案由各级各类档案保管机构分别集中管理

国家的全部档案是重要的历史文化财富，这为档案工作的统一领导和档案的集中管理创造了前提。实践证明，档案只有实行统一领导和集中管理，才能克服分散保存的混乱状态，便于制定统一的工作规范和标准，实现档案信息利用的网络化，使得社会各方面利用档案更加便捷，充分发挥档案作用，保证档案工作的正常进行和档案财富的有效积累。

目前，我国对国家所有的档案实行统一制度、分级负责的集中管理与保管。一切国家机关和组织形成的档案，必须按照国家的规定，定期向本单位档案机构或者档案工作人员移交，集中保管，任何个人不得据为己有。各国家机关和组织的档案机构必须按照国家规定，定期向有关档案馆移交档案。

（三）实行党政档案和党政档案工作的统一管理

党政档案统一管理是我国档案工作的特点。党、政系统的档案工作，由档案事业管理机构统一进行指导、监督和检查。

二、维护档案的完整与安全

维护档案的完整与安全是档案管理的基本要求，也是各级档案机构的首要任

务。只有保证档案的完整与安全,才能为档案工作提供必要的物质基础。

(一)维护档案的完整

所谓完整,是指档案数量和质量的统一。在数量上,确保档案齐全。将有保存价值的档案收集完整,应该集中和实际保存的档案不得残缺短少。应归档的文件材料必须及时向单位档案室归档,应向国家档案馆移交的档案必须按时移交,任何单位或个人都不得拒绝归档和移交。在质量上,做到系统完整地反映历史面貌,按照档案的内在联系管理档案,归档的文件材料必须做到按照形成规律保持一定的联系性和系统性,不能人为割裂分散或零乱堆砌。数量和质量缺一不可,互相联系。只有实现两者的统一,才能有效地维护党和国家的历史真实面貌。

(二)维护档案的安全

所谓安全,包括档案的物质安全和政治安全两个方面。物质安全是指档案实体不能受到任何人为或自然的损毁,要尽量延长档案的寿命。政治安全是指档案内容的机密不被盗窃和泄露。维护档案的完整与安全是有机的统一,完整是安全的物质基础,安全是完整的有力保证。

三、便于社会各方面的利用

便于社会各方面的利用是档案工作的根本目的,是档案管理活动的出发点和归宿,是检验档案和档案工作质量的重要标准。

便于利用体现着档案工作的服务性质,是档案工作系统的总目标,是档案工作各业务环节的出发点,它支配着档案工作的全过程。档案的收集、整理、鉴定、保管、编目等各项工作,都应着眼于便于利用,不能脱离系统总目标。档案工作必须不断地提高服务效率和服务质量,为档案利用者尽可能地创造方便条件;要改变重藏轻用的观念,围绕利用做好各个环节的业务工作,达到提供档案信息为各项社会实践服务的最终目的,创造社会效益和经济效益。

档案工作的基本原则是一个有机整体。统一领导、分级管理是核心,是组织和制度保证,维护档案的完整和安全是物质基础,便于社会各方面的利用是目的和宗旨。它们相辅相成,相互作用,缺一不可,共同促进档案工作健康有序地发展。

第四节 档案工作的机构

随着我国社会、经济的发展,我国的档案事业全面发展与提升,形成了具有国家规模的档案事业体系,并逐步朝着规范化、现代化的目标迈进。机关、团体、企业事业单位普遍建立了档案管理机构,各级各类档案工作机构构成了一个结构合理、管理科学、颇具规模的档案工作组织体系。根据不同的性质和任务,我国的档案工作机构可分为四种基本类型。

一、档案室

档案室是统一管理本单位在工作活动中形成的全部档案,指导、监督、检查本单位各部门的档案工作,提供档案为各项工作服务的机构。

(一)档案室的性质

档案室是国家档案工作组织体系中最普遍、最大量、最基层的业务机构,肩负为国家、社会积累档案财富的使命,是档案事业持续发展的重要基础。

1. 档案室是单位的内部组织机构

档案室是单位的组成部分,是单位中具有档案业务管理和档案行政管理职能的内部机构,是单位内具有参谋和咨询作用的部门。档案室与各业务部门密切联系,为业务部门的工作提供需要查考利用的档案。档案室的工作是单位业务工作的组成部分,是单位各项工作不可缺少的环节。

2. 档案室是主要为本单位服务的机构

档案室集中统一保存和管理本单位形成的档案,主要为本单位各项工作提供档案利用,直接为决策、管理和日常业务的开展进行咨询、参谋。档案室工作做好了,既可以提高本单位各项工作的效率和质量,也可以大大促进整个国家档案事业的发展。

3. 档案室是社会各项事业同档案工作联系的纽带

尽管社会各项事业同档案工作是性质、对象、任务不同的工作,但是一个部门、一个单位的工作活动,必然产生档案、利用档案。因此,社会各项事业同档案工作有着必然的联系,档案室工作正是维系这种联系的纽带。各级档案行政管理部门通过档案室这个纽带,将监督、指导的职责在各单位落实,使社会各项事业的活动记录、研究成果得到安全维护。各单位、各行业可以通过这个纽带了解、认识档案工作,从而支持档案工作。

4. 档案室是国家档案事业的基础

在整个国家档案事业中,档案室处于相当重要的地位。档案室是全国档案工作的基础。档案室为国家档案馆积累和输送档案材料,是国家档案资源不断补充的源泉,是国家档案事业的物质基础。国家档案的完整程度和连续积累,首先决定于档案室。在全国档案事业管理体系中,档案室机构和从业人员最多,档案室保存的档案数量最多,发挥的现实作用最大。因此,档案室工作的质量和水平,对整个国家档案工作的质量和水平有着重要的影响。

5. 档案室为档案馆发展创造条件

档案室是保管具有长远价值档案的过渡性机构。档案室工作是国家档案馆工作发展的前提。从档案事业发展史看,档案室先于档案馆产生。可以说,没有档案室工作的不断发展,就没有国家档案馆的产生和发展。档案室源源不断地向国家档案馆输送、补充档案,档案馆工作才能在不断丰富馆藏的基础上提高和发展。

6. 档案室是提高单位工作效率和质量的必要条件

档案室的工作是维护单位历史真实面貌的一项重要工作。档案是前人智慧的结晶。各单位工作不断延续进行,借鉴以往经验、制定计划、总结工作、执行政策、处理各种问题都要查考档案。档案室为单位工作人员提供科学的依据和准确的信息,减少无效劳动和重复劳动,使各项工作顺利进行。

(二)档案室的基本任务

档案室是各项工作的助手,为单位管理和单位职能活动提供必要的档案信息支持。档案室的基本任务是:集中统一地管理本单位各部门形成的各种门类和载体的全部档案,维护档案的完整与安全,为本单位各项工作服务,为党和国家积累档案史料。《中华人民共和国档案法》、《机关档案工作条例》和《机关档案工作业务建设规范》等法律、法规中明确规定了档案室的具体任务,概括起来主要是:

1. 贯彻执行档案工作的法律、法规和方针政策

档案室是国家档案事业的基层组织,必须遵守党和国家关于档案工作的法律、法规和方针政策,依法从事本单位的档案工作,这是做好档案室工作的基本前提。

2. 制定本单位档案工作管理办法

档案室应该建立健全本单位档案工作的规章制度,采取一系列有效的措施,使本单位的档案工作有章可循,从而将本单位的档案工作纳入国家档案事业法治建设的轨道,这是开展档案室工作的基本保证。

3. 对本单位各部门文件材料的收集、整理、立卷和归档工作进行监督和指导

档案室的档案来源于本单位文书部门和业务部门。为使本单位文件材料的形成、积累、归档符合档案工作的要求,保证归档案卷质量,档案室应对本单位各部门形成的文件材料的收集、整理、立卷、归档工作进行监督指导,这是国家赋予档案室的权力。

档案室要指导、监督文书部门和业务部门把应该归档的文件材料收集齐全;指导和帮助各部门按照归档原则与要求整理文件材料,根据需要与可能,做好各项技术性工作,如纸质文件的装订、电子文件的录入、声像材料的文字说明;指导和监督各部门定期向档案部门归档,使单位全部档案得以集中统一地保管。

4. 集中统一管理本单位的全部档案

档案室应该是集中统一管理本单位全部档案的信息中心。要创造良好的基础和物质条件,集中保管本单位各种门类和载体的档案,确保档案的完整与安全,做好档案的收集、整理、鉴定、保管和统计工作。

5. 积极主动地为本单位各项工作开展利用服务

管理是手段,利用是目的。档案室工作的根本目的就是充分发挥档案的作用,为单位领导决策和各项工作服务。利用工作反映档案室工作的成效,直接影响档案室的发展,关系到单位工作效益的提高。档案室要根据本单位利用档案的特点,编制各种检索工具和参考资料,开展各种利用工作,变被动服务为主动服务,为各

项工作提供档案咨询、查阅和利用服务。

6. 对所属单位的档案工作进行监督和指导

按照档案工作统一领导、分级管理的原则,档案室除管理好本单位的档案外,还应负责对所属单位的档案工作进行监督和指导。

7. 为档案馆积累和输送档案

档案室要依法向档案馆移交档案,定期把具有长远保存价值的档案向档案馆移交。《中华人民共和国档案法》第十五条明确规定:"机关、团体、企业事业单位和其他组织应当按照国家有关规定,定期向档案馆移交档案,档案馆不得拒绝接收。"档案室保存的本单位形成的档案既对本单位工作有利用价值,又对社会有参考作用,需要移交给国家档案馆保存,在更大的范围为社会当前和长远的需要服务。

《机关档案工作条例》和《中华人民共和国档案法实施办法》规定,机关长久保存的档案,在本机关保存一定期限(省级以上机关20年左右,其他机关10年左右)后向指定的国家档案馆移交。移交时要把目录数据库软盘、案卷目录和有关检索工具、参考资料一并向有关的档案馆移交。一个机关的全部档案是不可分割的整体,应统一向一个档案馆移交,保持全宗的完整性。

> **链接**
>
> **档案移交的要求**
>
> 档案室要根据档案馆接收档案的要求,按照移交范围向档案馆移交档案,确保移交的档案符合一定的质量要求。
>
> 档案移交前要做好准备工作。应根据国家档案局制作的档案保管期限表,对本单位保存的应该移交的档案进行鉴定,确定移交范围;对应移交的档案进行质量检查,对不符合要求的案卷进行必要的加工调整;对发现遗缺未归档的文件材料进行收齐补充;对案卷内字迹褪色洇化的材料进行登记修复;修改或重新编制检索工具和有关的参考资料。
>
> 准备工作完成后,经过档案馆验收,认定合格,双方办理交接手续。

(三) 档案室的类型

我国档案室数量大、分布广、类型复杂,主要有以下类型:

1. 普通档案室

普通档案室集中管理本单位党、政、工、团等组织形成的档案的档案室。

2. 科技档案室

科技档案室集中管理本单位在科技生产过程中直接形成的科学技术档案的档案室。

3. 音像档案室

音像档案室集中管理本单位工作活动中产生的具有利用和保存价值的以声

音、图像为记录手段的各种载体形式档案的档案室。

4. 人事档案室

人事档案室专门管理本单位人力资源管理活动中形成的记载员工个人经历和德才表现的人事档案的档案室。

5. 综合档案室

综合档案室集中统一管理本单位全部档案的档案室。综合档案室是综合性档案保管机构，利于统一领导和管理档案工作，便于综合开发利用档案信息资源。

6. 联合档案室

联合档案室是指由性质相近、关系密切、驻地集中的若干单位联合成立的共同管理各单位档案的档案室。联合档案室利于档案的管理和利用，能够节约人力、物力和财力。

二、档案馆

档案馆是集中管理规定范围内形成的具有长远保存价值的档案的机构。档案馆工作已成为档案事业建设的主体和重点，在国民经济和社会发展中发挥着越来越重要的作用。

(一) 档案馆的性质与地位

档案馆是党和国家的科学文化事业机构，是安全保管档案、进行爱国主义教育的基地，是面向社会的档案利用中心和档案信息服务中心。

文化性是档案馆的本质属性，主要表现在两个方面：一方面，档案馆是积累和保管利用档案这一人类文化历史遗产的基地和中心，是人类所创造的各类文化的最终归宿地，对传承人类文明发挥着纽带作用；另一方面，档案馆作为一种文化的承载体，其自身也是文化遗产的重要组成部分。

作为档案事业主体的档案馆是一种科学文化事业机构，国家设立档案馆的目的就是为了保管和利用档案这一历史文化财富，为科学研究和其他各方面工作利用档案史料提供方便。

档案馆的文化性既是国家意志的体现，又是现代信息社会对档案馆生存与发展的客观要求。档案馆存在的主要意义在于对人类文化宝贵遗产的保护和传承以及对社会文化建设的独特作用。正确认识并大力弘扬档案馆的文化属性，有助于明确档案馆工作的目标和方向，有助于国家档案馆事业的健康发展。

档案馆是我国档案工作组织体系中的重要业务系统，是档案事业的主体，居于主导地位。这是因为：第一，档案馆集中保存了大量有长远保存价值的档案，这是档案工作的物质基础；第二，档案馆在人员配备、工作条件、管理手段、经费设备、档案开发利用方面，比其他档案机构有明显优势；第三，档案馆工作集中体现了档案工作的成果，反映了档案工作水平。

(二) 档案馆的任务

档案馆的基本任务是集中统一地管理党和国家需要长远保存的档案和史料，维护历史的真实面貌，积极提供利用，为现实的社会主义现代化建设和历史的长远需要服务。档案馆的具体任务主要是：

1. 收集和接收本馆保管范围内对国家和社会有保存价值的档案

按照国家、地方和行业主管部门的有关法律、法规、规定，档案馆接收和征集本级各机关、团体及其所属单位具有长期和永久保存价值的、各种载体的档案以及有关资料。

2. 科学地管理档案

对接收进馆的档案、资料，严格按照规定整理、存储和保管，实行标准化、规范化、现代化的管理，构成多层分布的档案信息数据库，保障档案的安全。

3. 开展档案的利用服务工作

大力开发档案信息资源，通过各种利用形式和途径积极开展利用工作，对档案内容进行系统的研究考证，利用档案印证历史事实，举办各种形式的档案展览，为社会利用档案资源提供服务，实现档案信息资源的社会共享。

档案馆应成为政府公共信息服务、人文历史和现代文明展示、爱国主义教育基地，成为现行文件利用中心、社会档案寄存中心、智能化数字档案馆，成为学术交流和文化休闲的场所，充分体现政务公开、文化展示、在线服务、传统教育等服务内容。

4. 编辑出版档案史料、编史修志

立足馆藏档案资料，广泛征集各种载体的历史档案、资料，结合现实工作需要进行年鉴、史志编辑与档案专题编研。

(三) 档案馆的种类

我国已经形成了功能比较完善的全国档案馆网络系统，档案馆的类型归纳起来可分为以下几种：

1. 综合档案馆

综合档案馆是按照行政区划或历史时期设置的，管理规定范围内多种门类、各种内容和形式的档案，具有文化事业机构性质的档案馆，如中央档案馆、中国第一历史档案馆、中国第二历史档案馆、北京市档案馆。

综合档案馆数量众多，是我国国家档案馆和档案事业的主体。综合档案馆一般分别隶属于各级党和政府，收集保管党和国家在各方面管理活动中形成的档案。

根据综合档案馆所处层次的不同，可分为中央级和地区级综合档案馆两种类型。中央级综合档案馆如中央档案馆、中国电影资料馆等；地区级综合档案馆包括省(自治区、直辖市)、地区(市、自治州)、县级档案馆，如天津市档案馆、新疆维吾尔自治区档案馆、柳州地区档案馆。

2. 专业档案馆

专业档案馆是管理特定范围专业档案的档案馆。专业档案馆既可按所保存档案的载体形态设置,也可按所保存档案涉及的专门领域设置,如中国人民解放军档案馆、中国照片档案馆、上海市城建档案馆。

3. 部门档案馆

部门档案馆是指专业主管部门设置的,收集管理本部门及其直属机构档案的档案馆,如外交部档案馆。

4. 企业档案馆

企业档案馆是某一企业设置的收藏和管理本企业档案的档案馆。企业档案馆作为全国档案馆网络体系成员、企业档案信息的利用中心,要保管企业档案,积极开展各项档案业务,向本企业和社会各方面提供服务,并根据有关规定定期向国家档案馆移交具有国家和地方重要意义的档案。

设置企业档案馆应该是大型以上企业和企业集团,特别是资本密集、技术密集、生产过程联系紧密,对专业化分工协作和规模经济要求较高的企业,以及特殊行业、国家垄断性行业的大型以上企业。

企业档案馆是企业的内部机构,其设置必须考虑企业档案工作的基础状况,着眼于实现档案、图书、情报资料的一体化管理,以便实现信息资源的综合开发与利用,提高企业信息管理的效率。

5. 事业单位档案馆

事业单位档案馆是事业单位设置的管理本单位档案的档案馆,如北京大学档案馆。事业单位经主管部门批准,向同级档案行政管理部门备案,可以设立档案馆。

三、档案科研、教育、宣传、出版机构

为了加强档案科研、教育、出版和宣传工作,促进档案工作协调发展,国家建立有档案科研机构、教育机构和宣传、出版机构。

(一)档案科研机构

档案科研机构包括各级各类档案科研所和群众性学术团体。

(二)档案教育机构

档案教育机构包括设有档案专业的大中专学校和有关培训中心。

(三)档案宣传、出版机构

档案出版机构有中国档案出版社。档案宣传机构有档案专业报刊,通过各种档案专业报刊,宣传档案工作方针政策,交流档案工作经验,开展档案学术交流,公布最新档案资料等。

四、档案行政管理机构

档案行政管理机构是党和国家领导、监督和检查档案工作的管理机构,其职能是对档案馆、档案室的业务工作进行管理。

(一)档案行政管理机构的性质

档案行政管理机构是我国档案工作组织体系中的行政系统,是党和国家指导和管理档案工作的行政部门,是国家档案事业的组织和指挥中心,在整个档案事业发展中起着决策、规划、组织、协调、监督、指导和检查的作用。

(二)档案行政管理机构的任务

档案行政管理机构的基本任务是对全国档案工作分层次、分专业地进行业务指导、监督和检查。具体任务是:

1. 制定档案工作的规章、办法

根据职权范围,制定档案工作的方针政策,制定并颁发档案工作的法规、条例、制度、办法,研究与制定档案业务工作的标准、规范,建立档案工作规章制度。

2. 制定档案工作发展规划

提出档案工作发展的总体规划和工作计划,规划和筹建档案馆。

3. 对档案工作进行指导、监督和检查

对各级各类档案馆、档案室的业务进行日常的指导、监督和检查。协调和指导文书工作,特别是文书处理和立卷归档工作。提出鉴定档案的原则和标准,研究和审查档案保存价值、保管期限方面的问题,监督档案销毁。

4. 促进档案事业发展

组织和指导档案科研、宣传、出版和外事工作,开展档案理论和技术研究,参加档案界的国际交往和合作。组织和指导档案工作业务经验的交流,举办各种档案工作会议,研究问题,总结经验。发展档案专业教育,组织指导档案人员专业评聘工作和教育工作,培训在职档案人员,进行档案人员职称评定。组织档案的利用工作,做好党和国家领导机关交办的有关档案工作事宜。

5. 协调档案机构与其他部门的关系

加强与社会的联系,争取有关部门对档案工作的重视和支持,协商解决档案事业经费、档案工作机构、人员编制等问题。

(三)档案行政管理机构的类型

我国从中央到地方设有档案行政管理机构。在各级人民政府内设立档案局,在中央和地方专业主管机关内设立档案处(科),分别负责管理本地区、本系统的档案工作。

1. 国家档案局

国家档案局是全国档案事业的最高领导机关,履行全国档案事业行政管理职能,对全国档案工作进行指导、监督与检查。

2. 地方档案局

地方档案局是地方党和政府的工作部门,是掌管行政区内档案工作的职能机构,负责所属区内档案工作的监督、指导与检查,在业务上受上级档案局指导。

3. 档案处、科

中央和地方专业主管机关以及军队系统,设有档案处、科,在业务上受国家档案局统一指导,负责对本系统各单位档案工作进行监督、指导和检查。地方专业主管机关的档案工作,以受地方档案局业务指导为主,同时接受上级专业主管机关的业务指导。

各级档案机构之间的关系是:上级档案行政管理机构对下级档案行政管理机构具有业务指导和监督的关系;档案行政管理机构对档案馆和档案室等档案业务机构具有业务指导和监督关系;机关档案室和档案馆之间具有档案交接关系;各级档案馆(室)之间均无隶属关系,但有一定的协作关系。

第五节 档案管理制度

档案管理制度是科学管理档案,做好档案工作的重要依据,也是监督、指导、检查本单位档案工作的必要手段。

一、建立档案管理制度的意义

档案管理制度是单位档案管理行为的准则和档案业务建设的依据。建立档案管理制度是档案管理工作顺利进行的前提。档案管理制度完善与否,直接关系到档案管理工作质量的高低。建立健全并严格执行档案管理的规章制度,不仅可以为实现档案科学管理和有效开发利用创造条件,而且也是单位加强基础管理、全面提高竞争力的客观需要。

二、档案管理制度的内容

档案管理制度有档案行政管理制度和档案业务管理制度两大类。档案行政管理制度是保证档案工作在单位全面落实的行政性管理制度,如档案管理办法、档案工作岗位责任制、文件材料立卷归档办法等,具有适用范围的广泛性和发挥作用的间接性的特点。档案业务管理制度,是关于档案收集、整理、鉴定、保管、统计、利用等业务工作的操作性的制度,如档案分类编号办法、档案库房管理制度、档案鉴定销毁制度、档案保密制度、企业特殊载体档案管理制度(包括音像档案、电子档案、实物档案等管理制度)等,具有使用范围的专有性和专业性的特点。档案管理制度主要有以下几种。

（一）文件归档制度

文件归档制度是职能部门进行归档工作的基本规范和依据，是档案部门指导、检查文件归档工作的依据，是做好档案收集工作的依据，是保证工作活动连续性以及档案工作有效性的基础。文件归档制度主要规定文件材料立卷归档的职责，归档文件材料的基本要求、整理标准，文件材料的归档范围和保管期限划分等。文件归档制度内容包括：

1. 归档范围

归档范围指办理完毕的文件材料应当归档和不应当归档的范围。

2. 归档时间

归档时间指文书处理部门和有关的业务部门将需要归档的文件材料向档案室移交的时间。

3. 归档份数

归档份数指归档的文件材料的数量。

4. 归档要求

归档要求：应该归档的文件材料要做到种类齐全、份数完整，每份文件都不缺张少页，尽量保证文件材料之间的有机联系。

5. 归档手续

归档手续：在文件材料形成部门向档案室移交档案时，交接双方应该对移交的文件材料详细清点。经过认真核对后，交接双方确认无误，可履行签字手续。

（二）档案借阅制度

档案借阅工作是档案利用的一种形式。为充分发挥档案的作用，维护档案的安全，应该制定档案借阅制度。档案借阅制度是关于利用者借阅档案的若干具体规定。

1. 阅览室的接待对象

阅览室的服务对象一般是单位内部的工作人员。如果外单位的用户需要查阅档案，在说明利用档案的目的和范围后，按档案利用的规定办理相关手续，可查阅利用属于开放范围的档案。

2. 借阅手续

档案用户凭有效证件和证明，可进入档案室借阅所需要的档案。在进阅览室之前，要进行用户登记。如果要借出档案，必须填写借阅单，注明档案号和借阅日期以及归还日期。如果逾期不还，应该对用户发出催还通知。档案归还后，应认真核对、清点，确保档案的完整。

3. 批准手续

借出档案或对借阅的档案内容进行摘录、复制、公布，必须按档案利用制度的有关规定办理批准手续。

4. 借阅要求

档案用户在进入档案阅览室借阅时,档案人员应该提醒利用者遵守阅览室的借阅条例,保护好档案。如不允许在阅览档案时吸烟、喝水或在档案上勾画、涂抹等等。利用者应爱护档案,在阅览范围内查阅档案。

(三) 档案保管制度

档案保管制度的内容包括:档案安全问题、进出库房登记、库藏档案定期检查、设备管理、清洁卫生等方面。

档案保管制度对档案保管场所、进出人员及其进出方式与时间、档案保管要求等进行必要的限制并作出规定。进行档案保管要注意防火、防水、防潮、防霉、防虫、防光、防尘、防盗,采用空调或恒温、恒湿技术设备对档案室进行温、湿度的控制,整齐有序地排放档案柜架、档案卷盒。定期对保管的档案进行检查,以发现是否有霉变、虫蛀等现象和迹象发生,是否有潜在隐患等危险因素存在,以及档案的调出和归还是否履行了严格的手续,实体秩序是否受到破坏、出现了混乱,是否有长期使用未归还的档案,等等。

(四) 档案鉴定制度

档案鉴定制度的内容包括:档案鉴定工作的原则与方法、各种类型档案保管期限的确定、档案鉴定工作负责人、鉴定程序、销毁档案的审批程序及档案销毁工作的有关要求。

档案鉴定制度应该对鉴定标准、鉴定工作组织和档案的销毁做出明确规定。要根据国家档案局颁发的档案的鉴定标准,结合本单位的实际情况,制定出档案价值的鉴定标准。档案的价值鉴定工作必须有组织、有领导地进行,一般由秘书、档案室人员、相关部门的领导参与和组织。坚持销毁档案的批准和监销制度,经过鉴定确认需要销毁的档案,必须经由主管领导批准,销毁档案必须实行监销。

(五) 档案保密制度

档案保密制度的内容包括:档案保密工作的组织、档案保密措施、对涉密人员的要求、密级档案的保管、利用密级档案的审批程序、利用密级档案应遵守的规定、密级档案的降密和解密、泄密应承担的责任。

档案保密制度要明确档案的秘密等级,每一位档案人员和档案用户都要严格履行保密制度,不失密、不泄密。对于泄密的人员,应给予一定的处罚。

(六) 档案人员岗位责任制度

档案人员岗位责任制度的内容包括:档案人员的职责、权限、任务、考核和奖励措施。

档案人员进行具体的档案管理工作,对档案的管理实行监督、指导、检查,各司其职,分工合作。应该进行档案管理人员的绩效考核,对绩效好的档案人员实行奖励。

> **档案工作人员岗位职责**
>
> 　　档案工作者应明确岗位职责,全面提升素质,更好地胜任工作,服务于社会。
>
> 　　1. 忠于职守,钻研业务,兢兢业业做好档案工作。认真学习、贯彻执行《档案法》,做到依法治档。
>
> 　　2. 严格遵循制度规定,秉公办事,不徇私情。严守保密制度,严防档案内容泄露、材料散失等情况发生。
>
> 　　3. 做好档案材料的收集、鉴别、整理、保管工作,坚持平时立卷。
>
> 　　4. 坚持原则,抓好各部门的归档工作。接收归档案卷时,逐件检查,把好归档案卷质量关。
>
> 　　5. 主动开展档案的开发利用工作,积极完成领导交办的任务,热情为各部门服务。
>
> 　　6. 在档案利用服务中,认真负责,态度热情,优质高效。
>
> 　　7. 加强档案意识和档案业务工作,对档案实行一年两次的定期检查、统计,如期完成上级布置的任务,保质保量进行档案工作。
>
> 　　8. 安全保管档案,发现材料缺少,及时向领导报告并迅速追查。
>
> 　　9. 库房管理做到无霉变、无破损、无虫蛀等,认真做好"八防"工作,保证库房清洁卫生。
>
> 　　10. 热爱本职工作,提高管理水平,使档案管理标准化、系统化、规范化。

三、制定档案管理制度的要求

档案管理制度是档案工作必须遵循的规定和准则,要确保其体现政策性、有效性和科学性。

(一)学习领会档案法律、法规的各项规定

档案管理制度的制定要符合有关法律、法规的要求,不能互相冲突。应该认真学习档案法律、档案行政法规、档案地方性法规、档案部门规章、档案规范性文件,熟悉档案法律、法规的内容,领会各项规定的精神。在此基础上,制定档案管理制度。

(二)调查分析

了解单位管理的特点和档案形成规律,搞清楚档案管理的要求和需要解决的问题,使档案管理制度的具体规定符合本单位工作活动及形成文件的实际,与单位内部其他各项管理制度相衔接。

(三) 加强与有关部门的配合

争取单位领导的重视、支持,加强与单位综合管理部门、各专业部门的沟通联系,广泛收集来自各方面的对档案管理的意见和建议。

(四) 针对档案工作实际

根据档案工作的任务、内容和要求拟写档案管理制度,做到熟悉档案工作业务内容,熟悉档案工作各环节的具体要求。

(五) 遵循一定的原则

制定档案管理制度的基本原则是坚持合法性、适用性、系统性和操作性。制度的内容要客观、具体、明确、实用,有一定的灵活性。

(六) 认真审核修改

要广泛征求意见,对制度的内容、格式、可行性等进行全面审核,使档案管理制度更加完善。

本章小结

档案工作是科学地管理档案,为国家各项事业服务的专门工作。档案工作有广义、狭义之分。广义的档案工作是国家档案事业的各个组成部分;狭义的档案工作是指档案业务工作,包括档案的收集、整理、鉴定、保管、检索、利用、统计和编研。

档案工作是一项政治性、管理性、服务性、文化性的工作。档案工作实行统一领导、分级管理的原则,维护档案的完整与安全,便于社会各方面的利用。

我国从中央到地方,设置了各级各类档案工作机构,有档案室、档案馆、档案行政管理机构以及档案科研、教育、宣传出版机构。它们相互联系、彼此影响,构成了结构严密的全国档案工作组织体系,发挥着各自的职能和作用。

档案管理制度是单位档案管理行为的准则和档案业务建设的依据。一个单位的档案管理制度主要涉及文件归档制度、档案借阅制度、档案保管制度、档案鉴定制度、档案保密制度、档案人员岗位责任制度。档案管理制度的制定要符合有关档案法律、法规的要求,符合单位档案工作实际,具有可操作性。

案例分析题

双环公司办公室王主任让秦英起草一份档案借阅制度初稿,供讨论、征求意见用。秦英从事档案工作多年,有较丰富的档案管理经验,知道每类档案的大致存放位置,能按照需要在较短的时间内找到档案以提供利用。于是,她总结工作中的一些做法,根据自身的工作体会,写了一份档案借阅制度,内容包括档案借阅时间、档案借阅步骤、档案存放位置和存储保管要求。经过仔细的加工修改,秦英高兴地拿着起草的制度给王主任看。王主任从头到尾认真地看了一遍,说道:"内容过于简单,需要围绕档案借阅工作进一步修改补充。"

请思考:
1. 你认为秦英起草的档案借阅制度的内容有无不妥之处。
2. 秦英应该针对起草的制度补充哪些内容?
3. 起草档案管理制度应注意哪些问题?

课堂讨论题

1. 现阶段档案事业发展的主要任务有哪些?
2. 未来档案馆的发展趋势是什么?
3. 建立健全档案管理制度的意义是什么?

复习思考题

1. 档案工作的内容有哪些?
2. 简述档案工作的性质。
3. 如何理解档案工作的基本原则?
4. 档案室的地位和任务是什么?
5. 档案馆的性质与任务是什么?
6. 档案管理制度有哪些?

实训题

按照档案管理制度的要求,拟写一份档案人员岗位责任制度。

第七章　档案收集与整理

学习目标

- 了解档案收集、整理工作的内容和意义
- 明确档案收集、整理工作的要求
- 熟悉档案收集的方式与途径
- 理解档案整理工作的原则
- 掌握档案分类、案卷整理的方法
- 能够编制档号

青岛市档案馆通过各种方式和渠道获取反映青岛历史的档案资料。通过开展"征集日本侵华历史罪证"活动，征集到大批珍贵档案资料。与青岛早报联合征集，获得见证青岛解放的丰富档案史料。赴德国征集到大量照片、地图、档案仿真件、复制件，填补了德侵占青岛早期历史资料的空白。青岛老村庄、城市建设、宗教建筑、各类社会生活照片和音像资料，弥补了仅靠文字研究和诠释青岛地方历史的缺陷。征集到的20世纪三四十年代德侨在青岛拍摄的长达两个多小时的影片资料，真实记录了当时青岛的城乡面貌、风土人情、外侨生活等情况，是目前发现最早的记录青岛历史的家庭纪实性影片，具有很高的研究、利用价值。这些珍贵的档案资料引起青岛市史学界专家学者和市民的极大关注。①

【分析】

征集是档案收集工作的内容，是获取分散于社会的档案资料的途径。青岛市档案馆注重征集散存于社会的珍贵历史档案，拾遗补阙，集中了一批反映地区史的文献史料，保留下了珍贵的历史文化遗产，对研究青岛市早期历史具有非常高的价值，构成了有地方特色的档案资源优势。档案是历史的真凭实据，要做好档案收集

---

① 摘自山东档案信息网，www.sdab.gov.cn。

工作,加强档案信息资源建设,大力丰富馆藏,使人们能够通过档案,全面、系统、客观地了解历史。

档案的收集、整理工作,能够实现档案的集中统一管理,维护档案的完整与安全,使档案处于有序化状态。因此,要及时收集、科学整理档案,做好档案基础工作。

第一节 档案收集

档案收集是单位档案工作的起点和基础,是积累和丰富档案信息资源的主要手段,是一项极其重要的档案业务工作。

一、档案收集的内容

档案收集工作是按照档案法的规定和档案管理制度要求,通过例行的材料接收制度和专门的征集办法,把分散在各单位、部门、个人手中和散失在社会上的有保存价值的档案,分别集中到档案管理机构的业务活动。档案收集工作的内容包括以下三个方面。

（一）对本单位需要归档档案的接收

档案室按照归档制度的要求,定期接收本单位文书部门和业务部门移交的经过系统整理的归档文件。单位各部门办理完毕的文件是档案室档案的主要来源,建立健全单位内文件材料的归档工作制度是档案部门开展档案收集工作的主要途径。

档案室接收归档文件要检查移交目录与归档文件是否相符,审核归档文件是否齐全完整、系统规范,并履行交接手续。

（二）对现行单位和撤销单位具有长久保存价值的档案的集中和接收

接收现行单位和撤销单位的档案是各级档案馆收集工作的任务。现行单位档案是现在正在进行工作活动的单位形成的档案。撤销单位档案一般指中华人民共和国成立以后被撤销单位形成的档案。档案馆应将属于本馆收集范围内的各种门类、载体的具有长久保存价值的档案齐全完整地收集进馆。

（三）对历史档案的接收和征集

档案征集是档案部门按照国家规定征收与本馆业务范围有关的档案、文献的活动,是档案部门丰富馆藏档案史料的必要补充渠道。

档案征集主要是把流失在社会上或个人手中的历史档案收集进馆。历史档案是指中华人民共和国成立前,各机关、团体、企业、事业单位以及著名人物在社会活动中形成的档案,包括革命历史档案和旧政权档案,是珍贵的历史文化遗产。接收、征集历史档案是档案馆丰富馆藏的重要手段。

历史档案流失的原因复杂,所以征集工作政策性强、难度大。既要正确把握政策与策略,又要讲究方法和技巧。应统一规划,有组织、有计划、有重点、有目标地开展征集工作,防止征集工作的盲目性。要主动进行调查研究,摸清档案流散情况,以对历史负责的精神,做好档案资料的征集、保管、利用工作。对散失在民间的珍贵档案,可采取接受捐赠、代为保管、征购等形式进行征集。

征集对国家和社会有保存价值的档案资料,是一项具有历史和现实意义的重要工作,各单位、团体及社会各界人士应给予积极支持和配合,形成强大的征集工作的社会合力。

二、档案收集的意义

档案收集是档案工作的首要环节,在档案管理业务中处于重要地位,对整个档案工作具有重要意义。

(一)档案收集是贯彻档案工作基本原则的重要内容和具体措施

档案工作的基本原则是实行集中统一管理。集中统一管理档案,是由档案工作的客观规律所决定的,也是档案工作的一个极其重要的指导原则。档案收集工作是贯彻集中统一管理原则的具体措施,任务是把分散形成的档案通过接收、征集等方法集中到档案室和档案馆统一管理。通过搜集、接收、移交、归档等环节,把分散在各部门或个人手中的对组织有保存价值的原始记录集中起来,统一管理,是档案工作的任务和档案人员的职责。

(二)档案收集为档案工作提供物质前提

档案是开展档案管理的物质基础,是档案信息资源开发的必要条件。档案收集是接收和征集档案及有关文献资料的活动,将单位直接形成的文件材料集中到档案部门管理。

档案收集工作是档案工作的起点,是整个档案工作得以正常进行的首要环节。可以说,如果没有档案收集工作,档案部门就没有工作的物质对象,更无从谈起档案的其他管理活动。因此,档案收集工作是档案管理的基础和前提,收集工作开展得好坏,直接影响档案的库藏资源建设,关系到档案作用的发挥。没有档案或档案很少,档案工作不可能取得实质性进展,档案管理方法和手段不可能系统化、现代化、多样化,档案工作就不可能发展成为国家的一项专门事业,只能以其他工作的附属形式存在。

(三)档案收集直接影响档案工作其他环节

档案收集是档案管理的重要组成部分,是储存档案信息资源的重要途径,是实现档案集中统一管理的基本手段,是档案管理其他业务环节的基础,是决定档案存在和发展的前提条件。从档案工作的业务流程来说,收集工作是档案工作的起点,为档案整理、编目、鉴定、保管、统计和利用提供物质保证。没有收集工作这个源头,就没有档案工作,其他各项档案业务工作将无法开展。在简化档案整理工作、强调档案开发利用、突出馆藏特色的今天,档案收集工作越显重要。

(四)档案收集是积累历史文化财富的重要渠道

作为组织和个人在社会实践活动中直接形成的真凭实据的档案,是一种财富,是人类智慧的结晶,是社会信息资源的重要组成部分。通过收集工作,将记录社会实践活动的各种事实、数据、方法、经验完整、齐全的集中保存下来,流传下去,使之成为国家、组织的文化遗产,正是档案收集工作的意义和价值所在。

(五)档案收集是直接影响整个档案工作质量的重要因素

档案收集工作的质量直接决定档案工作的质量,能够衡量一个单位档案管理水平的高低。档案收集是否齐全完整,对于档案的整理、鉴定、保管、编研、利用等业务环节都具有决定性的影响作用。如果收集及时,档案材料完整系统、真实可靠,就能为档案管理的各个环节奠定良好的基础,利于集中力量对档案进行深入研究,广泛开展档案的开发利用工作。

三、档案收集的方式与途径

为了确保档案收集及时、准确、完整,应根据形成文件的特点和工作实际情况,通过多种收集方式和途径收集档案。

(一)档案收集方式

档案收集的方式有平时收集、定期收集和年终收集。

1. 平时收集

根据文件材料的承办、形成及运转情况,在办理完毕后,归档单位及时收集。

2. 定期收集

对于平时收集有困难的各种文件材料,应根据其形成的实际情况定期适时收集,以防散失。

3. 年终收集

每年年终时,各部门、单位领导和业务人员对应归档的文件材料进行一次清查、清退,移交给负责立卷归档人员,以保证应归档文件材料齐全、完整。

(二)档案收集途径

进行档案收集最常用、最有效、最直接的途径是依据收发文登记簿进行核对收集。由于收集工作涉及面广、情况复杂,要尽量把握文件材料形成的规律和特征,有针对性地收集文件材料。可以根据文中提供的线索进行跟踪式收集;按照文种的对应关系、收文的文号、图纸的图幅编号进行收集;根据领导人、承办人在文件处理单上签署的意见所提供的线索进行收集;根据工程建设、重要设备开箱等实际情况,深入现场收集;通过走访领导、承办人或当事人获得的线索进行收集。

四、档案收集的要求

档案收集是指档案部门将应归档保存的文件材料进行集中和接收。当前,档案数量与日俱增、数字化进程日益加快,对档案收集提出了更高的要求。

(一) 齐全完整

档案的齐全是指各种门类和载体的应集中保存的档案,均收集进档案部门,不能有遗漏或残缺。档案的完整是指归档的每一份材料都完好无缺。

一个组织的活动不是孤立进行的,是与各方面有着密切联系的。要确保收集档案的齐全完整,必须采取有效的措施。

第一,制定各种有约束力的规章制度,强化人们的档案意识,提高文书和档案人员的素质,建立正常的档案工作秩序。

第二,认真执行《机关文件材料归档范围和文书档案保管期限规定》、《企业文件材料归档范围和档案保管期限规定》和《电子文件归档与电子档案管理规范》,结合本单位的情况,确定符合实际的具体的归档范围、办法和要求,便于遵照执行。凡是本单位工作活动中形成的具有查考利用价值的文字、图表、簿册、声像、光盘、磁盘等各种载体的文件材料均应列入收集范围。重点收集反映本单位主要职能活动和基本历史面貌的文件材料,包括单位自己制成的有价值的文件材料,上下级机关、同级平行机关及其他针对本单位主管业务和密切联系的各类文件材料。

第三,将单位立卷归档工作纳入业务部门的职责范围,作为岗位责任制或其他制度中的一项内容,从组织上保证档案的齐全完整。

第四,严格按照鉴定原则和档案保管期限表的规定,对收集到的文件材料进行鉴定,准确地确定档案的存毁,使反映本单位重要实践活动和重要事件的材料都能归档。

(二) 准确系统

档案能反映单位的历史面貌和工作特点。档案部门应保证归档文件材料的准确性、系统性,做到:执行归档制度与归档外的收集相结合;账内文件与账外文件的收集相结合;红头文件与图纸、报表、会议记录等非正式文件的收集相结合;纸质文件与非纸质文件的收集相结合。要充分考虑档案的科学文化价值及其在当前的工作、生产、科研活动中的积极作用,着重收集反映本单位及其内部职能活动和历史发展状况的档案,保证收集的档案能够历史地反映一个地区、部门、专业系统、单位的历史脉络。

(三) 积极推行入馆(室)档案的标准化

档案的来源是分散的。通过收集工作可以使馆(室)藏档案齐全完整、内容丰富,实行统一的科学管理和有效利用。一个单位形成的全部档案由本单位档案室集中管理,各单位形成的有长久保存价值的档案移交给档案馆保存,集体和个人所有的档案必要时档案馆也可代管、征购或收购。在实际工作中,文书部门、档案室和档案馆应密切配合,积极推行标准化,才能改善和提高归档和入馆档案的质量。在档案收集中积极推行进馆(室)档案的标准化,是档案管理科学化和现代化的要求。文件形成阶段应规范文件结构、纸张规格、书写材料,档案馆(室)接收档案要有明确、具体、统一的质量要求,在区分全宗和分类立卷、划分档案保管期限、案卷编目装订与排列等一系列工作中推行标准化。

(四) 保持全宗和全宗群的不可分散性

全宗是一个机关档案的整体。一个机关的各项工作活动有着密切的联系,形成的全部档案材料在来源、内容、形式、时间等方面存在着固有的联系,是一个不可分割的整体。在档案收集中,必须把一个独立的机关、单位的全部档案作为一个全宗,集中到一个档案室或档案馆统一保管,不允许人为分割。保持全宗的完整性是档案管理中的一条基本原则,只有在收集时坚持全宗的不可分散性,才能为以后的整理、鉴定、保管、统计等各项业务活动奠定良好的基础。要保持全宗内档案之间的内在联系和各个全宗之间的相互关系。一个全宗的档案不能分散,不同全宗的档案不可混淆,这是档案收集中必须坚持的重要原则。在档案收集中,还应注意保持全宗群的系统性和不可分散性。若干互有联系的全宗称为全宗群。保持全宗群的完整性,把一个全宗群的全部档案集中到一个档案馆,有利于反映一定地区某一时期工作活动的全貌。

(五) 提高收集档案的质量

档案收集工作是要解决档案分散形成与集中管理的矛盾,大力丰富馆藏。为了保证收集渠道畅通,建立合理的档案收藏结构,在收集工作中必须加强馆、室外调查工作,了解、分析和掌握各机关、部门档案形成规律,增强档案收集的目的性和针对性。要合理安排各类档案的接收时间,制定切实可行的接收制度和要求,对档案的形成进行指导、监督和检查,加强档案标准化和规范化工作,合理安排各类档案的接收时间,尽可能精练应收集的档案,确保档案收集工作的质量。

档案馆应从本馆职责范围出发,调查了解每一立档单位的历史和现状,形成档案的内容、数量、整理状况及保管条件等,合理地确定应移交档案的单位并编制进馆档案全宗名册,统筹安排进馆档案的范围、时间和数量。档案室在收集工作中,要掌握本单位工作活动的基本情况,形成文件材料的类别、内容和数量,按立卷归档制度适时接收。

五、档案馆档案的收集

档案馆档案的主要来源有:接收现行机关的档案,这是档案馆档案不断增长和丰富的主要源泉;接收撤销机关的档案;征集历史档案;档案馆之间交换档案。

根据《档案馆工作通则》和《各级国家档案馆收集档案范围的规定》,各级各类档案馆收集档案总的范围是:中央与省(自治区、直辖市)级档案馆接收本级各机关、团体及所属单位具有永久保存价值的现行机关和撤销机关的档案,以及具有全国或全省意义的历史档案和资料;市(地)、县档案馆接收本级各机关、团体及所属单位具有永久和长期保存价值的现行机关和撤销机关的档案,以及本市、县的历史档案和资料;中央和地方的各种专门的、专业性的档案馆,分别接收、征集、保管具有全国或地方意义的与本馆对口的机关的专门档案及资料。

第二节 档案整理工作概述

档案整理能够建立档案实体秩序,为档案管理和开发利用奠定基础。

一、档案整理工作的内容

档案整理工作是把零散的和需要进一步条理化的档案进行分类、组合、排列和编目,使之系统化、有序化的一项业务环节。档案整理工作的内容包括区分全宗、全宗内档案的分类、文件材料的整理(组卷)和目录的编制,主要分为三种情况。

(一) 系统排列和编目

正常情况下,档案室主要接收文书部门和业务部门按照归档要求组好的案卷,档案馆主要接收档案室根据入馆要求整理移交的案卷。因此,档案室、档案馆的档案整理工作,主要是对按制度规定接收的档案,在检查验收原有整理质量的基础上,根据本室(馆)库房管理的特点和需要,在更大的范围内进一步系统整理,如全宗和案卷的排列、案卷目录的加工等简单的条理化、系统化的工作。

(二) 局部调整

经过管理实践的检验或专门质量检查,人们会发现有的已经整理的保存于档案部门的档案不符合整理质量要求,不便于保管和利用,档案馆和档案室要对其进行一定的加工,以提高质量。对于保存时间较长的档案,当其自身或档案整理体系发生变化时,要进行重新分类、组件装盒或立卷、系统排列与编目等整理工作。

(三) 全过程整理

对于档案馆、档案室接收和征集的有价值的零散档案材料,要进行全面的加工整理,包括区分全宗、全宗内档案的分类、组卷、案卷排列、编定档号、编制案卷目录、全宗档案的系统排放等工作。当馆藏体系遭到严重破坏时,也应对档案进行全过程的整理工作。

二、档案整理工作的原则

档案整理工作必须有一定的标准和依据,按照一定的原则和要求进行。档案整理工作的原则是:遵循文件的形成规律,保持文件之间的有机联系,充分利用原有基础,区分不同价值,便于保管和利用。

(一)整理档案必须遵循文件的形成规律

文件材料是单位工作活动的产物,其内容反映了单位历史活动的性质、职能、任务和发展历程。根据形成文件的内容特点与规律整理,才能对档案进行恰当的分类与合理的组织。

文件材料是在文书处理中形成的,体现出文书格式、语言文风、行文关系、载体材料和技术环境的特征。依照形成文件的形式特点与规律整理,才能正确处理档案材料的特殊问题。

正确认识和理解文件材料内容和形式上形成的特点与规律,在整理工作中将两者有机地结合,就能客观地反映一定时期单位各项活动的历史真实面貌,使档案的分类、组合工作有效地进行。

(二)整理档案必须保持文件材料之间的历史联系

文件材料之间具有来源、时间、内容和形式方面的历史联系。整理档案时,要注意保持它们之间的有机联系。

1. 来源联系

文件的来源即文件的产生和处理者。文件材料的来源方面联系,是指产生和处理这些文件的内部机构、组织和个人的异同关系。文件不是凭空产生的,而是由具有一定职权和职责的组织或个人在其活动中形成的。只有把同一来源的文件集中,才能完整、全面地反映该组织或个人的职权职责和工作活动情况。

2. 时间联系

文件材料在时间方面的联系,是指文件产生和处理的时间范畴上的异同关系,具体表现为自然的先后顺序和一定的起止过程或阶段。任何单位的工作活动,都有一定的时空范围,具有一定的过程和阶段,因而文件在产生和处理过程中,必然形成自然的时间联系。保持文件的时间联系,就能按其自然形成的先后顺序,依次反映出单位活动的发展运动过程,便于按过程、分阶段管理和利用档案。

3. 内容联系

文件材料内容方面的联系,是指文件产生和处理过程中所反映和涉及的工作、活动、问题、事物、事件、人物方面的异同关系。文件材料是单位内部机构或个人在履行一定职责、解决一定问题时形成的,保持同一内容的文件的联系性,就能集中反映机构或个人某项职责、某方面工作活动的基本面貌,便于按内容集中管理和利用档案。

4. 形式联系

文件材料形式方面的联系,是指文件在制作材料、记录表达方式、种类名称等方面的异同关系。文件必须按一定的形式产生和处理。保持文件形式方面的联系,就能把相同载体、记录表达方式和种类的文件集中,便于按形式上的特征管理和利用档案。

(三)整理档案必须充分利用原有的整理基础

充分利用原有的整理基础,既可以保持文件材料之间原有的历史联系,维护单位的历史真实面貌,又可以节省人力、财力、物力和时间,保证整理质量,降低整理成本,提高工作效率。

整理档案要尽量在原有整理基础上进行,充分尊重和利用档案原有的整理成果,不轻易打乱已有的整理体系。原有整理结果基本能用,可以维持原有状态;局部不合理、不可用,进行局部调整,纠正其中整理不当和整理有误的地方;原有整理基础混乱,不能达到有效管理目的,需重新整理,作必要的加工。

(四)整理档案必须区分不同价值

档案整理过程中,区分档案的不同价值、划分保管期限是一个关键的环节。它有利于减轻日益增多的档案给保管场所和设备带来的压力,集中人力、物力妥善保管价值较大的档案。通过判定档案的价值,档案人员能够进一步掌握档案的内容和效用,针对实际情况提出开发利用的具体建议,指导档案的利用工作,充分发挥档案的作用。

(五)整理档案必须便于对档案的保管和利用

档案整理是档案基础工作的组成部分,在档案业务实践中具有举足轻重的作用。便于档案的保管和利用是档案整理工作的目的和任务,是检验和衡量档案整理工作质量的基本标准。

档案的保管和利用要以档案整理有序为基础,而具体的保管和利用档案活动又能集中反映档案整理状况和整理工作的水平。全宗、类别、一个案卷或一份档案,既是档案的整理单位,也是档案的保管单位和利用单位。在整理档案时,必须依次做好区分全宗、全宗内档案的分类、档案的组合排列以及目录编制等工作,遵守简洁、便利、有效的基本要求,为便于保管和利用提供前提与条件。

链接

档案整理目标顺利实现应注意的问题

为了达到整理目标,使档案便于保管和利用,在实际的档案整理工作中,要注意区分档案的价值,解决好以下两个方面的问题:

第一,全面认识文件材料之间的有机联系。文件材料之间的有机联系是相互交叉的,要分清主次。在整理工作中,应该根据单位的特点和档案的数量、成分,协调好档案来源、时间、内容、形式之间的主次关系和取舍关系。

第二,处理好档案整理工作与档案管理其他工作环节之间的关系。便于保管和利用不仅是档案整理工作的根本目的,也是整个档案管理工作的最终目的。单独做好整理环节不能完全达到这个目的,必须加强档案整理工作与档案管理其他工作的联系与配合,才能全面实现便于保管和利用的最终目标。

三、全宗

档案馆(室)是按照全宗进行档案管理的。依照全宗整理档案,能够维护单位或个人历史的完整性。

(一)全宗的概念

全宗是一个具有社会独立性的组织或个人在社会实践活动中形成的档案的有机整体。一个机关、社会组织或著名人物在工作活动中形成的全部档案称为一个全宗。

全宗是档案的基本分类和管理单位,是国家档案全宗组成以及国家对档案进行统计的基本单位。一个全宗是由特定的来源单位在履行职能任务过程中积累下来的原始记录组成的不可分割的有机体系,其成分包括该单位各种门类的档案、各种记录方式、各种载体和文种形式的内部文件、收文和发文。

按全宗整理档案,能保持文件之间的来源联系,全面反映某一特定单位的历史面貌,便于档案馆(室)科学地组织档案的收集、整理、鉴定、保管、利用、统计等业务环节。区分全宗是档案整理工作的第一步,也是确定档案整理范围的关键一步。在档案的整理、流转和保管过程中,同一全宗的档案不得分散,不同全宗的档案不得混杂,这是档案管理中全宗不可分散性原则。

(二)立档单位

立档单位是形成档案全宗的单位,又称全宗构成者。

构成立档单位有三个条件:

①可以独立行使职权,能主要以自己的名义对外行文;

②是一个会计单位或经济核算单位,自己可以编造预算或财务计划;

③设有管理人事的机构或人员,并有一定的人事任免权。

这三个条件是统一和互相联系的,以独立行使职权并能主要以自己的名义对外行文为主要条件。

确定一个单位是否为立档单位,可以查阅与该单位有关的法规性文件,分析该单位的实际活动情况,看其是否具有法人地位,是否有独立的文书处理工作制度和法定的印信等。

(三)全宗的设立

设立全宗主要有以下几种情形:

1. 独立全宗

独立全宗指一个独立的立档单位在工作活动中形成的各种门类和载体的档案的整体。独立全宗是全宗的主体形式。

(1)人物全宗。这是社会知名人士一生或著名家庭、家族在一定时期所形成的档案整体。包括其著作、手稿、日记、信件、财务记录、遗嘱和记载其社会活动的各种记录材料。

(2)组织全宗。这是一个主体单位形成的全部档案。档案馆馆藏档案以每一个独立机构所形成的档案作为一个全宗进行管理。

2. 联合全宗

联合全宗是若干独立单位形成的档案,由于混在一起,难以区分全宗构成者而联合组成的一个全宗。构成联合全宗有两种原因:一是前后有密切联系、为期较短而又相互更替的单位,其文件材料混在一起很难区分;二是职能上有密切联系的单位,甚至合署办公的单位,其文件材料混在一起无法分开。

3. 档案汇集

档案汇集是指由不明所属全宗的零散残缺文件,按一定特点集中起来的一种档案混合体。它不是一个全宗,只是作为一个全宗来进行管理。

4. 全宗汇集

全宗汇集是指按照一定特征和联系,把档案数量很少的若干全宗组成一个全宗集合体。

5. 全宗群

为了维护同一类型或专业系统的若干个全宗的不可分散性,保持文件材料在更大范围内的历史联系,便于保管和开发利用,档案馆可以把同一时期或地区,在纵向或横向方面具有相同性质的立档单位形成的若干个全宗构成一个有机群体——全宗群。

全宗群不是一个固定的实体单位,而是档案馆进行全宗排列的一种组合方法,以便对档案分群管理。全宗群的组织方法比较灵活,可以按一定的系统、地区、单位性质或其他方面的联系组成。

链接

档案全宗的重新确定和划分

由于社会发展的需要,常常会出现一些立档单位的增设、撤销、合并等情况,从而引起新全宗的产生和已有全宗的变化,需要对档案全宗进行重新确定和划分。要分析立档单位的基本职能变化和非基本职能变化,根据立档单位的基本职能变化情况确定和划分档案全宗。如果属于非基本职能变化,不必成立新的立档单位和全宗。立档单位职能变化情况比较复杂,要以有利于保持文件来源上的联系、方便档案的保管和利用为原则。

第三节 档案整理工作的方法

档案整理包括档案系统化和基本编目两部分工作:系统化包括档案分类、案卷排列和档号编制;基本编目主要是编制案卷目录。

一、全宗内档案的分类

全宗内档案分类是按照来源、时间、内容和形式等方面的异同,将立档单位的档案划分为若干层次和类别,使其进一步条理化、系统化,构成有机体系的工作。对档案进行科学合理的分类,能有效揭示文件材料间的内在联系,使全宗成为一个有机整体,便于系统地提供利用,对排列、编目等后续工作的开展,以及将来组织库藏和排架管理有着重要意义。

(一) 常用的档案分类方法

常用的档案分类方法有年度分类法、组织机构分类法和问题分类法三种。

1. 年度分类法

年度分类法以形成和处理文件的年度为标准,将档案分成各个类别。年度分类法是运用最为广泛的档案分类方法,能够保持文件材料形成时间上的紧密联系,反映一个单位每年工作的特点和发展变化情况,简单易行,适用于组织机构界限不清、档案数量少的单位。运用年度分类法时,应正确判断文件的所属年度。

2. 组织机构分类法

组织机构分类法是按照立档单位的内部组织机构将档案分成若干类别。组织机构分类法能够保持档案在来源上的紧密联系,归档比较准确,共同来源的文件相对集中,便于查找利用档案,适用于内部机构比较稳定的单位。

3. 问题分类法

问题分类法是以文件内容所涉及的问题为根据,将档案分成各个类别。问题分类法能够较好地反映文件在内容上的密切联系,使相同性质的档案得到集中,便于档案的查找,但文件的归类有一定难度,适用于职能分工界限不清、档案数量少的单位。

(二) 档案分类方法的结合运用

在档案分类工作中,通常将几种分类方法结合使用,形成复式分类法。

1. 年度—组织机构分类法

这种方法是先将立档单位内的档案按年度分开,然后在每个年度内再按组织机构进行分类。

例如:

2019 年

  办公室

  信息处

  科研处

  ……

2020 年

  办公室

　　　　信息处
　　　　科研处
　　　　……
2021 年
　　　　办公室
　　　　信息处
　　　　科研处
　　　　……

年度—组织机构分类法适用于立档单位内部组织机构时有变化但不复杂的全宗。

2. 年度—问题分类法

这种方法是先将立档单位内的档案按年度分开,然后在每个年度内再按问题进行分类。这种分类方法适合于内部机构变化复杂、组织机构分工不很明确、内部机构较少或内部机构间的档案混淆、难以区分所属机构的单位。

　　例如:
2020 年
　　　　综合类
　　　　销售类
　　　　研发类
　　　　生产类
　　　　……
2021 年
　　　　综合类
　　　　销售类
　　　　研发类
　　　　生产类
　　　　……

3. 组织机构—年度分类法

这种方法是先将立档单位内的档案按照内部机构分类,然后在每个内部机构类下再按年度分类。这种分类方法适用于内部机构比较稳定的单位或撤销单位的档案分类。

　　例如:
办公室
　　　　2019 年
　　　　2020 年
　　　　2021 年

......

信息处

  2019 年

  2020 年

  2021 年

  ......

科研处

  2019 年

  2020 年

  2021 年

  ......

4. 问题—年度分类法

这种方法是先将立档单位内的档案按照问题分类,然后在每个问题类下再按年度分类。这种分类方法适用于撤销机关或历史档案的分类。

例如:

综合类

  2019 年

  2020 年

  2021 年

  ......

销售类

  2019 年

  2020 年

  2021 年

  ......

研发类

  2019 年

  2020 年

  2021 年

  ......

实际工作中,人们往往结合保管期限进行分类。例如:年度—组织机构—保管期限分类法、年度—问题—保管期限分类法、年度—保管期限—组织机构分类法、年度—保管期限—问题分类法、保管期限—年度—组织机构分类法、保管期限—年度—问题分类法。

(三) 档案分类的注意事项

档案分类是将文件材料归入相应的类别。必须认真分析和确定档案文件所属的时间、机构和问题,以便准确归类。

1. 正确判定档案文件所属年度

文件上有属于不同年度的几种日期,以最能说明该文件特点的日期作为分类的根据。例如:法律、法令和条例等法规性文件,以批准日期为根据(公布生效的文件,以公布日期为根据);指示、命令等领导性文件以签署日期为根据;会议记录以开会日期为根据;计划、总结、预算、决算、统计报表以内容针对时间为根据,跨年度的计划可放在开始年度,跨年度的总结可放入最后年度。

文件上没有注明日期,要判定和考证文件的准确日期或接近日期。通过分析文件的内容,研究文件的制成材料、格式、字体和各种标记,或者与已有准确日期的同类文件比较、对照来判定该文件的日期。

如果立档单位的主要业务工作是按专门年度进行的,而其他工作按一般年度进行,在采用年度分类法时,以专门年度形成的文件材料一般按专门年度归类,与专门年度不一致的按一般年度归类;或者按一般年度与专门年度分别归类,然后有规律地合并在一起,形成交错的年度类别。

2. 正确判断档案文件所属机构

按组织机构分类时,对涉及几个机构的文件,应遵循有关的规定,将文件合理而有规律地归入相应的类别。有统一规定的按规定归类;没有规定的,一般按发文字号归类;如果是部门代为起草的则归入该部门;联合办理的可归入主办部门或最后承办部门。

3. 合理设置类别

类别的设置要以机构的构成、工作职能和文件材料状况为依据。

(1)组织机构分类法的类别设置。如果采用组织机构分类,中小型单位按内部第一层次组织机构设置类别,组织机构名称就是类别名称。大型单位设置的类别可划分到内部组织机构的第二层或第三层,先按内部第一层次的组织机构设置一级类别,再在一级类别下按第二层次、第三层次组织机构设置二级类别、三级类别。设置类别层次主要是根据立档单位内部组织机构的设置情况以及文件材料形成的数量。

类别排列次序可根据有关文件规定或按照习惯确定。一般是按照先领导机构后下属机构、先综合部门后职能部门的顺序排列。例如:党的机构在前,行政机构在后;办公厅(室)在前,其他处室在后。如果是独立机构则应单独设置一类,排列在最后。如果是合署办公的机构,则归入所附的常设机构之后合成一类。

(2)合理设置问题类别。如果采用问题分类,要参照立档单位职权范围的基本任务,分析研究其工作性质,从文件材料形成的实际情况来合理设置类别。

类目设置要符合实际,反映立档单位的主要面貌,按文件的主要内容有规律地归类,不任意划分类别,不随意设虚类。

类目体系要简明、合乎逻辑。一般情况下,类目设置的层次不宜过多,通常要设置"综合类",以解决一些难以明确归类的文件材料的归类问题。各级分类标准要统一,同级类别的划分只能按照一个标准进行,类与类之间必须是并列关系,不得互相包容和交叉。归类时,应按照文件的主要内容来归类,对于一些不易归类的文件材料,应制定一个统一的规定来妥善解决其归类问题。

(四)全宗内档案分类的要求

为了确保每份文件材料都能正确归类,构成一个适合保管和利用的全宗内档案的有机联系体系,便于科学地管理和系统地利用,为文件材料的组合排列与编目创造便利条件,要按照科学的原则进行分类。

1. 客观性

档案分类有着实体管理和信息整合的作用,应根据全宗内档案形成的特点和档案成分的实际情况,按照文件在立档单位活动中原来形成的联系分类,准确归类,保持文件材料之间原有的历史联系,反映档案信息的相互关系。

2. 逻辑性

要有统一的分类标准和明确的类属关系,合理设置类目,形成具有一定从属关系和平行关系的结构系统。全宗内档案的类、属类、细目的等级层次必须分明,等级层次的设立以够用为度。等级层次多了则分类过细,增加不必要的整理工作量;等级层次少了则分类太粗,不便于利用。

每一级分类只能使用一个分类标准,并且其标准必须保持一致,不能使用两个以上标准。

每一级类别必须做到概念明确、范围界限清楚,即同一级类别必须是并列关系,不能互相包容和交叉。

3. 实用性

从立档单位的实际情况出发,根据档案的成分、数量、形式和载体材料选用最有实用意义的分类方法;根据档案管理要求选用对于档案部门在分类保管、检索、利用方面最有实用价值的分类方法。

4. 排斥性

各级分类的结果必须互相排斥,同级分类所得到的属类或细目不能互相包容或交叉,做到内涵清楚,外延界限分明,保证归类的一致性。一般应对各类目的范围和归类方法加以说明,使具体归类时易于操作。

5. 伸缩性

设计分类方案要从本单位档案和档案工作的实际出发,尽量充分地考虑组织机构、档案内容可能发生的变化,设置类目留有余地,以便根据实际情况的变化作适当的增删、调整。

> **分类方法的选择**
>
> 首先,研究全宗构成情况。通过认真审读和仔细分析单位的法规性文件和业务文件,了解单位工作性质、职能范围和业务情况,了解档案形成的特点及主要内容,以便决定恰当的分类方法。其次,参考单位已有档案的分类情况,充分利用单位原有的档案分类基础,吸收其合理成分。
>
> **人物全宗内档案的分类**
>
> 人物全宗内的档案可分为以下几类:生平情况材料,包括自传、履历表、学历学位证书、奖惩材料等;公务活动材料,包括会议报告、公务活动记录、职务聘任文件、职称评聘材料等;创作材料,包括手稿、日记、回忆录、记事簿等;经济材料,反映本人和家庭财产状况和经济收支情况的各种材料;亲属材料,包括直系亲属和其他主要亲属能反映、说明全宗构成者生平、活动、业绩、经济等各方面的材料;评价材料,别人撰写的有关全宗构成者的纪念性、评述性和回忆性的文章;音像材料,记录和反映全宗构成者活动的照片、录音、录像等;个人往来文书;其他材料,不能归入以上各类的有关全宗构成者情况的其他材料。人物全宗内档案分类,应注意真实准确和齐全完整。

二、案卷整理

案卷是一组有密切联系的文件的组合体。要进行案卷的系统排列、编号和案卷目录的编制等必要的加工,实现档案管理规范化、标准化和现代化要求。

(一) 案卷排列

案卷排列是将一个立档单位的全部案卷,按照系统整理的要求,采用一定的方法,确定每类内案卷的前后顺序,并保持案卷之间的某种联系的档案整理工作。

全宗内档案经过分类、立卷后,应进行必要的系统排列,将一个年度、一个组织机构的案卷有序化,使卷与卷之间保持一定的联系,系统地反映单位工作的全貌。案卷的排列顺序是编写案卷流水号、粘贴标签(标签包括全宗号、目录号、年度和案卷号)、编制案卷目录的依据。

全宗内案卷按不同门类、载体和保管期限分别排列。排列方法主要有两种:一是先将案卷按保管期限分开,在同一保管期限下再按组织机构或问题类别排列;二是先将案卷按组织机构或问题分开,再按不同保管期限排列。

类内案卷排列的方法很多,一般按照工作上的联系和重要程度、案卷所反映的一定问题及地区、案卷所属的起止日期、文件的作者和名称排列。各种案卷排列方法可以单独使用,也可以有层次地结合使用。

案卷排列的方法应根据单位的大小、每年组成的案卷数量、以往的案卷排列方法等具体情况而定。一个全宗内不同类别的案卷排列方法可以一致也可以不一致,但是一个类内一个层次上的案卷排列只能使用同种方法,不能同时使用不同种类的方法,要做到方法统一,前后保持一致。

（二）案卷编号

案卷号是根据案卷排列顺序的先后而编的。案卷排列好后,要编上案卷顺序号。

（三）案卷目录编制

案卷目录即案卷的名册,是著录案卷内容和形式特征并按一定次序编排的表册。一个全宗内的全部档案,经过分类、立卷、系统排列后,应将案卷逐个登记,形成案卷目录。案卷目录的项目有案卷顺序号、案卷标题、卷内文件起止日期、卷内文件张数、保管期限、备注等。

案卷目录一般采用书本式,以档案案卷为基本单位,依据档案整理结果和库藏排架顺序编制。其作用是固定档案实体整理与排架的顺序,揭示一个单位一年形成的全部案卷的状况,便于统计案卷的数量,作为日常保管和查找利用档案的基本依据和向档案室移交档案的凭证,便于从档案形成部门、时间或活动过程角度检索档案。

案卷目录是传统档案管理中最基本的档案检索工具。一般一个单位一年的档案立卷装订完,编一本目录。如果是大型单位,一年形成的档案数量很多,可以编若干本目录。为了便于向档案馆移交档案,易于管理,可以把一年的档案按保管期限或档案种类分别编目录。

填写案卷目录,要求按照案卷的排列和编号的顺序,将案卷封面上的各个项目逐卷逐项填入案卷目录表内。

（四）编制案卷目录号

案卷目录号是全宗内每本案卷目录的排列顺序号。

本章小结

档案收集是按照有关制度和规定,将分散的具有保存价值的文件材料集中到档案部门保管的工作。档案收集工作的内容包括:对归档档案的接收;对现行机关和撤销机关具有长久保存价值的档案的集中和接收;对历史档案的接收和征集。档案收集的方式有平时收集、定期收集和年终收集。要把握文件材料形成的规律和特征,利用各种收集方式和途径,及时、有针对性地收集文件材料,做到档案收集齐全完整、准确系统,确保收集档案的质量。

档案整理是对档案进行区分全宗、分类、立卷、编目等有序化活动。档案部门根据收集的档案的情况,对档案进行系统排列和编目、局部调整或全过程整理。档案整理要遵循文件的形成规律,保持文件之间来源、时间、内容、形式方面的联系,充分利用原有基础,区分不同价值,以便于保管和利用。

区分全宗是档案整理工作的内容。全宗是一个独立的机关、组织或著名人物形成的档案的整体。形成档案全宗的单位是立档单位。判定和区分档案所属全宗,主要是确定档案的立档单位,分析立档单位是否发生了根本性变化。

档案分类是将档案分为若干层次和类别,揭示档案之间的内在联系,便于档案保管和利用。常用的档案分类方法是年度分类法、组织机构分类法和问题分类法。实际工作中多采用复式分类法,将两种分类方法结合运用。进行档案分类要正确判定档案所属年度、组织机构,合理设置类别,讲究客观性、逻辑性、实用性、排斥性和伸缩性。

全宗内档案经过分类、立卷后,要在类内进行案卷排列、编号和案卷目录编制。

案例分析题

达文公司成立于2015年,当时是一家小型企业,设有办公室、财务科、销售科、产品开发科、生产科、质检科。经过6年的发展,公司人员队伍壮大,业务扩展,内部组织机构时有增加和调整。老张在公司建立时就调入档案室,负责文书与档案管理工作。他对工作尽职尽责,注意对档案的收集与整理。最初,他采用组织机构—年度分类法对档案进行分类。近几年,他改用年度—组织机构分类法。

请思考:
1. 老张前后两次采用的档案分类方法合适吗?为什么?
2. 你认为应该如何选择合适的档案分类方法。

课堂讨论题

1. 档案部门如何丰富档案信息资源?
2. 如何及时、准确、完整地收集档案?
3. 档案整理为什么要保持文件之间的历史联系?

复习思考题

1. 档案收集的意义是什么?
2. 档案收集工作的要求有哪些?
3. 简述档案收集工作的内容。
4. 档案整理工作的原则是什么?

5. 档案整理工作的内容有哪些？
6. 构成立档单位的条件有哪些？
7. 简述全宗内档案分类方法的形式及特点。

实训题

1. 收集一些文件材料，按照某种分类标准，对文件材料进行分类。
2. 熟悉案卷目录的格式，练习编制案卷目录。

第八章 档案鉴定、保管与统计

学习目标

- 认识档案价值鉴定的原则
- 了解档案保管期限表的作用及类型
- 理解档案保管工作的内容和基本要求
- 掌握档案鉴定、保管、统计的方法

小黄是兴达公司总经理办公室新来的秘书,主要负责办公室日常工作。临近年底,小黄决定整理办公环境,对堆放在办公桌、抽屉、文件柜里的文件进行清理。在整理文件过程中,她发现一份公司2011年和一家大型企业的合作备忘录。备忘录中的单位现在已经被另一家单位给兼并了。小黄想:单位都不存在了,备忘录留着也没什么用,于是就随手丢掉了。但没过多久,公司要与另外一家企业商谈合作事宜,想参考一下那份合作备忘录,却由于那份材料没有了而影响了工作进程。

【分析】

对于工作中形成的文件材料要进行鉴别,把确实具有价值的文件材料挑选出来保存,供日后查考利用。小黄在清理文件时,没有将属于归档范围的文件材料留存下来,影响到以后的工作。在档案管理工作中,及时准确地开展档案价值鉴定工作,科学合理地进行档案保管和统计,才能使档案优质高效的服务于工作。

第一节 档案的鉴定

档案作为信息资源的重要组成部分,随着经济和社会的发展,数量达到前所未有的规模,重要程度与日俱增。伴随时间的推移,有些档案逐渐失去了保存价值,如果一味地全部保存,追求所谓的"完整",势必降低档案的整体价值和利用效率。档案鉴定就是去粗取精,是关乎档案存亡、提升档案利用效率的一项重要工作。

一、档案鉴定工作的含义和内容

档案的来源复杂,内容广泛,需要通过鉴定工作鉴别出有价值的档案进行保存,保证入库档案的完整优化,提高馆藏档案的质量。

（一）档案鉴定工作的含义

档案鉴定工作是指按照国家的有关法规和标准,甄别和判定档案价值,确定其保管期限,分别加以保存,并对没有保存价值的档案予以销毁的一项工作。

一般来说,档案鉴定工作包括两个方面:一是对档案文件真伪的鉴定,判定档案的形式和内容是否属实;二是对档案文件价值进行区分,根据档案价值的大小,决定档案保存时间的长短。在档案馆（室）业务工作中进行的鉴定工作主要是鉴定档案的价值。

（二）档案鉴定工作的内容

档案鉴定在档案工作中具有重要的地位和作用,可以分为三方面的内容:一是判定文件有无保存价值,对没有保存价值的不予归档保存;二是进一步鉴别已归档文件的保存期限,分别加以对待;三是对保存期限满,或者确定没有保存价值的档案,依照制度、规定进行销毁或作出相应处置。具体来说,档案鉴定工作的内容包括:制定鉴定档案价值的有关标准、制度、规定和档案保管期限表;根据档案价值的鉴定标准、制度和规定,评定档案的价值,确定其保管期限;对于已无保存价值的档案或保存期满的档案的鉴定,确定哪些档案应当保存及保存的时间,确定哪些档案不予保存及相应的处置方式。

在电子档案与数字化档案不断增多的情况下,信息化水平直接影响档案鉴定效果。发挥信息技术优势,依托数据库,以保管期限为关键词,可以实现对档案的准确、快速鉴定。

二、决定档案价值的因素

档案价值一般指档案对于人们和社会的意义与作用,由档案对于发展经济、文化建设以及繁荣科学技术等方面的作用决定。决定档案价值的因素,可以归纳为两个方面,即档案本身因素和社会对档案利用需求因素。

（一）档案本身的特点和状况

档案的自身因素包括内容、来源、形式及其他各种情况,其中内容因素是影响档案价值的首要因素。档案内容所记载的信息是否客观地反映了实际情况,是否符合客观规律,在工作和生活中重要程度如何,所起的作用和地位怎样等,都直接影响着档案的保存价值。例如,宪法、法律以及一些政策性、法规性文件,由于其内容非常重要,所以价值自然较大;相对来说,普通的事务性文件,因其重要程度较低而价值相对较小。

(二)社会利用需求

社会对档案的需要是多层次、多方面的。需求和价值息息相关。国家各项事业、各项工作对档案利用的各种需求,影响着档案的价值。某方面无意义的档案,可能对其他方面具有查考价值。离开社会需求,档案价值将无从实现。例如:证明个人学历需要查考入学登记表、审批表、学籍册、毕业生登记表等内容;证明个人经历需要查考干部任命通知书、干部登记表、职工名册等内容。正是这些利用需求决定了相关文件材料的价值。

决定档案价值两个方面的因素是相互作用、辩证统一的。档案客体,是档案社会价值的物质承担者;利用档案的需求,是档案价值实现的社会条件。这两方面的因素都是客观存在的。

三、鉴定档案价值的标准

> **链接**
>
> **鉴定档案价值的基本观点**
>
> 1. 全面的观点。首先,档案的作用是多方面的,考虑档案的价值时要从它的多个作用出发。鉴定时,不仅要看到局部,还要看到整体,既考虑本单位的利用,也要考虑社会的需求。其次,从档案间的相互联系上分析价值。鉴定时,看到全宗之间及全宗群的关系,甚至考虑到国家全部档案。再次,从档案移交到档案馆的角度考虑,既考虑进馆档案的完整性,也考虑避免馆内档案的过多重复。
>
> 2. 历史的观点。档案本身是在一定的历史条件下产生的,是历史的真实记录。鉴定档案应当用历史唯物主义的观点来分析档案的价值。根据档案产生的时代背景、具体的事件、本身的历史作用等方面来判断档案的价值。
>
> 3. 发展的观点。社会是不断向前发展的,这决定了档案的价值会不断发生变化。鉴定档案既要看到档案的当前作用,也要估计和预测档案的将来作用,为子孙后代利用档案着想。

鉴定档案的价值应当以反映本单位的主要职能活动为出发点,以分析档案内容为中心,结合考虑档案的作者、形成时间、名称、完整程度、可靠性、有效性以及外形特点等因素。要研究以往对档案的利用情况,全面估计和预测档案的利用需求,正确判定档案的价值。档案价值鉴定的标准具体包括以下几个方面。

(一)档案来源标准

档案的来源是指档案的形成者。档案形成者在社会或单位内的地位、作用和职能影响甚至决定档案的价值。人们可从以下三个方面分析文件的来源:首先,看文件与立档单位的关系。文件与立档单位的关系越密切,文件的保存价值就越大,比如本单位的一些重要文件。其次,看立档单位在社会上的地位和作用。一般认为,社会影响较大的领导机关、重要单位、著名人物形成的档案往往具有重要的保存价值。再次,看文件的责任者。一般来说,上级机关文件的价值大于本机关或下级机关文件的价值,本机关文件的价值大于外机关的文件价值,以机关名义发出的文件的价值大于机关内以组织机构名义发出的文件的价值。

(二) 档案内容标准

档案内容是决定档案价值最重要、最本质的因素。对档案内容的分析可从以下四个方面入手:

1. 档案内容的重要性

在工作、生产中,在维护国家、集体和个人权益以及科学研究、总结经验等方面,具有证据性、查考性作用的档案都具有较高的价值。一般说,具有科学研究和实际查证意义的文件,具有较大的保存价值;对具体的全宗而言,反映全宗立档单位主要职能活动和基本历史面貌的文件,具有较大的保存价值;反映一般事务性活动、内容重复的文件,其保存价值较小。

2. 档案内容的独特性

档案内容的独特性是指档案形成者特定活动的原始记录,以孤本而稀有,其内容独一无二。独特性决定了档案具有特有的价值。

3. 档案内容的时效性

文件作为记录事实、传递信息的工具,在行政、业务上具有一定的时效性。根据文件内容的不同,其时效性对档案价值的影响程度也不尽相同。

4. 档案内容的真实性和完备性

除上之外,对档案内容的真实性、完备性等也要加以考察,以准确把握档案的价值。

(三) 档案形式特征标准

档案的形式特征包括文件的名称、责任者、形成时间、载体形态、记录方式等。在某种情况下,这些形式特征也可能对档案的价值产生影响。

1. 文件形成时间

甄别档案的价值要看其产生时间离现在的远近和处于什么历史时期。一般说,档案产生的时间距今越远,保留下来的越少且鲜为人知,其价值越显珍贵。

2. 文件名称

不同名称具有特定的性能和用途,可以在一定程度上反映文件的价值。如法律、条例、决定、命令、指示、会议记录等文件,其保存价值往往大于一般的通知、简报、来往信函等文件。

3. 文件的稿本

同一文件的不同稿本,由于可靠程度方面的差异,其价值也不相同。一般说,定稿、正本往往大于草稿、副本的保存价值。

4. 文件的外形特点

文件的外形特点在一定程度上影响其保存价值。文件的制成材料、制作方法、笔迹、图案等，凡有历史的、文化的、科学研究等方面特殊意义的，则使文件的本身价值相对提高；有一定价值的文件，如外形已被破坏得无法恢复，也会失去其原有的价值。

(四) 档案相对价值标准

在一定的情况下，某些文件的保存价值和保管期限可以相对地提升或降低。在鉴定工作中，主要依据三个方面的情况判断档案的相对价值：一是所存档案的完整程度；二是档案内容的可替代程度；三是看本机关是否向档案馆移交档案，不需要移交的主要根据本机关的需要划定档案的保管期限，需要移交的根据档案管理要求确定保管期限。

在根据上述标准分析档案价值的时候，要始终坚持辩证的思维方法，综合考察文件各方面的特点和作用，全面、联系地把握档案的价值，切忌机械、片面地强调某一方面而忽略其他方面。

四、档案保管期限表

档案保管期限表是用表册形式列举档案来源、内容和形式，并指明其保管期限的一种指导性文件。它是鉴定档案价值、确定档案保管期限的依据和标准。运用档案保管期限表鉴定档案，可以避免鉴定档案价值过程中出现过宽或过严的倾向、错误地销毁档案，以提高鉴定工作的质量和效率。同时，依据档案保管期限表可将具有不同价值的文件组成不同的案卷，并初步确定其保管期限，有利于档案的管理。

(一) 档案保管期限表的类型

1. 通用档案保管期限表

通用档案保管期限表，概括了全国各机关、团体、企业和事业单位普遍产生的文件及其保管期限。通用档案保管期限表的特点有两个方面：一是通用性，可供全国各机关、团体、企事业单位使用；二是依据性，各系统、各机关、各单位可以按照通用档案保管期限表的原则，结合自身的情况判定档案保管期限。

2. 专门档案保管期限表

专门档案保管期限表是由国家档案行政管理机关会同有关主管部门编制的，是各机关、团体、企业和事业单位鉴定专门性档案时通用的依据和标准。

3. 同系统机关档案保管期限表

同系统机关档案保管期限表是由主管领导机关编制的，供同一系统内各机关、单位鉴定档案价值时使用的档案保管期限表。

4. 同类型机关档案保管期限表

同类型机关档案保管期限表是由档案事业行政管理部门或主管领导机关编制的,供同类型机关(如学校、医院、政府机关等)鉴定档案时使用的档案保管期限表。

5. 机关档案保管期限表

机关档案保管期限表是由各级机关编制,供本机关、单位鉴定档案时使用的档案保管期限表。

(二)保管期限

2006 年 9 月 19 日,国家档案局局务会议审议通过《关于机关文件材料归档范围和文书档案保管期限的规定》,该规定将过去"永""长""短"的保管期限划分改为"永久"和"定期"两类,定期一般分为 30 年、10 年。

1. 永久保管的文书档案

(1)本机关制定的法规政策性文件材料。

(2)本机关召开重要会议、举办重大活动等形成的主要文件材料。

(3)本机关职能活动中形成的重要业务文件材料。

(4)本机关关于重要问题的请示与上级机关的批复、批示,重要的报告、总结、综合统计报表等。

(5)本机关机构演变、人事任免等文件材料。

(6)本机关房屋买卖、土地征用等重要的合同、协议、资产登记等凭证性文件材料。

(7)上级机关制发的属于本机关主管业务的重要文件材料。

(8)同级机关、下级机关关于重要业务问题的来函、请示与本机关的复函、批复等文件材料。

2. 定期保管的文书档案

(1)本机关职能活动中形成的一般性业务文件材料。

(2)本机关召开会议、举办活动等形成的一般性文件材料。

(3)本机关人事管理工作形成的一般性文件材料。

(4)本机关一般性事务管理文件材料。

(5)本机关关于一般性问题的请示与上级机关的批复、批示,一般性工作报告、总结、统计报表等。

(6)上级机关制发的属于本机关主管业务的一般性文件材料。

(7)上级机关和同级机关制发的非本机关主管业务但要贯彻执行的文件材料。

(8)同级机关、下级机关关于一般性业务问题的来函、请示与本机关的复函、批复等文件材料。

(9)下级机关报送的年度或年度以上计划、总结、统计、重要专题报告等文件材料。

另外,根据《关于机关文件材料归档范围和文书档案保管期限的规定》,机关形成的人事、基建、会计及其他专门文件材料的归档范围和档案保管期限,按国家有关规定执行。

五、档案鉴定工作的组织

档案价值鉴定是一项涉及档案命运的严肃工作,应定期进行,由立档单位根据实际需要确定具体工作,以严密的组织和程序作为保证。

(一)档案馆(室)鉴定工作的组织

根据归档鉴定的内容,对归档鉴定的组织实施可以分为两个阶段进行。

首先,建立档案鉴定工作机构。档案馆建立档案鉴定委员会,档案室建立档案鉴定小组,负责组织领导档案价值鉴定工作和审查鉴定结果。其成员包括档案馆(室)负责人、档案工作人员、档案形成部门人员,以及同级档案行政管理机关人员等。机关档案鉴定小组组长一般由本机关办公厅(室)负责人担任为宜。

然后,由档案人员和形成部门(单位)联合提出鉴定意见,送交鉴定委员会(小组)审查后呈报上级机关领导批准。

(二)档案销毁工作的组织

1. 履行审批手续

对确实失去保存价值需要销毁的档案登记造册,由档案人员和形成部门(单位)联合提出销毁意见,送交鉴定委员会(小组)审查,再呈报分管领导或上级主管机关批准。

2. 实施档案监销

销毁档案要指定两名档案工作人员具体负责在指定地点监督销毁,监销人员要对销毁档案与销毁档案清册登记的内容认真核对,确认无误后,在指定场所进行销毁。

3. 档案销毁总结

销毁完毕后,监销人员必须在销毁档案清册上签章,将销毁档案清册归档。

链接

期满档案鉴定销毁

期满档案鉴定销毁工作关系档案"生命"。及时对期满档案进行有效鉴定,销毁无利用和保存价值的档案,能够减轻库房压力,解决档案存储数量与库房面积不足的矛盾,优化馆(室)藏档案资源的结构;有利于对有保存价值的档案进行重点保护,延长档案使用寿命,提高档案质量,更好发挥档案价值,实现档案资源的整体优化和有效利用,更好地为国家和社会服务。档案人员要全面掌握期满档案鉴定销毁的规定、标准、程序、技术,并将此项工作纳入日常档案管理。

第二节　档案保管工作

档案保管是进行档案实体管理的重要内容之一,是根据档案的成分和状况,所采取的存放和安全防护措施。

一、档案保管工作的任务

档案在保存过程中可能因人为因素和自然因素的影响,而受到损害或破坏。档案保管工作的任务,就是了解和认识档案损坏的原因和规律,通过经常性工作,采取专门的技术措施,最大限度地防止和减少档案的损毁,延长档案的寿命,维护档案的系统性和完整性,保证档案的安全。

(一)防止档案的损坏

这是档案保管工作最主要的一项任务。从总体上看,档案的损坏是不可避免的,这就要求我们采取必要的措施,尽可能消除危害档案的因素,改善档案保存的环境,做好日常保管和保护档案的工作,让档案得到更妥善的保护。"以防为主,防治结合",是保管和保护档案的基本思想和原则。

(二)延长档案寿命

这是档案保管工作的总体目标。防止损坏只是手段,延长寿命才是目的。所有保护措施和技术手段都应该围绕延长档案的寿命展开。为保证档案的长期利用,必须采取积极的措施,从根本上改善档案的存储条件,提高档案的修复技术,延长档案的寿命。

(三)维护档案的安全

维护档案的安全,一方面指档案作为一种物质存在的形态必须最大限度地安全存在,另一方面是不致因为保管失当或条件恶劣而使档案丢失或发生泄密,造成政治上的不良后果,这也是保管工作的重要任务所在。

二、档案保管工作的基本要求和意义

(一)基本要求

1. 以防为主,防治结合

在档案保管和保护时,提倡以防为主,防治结合的原则。"防"就是预防档案文件的破坏,防止或减缓各种不利因素对档案造成的损坏;"治"是对已经遭受损害的档案进行修裱、复制,以尽可能恢复其原貌,或使档案的损害得到控制,不再蔓延。

2. 加强重点，照顾一般

对永久保管的档案和重要立档单位的档案应采取措施进行重点保护，尽量延长档案的寿命。一般性档案也要尽力改善其保存条件，做到适当兼顾。

3. 动态保护，全程管理

档案保管工作是整个档案工作的有机组成部分，与档案工作其他环节密切联系。档案在收集、整理、鉴定、统计和提供利用等过程中，可能遭到某些不利因素的损害。因此，必须明确档案工作各环节对保管工作的制约关系，将档案保管贯穿于档案的形成积累、入库保管到利用服务的各个环节，实施全过程、动态化的有效管理和科学保护，确保档案载体与信息的有效存储和长久安全。

4. 立足长远，保证当前

档案保管工作既要着眼于党和国家的长远利用，又要保证当前各项工作的现实利用。立足长远与保证当前，都是档案保管工作的目的。

(二) 意义

1. 档案保管工作质量的高低对提高档案管理水平具有重大的影响

档案保管得好，为整个档案工作顺利进行提供物质对象和最基本前提；反之，整个档案工作就要受到影响，甚至失去存在和发展的基础。

2. 档案保管工作是整个档案工作有机组成部分

档案保管有自己的特点，肩负具体的工作任务，最终目的是为了保证党和国家各项工作对档案的利用。

3. 档案保管工作是贯彻档案管理基本原则的重要环节

维护档案的完整和安全是档案工作基本原则的重要内容之一，是做好档案工作的起码要求。档案寿命的长短与档案保管的好坏有着直接关系。档案以一定的物质形式存在，其中有一部分要永久保存，造福子孙后代。但是，随着社会的发展和时间的推移，一方面档案的数量和成分在日益增加，另一方面档案又处在不断损毁的过程中。对处于不断损毁的档案，要通过档案保管工作，来解决安全留存的要求和档案可能损坏之间的矛盾。

三、档案库房建设

(一) 档案库房选址

档案库房选址要符合以下要求：远离易燃易爆物品的场所，处于污染腐蚀源的上风向，避免架空高压电线穿过，位于地势较高、场地干燥、排水畅通、空气流通、环境安静的地段，建在交通方便、便于利用、城市公共设施较完善的地区。

(二) 档案库房建筑设计

库房的结构、空间、屋顶隔热、保温、门窗、各类装具布置等的设计和建造，应根据不同等级、不同规模进行，符合有关规范、规程的要求。档案库房适宜建成防热性能更好,排水效果更强的坡顶房屋。屋顶要求有专门的防热和防水处理,颜色最好以浅色为主。外墙有隔热和防水的要求,库房尽量不要有西晒,不能有渗水现象,墙壁可以采取加厚、填充隔热材料或修成空气间层墙体来隔热和防潮;墙面最好刷成浅色,表面尽可能光滑。库房地面应该进行专门的防潮处理。

四、档案保管的物质条件

（一）档案装具

档案装具是指档案库房内存放档案的箱、柜、架等设备,是档案存放和保管必须具备的基本物质条件。档案装具一般可以分为档案箱、档案架和档案柜等。

1. 档案箱

档案箱一般为金属制品,五个为一套叠放使用。与其他档案装具相比,档案箱便于挪动,能防火、防光、防尘,可减少外界不利因素对档案的影响。但造价较高,调用档案不如档案架方便。

2. 档案架

档案架一般是金属制品,能够充分利用库房的空间,存取档案方便,利用效率高,但要求具有较理想的库房保护条件。

（1）活动式密集架（参见图8-1）。活动式密集架分为手摇式、电动式和智能式三种。其优点有:容量大、占地小、可自由组合、防尘、防光、防火。其缺点有:体积大、负重大、库房需按其负载能力设计和建造,地面还要铺设小铁轨;费用较高,一般单位难以承受。

图8-1　活动式密集架

（2）双面栏架。双面栏架用金属材料制成，分为单柱式和复柱式两种，安装固定，装载量大。但不易搬迁，安装时必须充分考虑库房布局和技术要求，一次定位。

3. 档案柜

档案柜（参见图8-2）多为金属结构，一般与五节档案箱高度大体相同。其最大的优点是坚固耐用、防火、防潮、防盗、防光等性能好。但档案柜移动不便，造价略高。

（1）旋转柜。旋转柜由多面体木柜和金属支架组成，固定安装，查档时存取方便，但装载量不大，占地面积大，经常翻滚易使档案受损，防火、防盗、防潮性能差。

（2）普通木柜。普通木柜有的外装金属板以防火、防盗，其防潮性能好。

（3）五节铁皮柜。五节铁皮柜的优点有防尘、防光、防火、防盗、易搬迁。根据国家规定和相关标准，五节铁皮柜需由档案行政部门负责监制。

图8-2　五层档案柜

（二）档案包装材料

使用档案包装材料是使档案减少磨损、保护档案价值的必要措施。常用的档案包装材料一般有卷皮、卷盒和包装纸等。

1. 卷皮

卷皮是包装档案的基本材料，卷皮的规格（长×宽）一般为300mm×220mm或280mm×210mm，厚度有10mm、15mm和20mm三种。卷皮分硬卷皮和软卷皮两种，软卷皮必须与卷盒同时使用。

2. 卷盒

卷盒是一种较好的档案包装材料，能够减少档案的机械磨损，便于档案的管理，且整齐美观。但是，卷盒占用库房的面积较大，制作卷盒的成本也比较高。卷盒的规格（长×宽）一般为300mm×220mm，厚度有30mm、40mm和50mm三种。

3. 包装纸

对于那些既不适于装订也不便于卷盒存放又不经常使用的档案，可以用拉力较强的纸张包装起来，此为包装档案的应急措施。

（三）技术设备

档案保管所需的技术设备指空调、去湿器、加湿器、报警器、灭火器、电脑、复印机、装订机等。档案库房需配备视频监控系统和防盗设备，涉密库房配备信息屏蔽装置，特殊载体库房配备防磁设备；应配备图像采集压缩卡、专用录音机、扫描仪等档案备份所需的信息处理设备。

（四）消耗品

档案保管过程中使用到的消耗品主要指干燥机、防虫剂等各种易耗低值的管理性办公用品。

五、档案库房管理

（一）柜架排放与编号

柜架排放一致,横竖成行;与窗垂直,通风防光;距墙100mm,行距800mm,不仅防潮,而且方便管理。

统一编制柜架号、栏格号。编制方法:柜架号按入门处自左到右的顺序编制,栏格号按柜架从上到下依次编制,以便存取档案。

（二）档案的排列存放

档案应按一个全宗接一个全宗的顺序依次集中排列,不得打乱全宗混合排列。特殊档案,如声像、技术图纸等,应按专门的规定排列。

各全宗应按分类顺序排列,不得打乱类别顺序混合排列,排定后应编制库房号、柜架号、栏格号,以便存取。

案卷应竖放,特殊档案（如宽幅面图纸）可平放,但要注意存取方便和防止重压受损。声像档案应按载体材料的特殊要求排放。

（三）档案存放管理

1. 编制档案存放位置索引

索引可采用表格（目录）式索引（参见表8-1）和示意图式索引（参见表8-2）两种方式。

表 8-1　表格（目录）式索引

全宗名称：　　　　　　　全宗号：

案卷目录号	案卷目录名称	目录中案卷起止号数	存放位置				
			楼	层	房间	档架（柜）	栏	格

表 8-2　示意图式索引

楼：　　　　　　　层：　　　　　　　房间号：

框架（柜）	栏	格	存放档案				
			全宗号	全宗名称	案卷目录	案卷目录号	目录中案卷起止号数

2. 制作档案代理卡(又称代卷卡)

这种卡片放在移出案卷的空位上,卡片的内容包括案卷名称、档号、去向、移出时间等,以便检查、清点库房案卷和及时催还。

3. 建立全宗卷

全宗卷是档案室(馆)在管理一个全宗的过程中把反映该全宗历史情况的文件材料按一定要求组成的专门案卷,它不属于档案的范围,但又要作为档案来管理。其文件材料主要有:该全宗案卷的立卷说明、该全宗分类方案、该全宗档案的鉴定报告、该全宗档案的交接凭证、该全宗剔除案卷的销毁清册、该全宗档案的检查记录、全宗介绍材料。

(四)档案库房温、湿度控制

库房内的温、湿度是直接影响档案寿命的环境因素。因此,库房温、湿度的控制与调节是档案保管工作的一个重要部分。

1. 温度、湿度对档案的影响

温度和湿度直接影响档案制成材料的寿命。高温、高湿会使纸张加速老化,纤维素分解,墨水扩散和褪色,且利于有害生物生长和繁殖。低温、低湿会使纸张的水分蒸发,纤维变硬变脆,强度下降。

2. 温度、湿度控制要求

(1)较为适宜的库房温度为14~24℃(±2℃),相对湿度为45%~60%(±5%)。

(2)为了掌握库房温湿度情况,每天要定时做好温湿度测量记录,注意温湿度的调节和资料的积累,以便分析其特点和规律,制订科学的管理计划。

(3)库房内应安装温湿度测量仪、去湿机、空调等设备并注意维护。

(4)柜架排放要保持规定的距离,以保证通风。

(5)新修库房6~12个月以后才能装进档案。

(6)采用通风调节库内温湿度。

(五)"八防"措施

1. 防虫与防霉

(1)应设置消毒设备,新档案入库前要消毒和除尘。

(2)定期检查并及时处理虫、霉、尘等有害物。

(3)配备吸尘器,加密封门或过渡门,安装空气过滤器,防止灰尘和有害气体进库。

(4)加强库房周边的绿化和及时排除污染源。

2. 防火与防盗

(1)建立、健全安全制度并坚持贯彻落实。

(2)配备气体消防设施和防盗、防火装置,经常检查并及时排除各种隐患和险情。

(3)加强安全教育和安全意识,培训消防技能,建立消防组织,制定应急方案,一旦发生灾害,积极有效地抢救档案和消灭灾害。

(4)库房内禁止吸烟,忌用明火。

3. 防光与防尘

(1)库房的窗户要少。

(2)在库房窗户玻璃上采取一定的措施,如加设百叶窗、使用毛玻璃、在窗户玻璃上涂刷紫外线吸收剂。

(3)避免自然光源,采用人工光源,选用白炽灯。

(4)正确选择档案库房的地址,不把库房的地址选在工业区、大居民点或繁华的街道上。

(5)档案库房要密闭。

(6)档案库房周围进行绿化,使用空调装置净化和过滤灰尘与有害气体。

(7)做好库房清洁卫生。

4. 防水与防潮

(1)库房内及附近不能有水源。

(2)防止水进入档案库房。

(3)掌握库房内的湿度变化情况,比较库内外湿度。

(4)库内湿度大于库外时,采取抽风、排气、打开库房门窗进行通风或关闭门窗启动除湿机等措施;库房湿度小于库外湿度时采取关闭门窗等措施。

(六)保管状况检查

1. 定期检查

定期检查期限不宜过长,一般以半年为宜,最长不超过1年;应勤查勤看,以便及时发现问题和妥善解决。还要定期(以3个月为宜)抽查档案并作好情况记录,以便积累资料,制定科学的管理措施。

2. 不定期检查

不定期检查通常是在发生灾害或事故(水灾、火灾、地震、盗窃等)时,及时检查档案受灾、损害情况,并做好检查记录工作。在检查中发现的问题,如不能自己解决的,要及时报告上级主管或有关领导,请求予以解决。

链接

进出档案库房制度

一般情况下,档案库房只允许档案工作人员进入,非档案工作人员原则上不允许进入。确实需要非档案工作人员进入库房,如维修库房及设备等,必须有档案工作人员陪同。

档案工作人员进出库房有限制性规定,非工作时间内一般不允许进入库房。库房内不能从事与库房管理工作无关的其他活动,更不能在库房中喝水、吃东西、吸烟。库房中无人时必须关灯、关窗、库房门上锁。

第三节 档案统计

一、档案统计工作的任务和内容

(一) 档案统计工作的任务

档案统计是运用一系列统计技术和方法,以表册、数字的形式揭示档案和档案工作的有关情况。它是了解、认识和掌握档案工作总体情况的重要手段。

从统计的对象来看,档案统计分为对档案实体及其管理状况的统计、对档案事业的组织与管理状况的统计两方面。

档案统计的任务是对档案和档案工作的发展情况进行统计调查、统计分析,提供统计资料,实行统计监督。具体来说,包括对档案馆(室)档案数量的统计、对档案工作的统计以及档案事业基本情况统计年报。

目前,我国档案工作的基本情况统计分为四个层次:

①全国档案工作基本情况统计;

②专业系统档案工作情况统计;

③地方(包括省、市、地、县各级)档案工作基本情况统计;

④档案馆、档案室档案工作情况统计。

(二) 档案统计工作的内容

1. 档案构成统计

档案构成统计是档案部门全部档案材料现有数量和状况的一种统计。要求将保管的全部档案以其来源性质分组,并以此说明现有档案的数量和状况。

2. 档案利用统计

档案利用统计是一种对各种类型档案利用的情况和程度的统计。

3. 档案工作人员情况统计

档案工作人员情况统计对于研究档案工作人员的需要量、各种干部的比例、各档案馆干部的对比分析和平衡、培训工作的安排等,具有重要的作用。

4. 档案馆建设状况统计

档案行政管理机关的任务之一,是负责档案馆网的规划与筹建。档案馆建设状况统计对于研究我国档案事业的发展,是一种很有意义的资料。

5. 档案室建立情况统计

档案室是机关工作的重要组成部分,是现行机关档案集中保管的机构。档案行政管理机构及时了解档案室建设的情况是非常必要的,这就要对档案室的建立情况进行统计。

二、档案统计调查

（一）档案统计调查的任务

档案统计工作是从统计调查开始的。档案统计调查不同于一般调查，它的基本任务在于获取大量的调查单位的真实材料。

（二）档案统计调查的基本形式

1. 统计报表

统计报表是下级档案行政管理机关和档案馆（室），按照统一的规定向上级机关以表的形式定期报送的文件，是档案统计中最基本的、最常用的一种形式。其主要特点是：填报单位都以原始记录为依据，按照规定的格式、统一的计算方法和一定的期限填送报表。统计报表对档案行政管理部门在统计工作中搜集必需的资料，及时掌握情况、发现问题、进行指导、安排与改进工作，是十分必要的。

2. 专门调查

专门调查是出于某一特定需要，按专门的目的临时组织的专题性质的调查活动，是统计报表的一种补充形式。其遵循的原则是：以实事求是的态度搜集真实可靠的资料；对不同的对象采取不同的调查形式和方法，各种形式、方法合理结合；遵守观察的同时性和定期性。专题调查的要求是：确定统一准确的调查目的和任务、调查对象、调查单位和报告单位、调查时间和地点、调查方法及纲要，使统计调查按照最必要的项目和统一的口径进行，从而取得原始资料，并对其进行综合分析。专门调查汇总的档案统计资料丰富，对档案行政管理部门实现自己的任务、指导和规划工作具有重要作用。

三、档案的登记

档案登记就是以簿、册、表、单等形式，对档案的收进、移出以及整理、鉴定、保管、利用等情况加以记录，以揭示它们的过程、现状和变化。档案登记是档案统计的原始记录形式，是维护档案的完整与安全的必要手段之一，其形成的数据是档案统计的基础资料。

（一）档案数量和状况登记

1. 卷内文件目录与案卷目录

卷内文件目录是对卷内单份文件进行登记，是档案整理工作中的一项编目工作，具有对案卷内文件进行保管和数量统计的作用。

案卷目录是登记每一个案卷标题及其他基本状况的簿册，是统计已整理编目档案的最可靠的基础材料。

2. 档案收进登记簿

这是专门记录档案进入档案机构情况的一种登记形式,主要应用于档案馆和规模较大的档案室,具体形式一般为簿册式。其基本登记以档案进入档案机构的次数为单位进行登记,即每收进一次档案,无论其数量及全宗所属情况如何,都要在收进登记簿上登记为一个条目。详见表8-3。

表8-3 收进登记簿

顺序号	收到日期	移交机关	文据(名称、日期、号数)	全宗(或全宗的一部分)	所属年度	数量		档案状况简单说明	全宗号	备注
						卷	米			

3. 全宗名册

全宗名册是登记档案馆所保存的每一个全宗的名册,是档案馆统计全宗数量和固定全宗号顺序所用的工具,也是档案馆和规模较大且保管了多个全宗的档案室对其所管全宗进行逐个登记的一种形式。详见表8-4。

表8-4 全宗名册

全宗号	初次入馆日期	全宗名称	移出说明	备注

4. 全宗单

它是详细登记每一全宗情况的登记形式,主要应用于档案馆和保存了较多全宗的档案室。全宗单一般为单页式,每一张全宗单登记一个全宗的详细情况。其登记内容比全宗名册要详细得多,一般分为三个部分。详见表8-5。

5. 全宗卡片

它是档案行政机关要求档案馆报送的一种形式。其作用和目的是为了随时掌握各档案馆中所存档案全宗的基本情况,且与《档案成分和数量变化情况报道表》结合使用。详见表8-6。

6. 档案成分和数量变化情况报道表

此表是档案馆按要求向档案行政机关报送的一种登记形式,旨在随时报告其所管档案(以全宗为单位)的变化情况。档案行政机关根据报道内容,随时在全宗卡片上进行补充性登记。详见表8-7。

表 8-5　全宗单

全宗号：

全宗的起止日期	全　宗　名　称

全宗初次入馆日期	全宗卡片报送情况（档案管理机关名称和日期）	检索工具及其编制说明	旧全宗号	备　注

未　整　理　编　目　档　案								
登记日期	收　进			移　出			现有数量	
	文据（名称、日期、号数）	数　量		文据（名称、日期、号数）	数　量		卷	米
		卷	米		卷	米		

已　整　理　编　目　档　案											
登记日期	收　进					移　出				现有数量	
	目录号	目录名称（组织机构或类别名称）	所属年度	数量		目录号	文据（名称、日期、号数）	数量		卷	米
				卷	米			卷	米		

表 8-6　全宗卡片

（正面）

××馆　　字第　　号全宗卡片

全宗的起止年月：
立档单位的性质及主要职能：
备注：

全宗初次入馆日期：　　　年　　月　　日　　填卡日期：　　　年　　月　　日

（背面）

档　案　数　量			
统计日期	已整理编目档案		未整理编目的档案（米）
	案卷数量	案卷排列长度（米）	
年　　月			

续表

统计日期	档案数量		未整理编目的档案(米)
	已整理编目档案		
	案卷数量	案卷排列长度(米)	
年　　月			
年　　月			
年　　月			
年　　月			
年　　月			

表8-7　档案成分和数量变化情况报道表

全宗号	全宗名称	新收进		移出		××××年12月31日全宗内档案总数			备注
		组织机构或类别名称	年度	组织机构或类别名称	年度	已整理编目		未整理编目	
						卷	米		

填报日期：　　　　　　　　　　　　　　　　　　　　填报人签字(盖章)：

7. 案卷目录登记簿

它是对所有案卷目录进行登记的一种登记形式，主要应用于档案馆和案卷目录数量较多的档案室。其登记方法是以案卷目录的本册为单位进行登记，每一本(册)案卷目录登记为一个条目。详见表8-8。

表8-8　案卷目录登记簿

顺序号	全宗号	目录号	目录名称	所属年度	案卷数量	目录页数	目录份数	移出说明	备注

8. 总登记簿

总登记簿登记的内容包括案卷收入、移出和总结三个部分。它与会计部门的总账一样，是全面系统地记录反映档案的收进、移出情况及档案数量变化情况的一种登记形式,主要应用于档案室。详见表8-9。

表8-9　总登记簿

案卷目录号	案卷目录名称(组织机构名称)	所属年度	案卷收入			案卷移出(或销毁)				目录中现有数量		备注
			收入日期	目录中之数量	实收数量	移出日期	移往何处	移出原因和文据	移出数量	卷	米	

(二)档案工作状况登记

1. 工作日志

工作日志是许多重要的社会行业中普遍采用的一种基本的工作登记形式。其作用与目的在于逐日记录每一天的工作内容及其进程问题,积累详尽的工作原始记录,为日后的查考和总结提供素材。一般应包括日期(年、月、日、星期)、时间(上午、下午或具体时刻)、工作内容、工作量与进度、工作中的问题及处置情况、每周或每月的统计、小结等。

2. 人员进出库房登记

这是库房管理的一种具体手段,一般采用登记本的形式。登记本一般应放置在库房入口处,工作人员及其他人员每次进出库房均应在登记本上登记。登记项目一般应包括日期、进出库房人员姓名、进入库房时间(时刻)、进库事由、出库时间(时刻)等。

3. 档案出入库登记

这也是库房管理的一种具体手段,一般也采用登记本的形式。其具体的登记项目一般应包括档案出库的日期、时间(时刻)、档号及数量、原因(即用途)、归入日期及时间(时刻)、经手人等。

4. 档案清点、检查登记

它是对定期或不定期进行的档案清点和检查的情况所作的登记。其登记内容应涉及清点、检查的日期、原因、清点、检查过程所发现的情况及问题,清点、检查的结果(结论),从事清点、检查的工作人员姓名。

5. 档案利用登记簿

这是一种全面、系统地记录档案提供利用情况的综合性登记形式。它既是档案机构记录、掌握提供利用情况的一种登记形式,同时又是档案机构向利用者具体提供档案时履行交接手续的一种交接凭据。详见表8-10。

表 8-10　档案利用登记簿

顺序号	日期	利用者			利用目的	利用方式	档　案		利用者签名	归　还	
		姓名	职务	工作单位			档号	数量（卷）		日期	经手人

6. 利用者登记卡片

这是档案馆和规模较大的档案室对利用者进行记录、备案的一种登记形式。详见表 8-11。

表 8-11　利用者登记卡片

姓名：_____　　性别：_____　　年龄：_____　　阅览证号：_____

工作单位：_____　　职务：_____

印鉴或签字：_____　　填卡日期：_____

7. 档案借出登记簿

这是专用于对档案被借出档案机构之外的情况进行登记的一种登记形式，档案馆和档案室均可使用。详见表 8-12。

表 8-12　档案借出登记簿

顺序号	借出日期	借阅单位（地点及电话号码）	利用目的	借出案卷				借阅期限	借出人签字	归还案卷		备注
				数量	全宗号	目录号	案卷号			日期	签字	

8. 档案复制、摘抄登记

这是专用于对在利用中被复制、摘抄情况进行登记的一种登记形式，同时具有提出复制、摘抄申请，履行批准手续和确认复制、摘抄事实的凭据性质。详见表 8-13。

表 8-13　档案复制、摘抄申请、审批登记表

编号	利用者			拟复制、摘抄档案		份数	用途	审批		日期	复制摘抄人签名
	姓名	职务	工作单位	文件标题	档号			意见	审批人		

9. 利用效果登记

利用效果登记实质上是档案机构对档案每一次利用的成效结果所进行的跟踪调查。这种跟踪调查性质的登记,对于档案机构调整、改进自己的工作具有重要意义。

四、档案统计工作的意义和要求

(一) 档案统计工作的意义

档案统计是对档案工作中的现象、状态、程度进行量的描述与分析,为完善档案管理提供真实的数据和资料。档案统计能够对档案工作进行定量分析和认识,以指标数量揭示档案和档案工作诸现象的发展过程、现状及其一般规律。其意义有:

1. 档案统计工作是认识档案工作的重要手段

档案统计以档案工作中的现象为对象,以指标数字揭示档案和档案工作的发展过程、现状及其一般的规律性,帮助人们加深对档案工作的认识,掌握档案工作的基本规律。

2. 档案统计工作是档案事业建设的一项重要基础工作

建立并健全科学的档案统计工作,可以准确地反映各级档案部门工作的真实情况,对各级档案部门的工作进行分析和比较,便于科学管理档案,有针对性地指导、监督和检查档案工作,提高档案工作水平,充分发挥档案的社会效益和经济效益。

3. 档案统计工作是制定有关档案工作的方针、政策和计划的依据

档案统计数字,能系统反映档案形成数量、速度与馆藏档案的状况和变化,以及利用档案的频率和发展趋势;能反映档案部门的工作量、人力与财力的需求量;能反映档案事业在社会和经济发展中的地位和作用,为档案事业的决策和编制发展规划提供可靠的科学数据。

(二) 档案统计工作的要求

1. 保证统计资料的准确性

这是对档案统计工作的首要要求。档案统计必须依据统计法规,如实提供统计档案资料,不得虚、瞒、拒报,不得伪造和篡改。要认真地对待每一份表格、每一个栏目、每一个数字,务必使统计数字准确,符合客观事实。

2. 保证统计工作的科学性

遵循国家统计工作的要求,执行《中华人民共和国统计法》,用科学的标准和方法收集、整理、分析统计资料。制定全国通用的档案统计报表,规定统一的格式、口径和标准,明确统计的范围、内容、项目和要求,逐步实现统计指标体系完整、统计分类标准化、统计调查工作科学化、统计基础工作规范化、统计计算和数据传输技术现代化、统

计服务优质化。

3. 保证档案统计的及时性

档案统计工作的及时性是指必须按时报送统计资料。统计资料上报不及时，就会贻误整个统计工作的进行，失掉时机，档案统计工作就起不到应有的作用。因此，要切实遵守统计制度和纪律，严格按规定时限上报有关统计资料。

本章小结

档案的鉴定、保管和统计是档案管理工作的三个重要环节，对于充分发挥档案的价值和有效地为社会和利用者提供服务具有重要意义。

决定档案价值的因素是档案自身的特点状况和社会利用需求。要本着全面、历史、发展的观点，按照档案的来源、内容、形式特征、相对价值标准，鉴定档案的价值。

档案保管期限分为"永久"和"定期"，定期中再实行标时划分。档案鉴定工作有严密的组织和程序，销毁档案要履行审批手续，实行监销。

保管工作的任务是防止档案的损坏、延长档案寿命和维护档案的安全。以防为主，防治结合，是档案保管的最基本原则。档案库房建设要重视选址和布局设计。

档案装具一般可以分为档案箱、档案架和档案柜等。档案包装材料一般包括卷皮、卷盒和包装纸等。

档案库房管理包括：柜架排放与编号、档案的排列、档案存放管理、档案库房温湿度控制、"八防"措施、档案保管状况检查等。

档案库房的物理环境要求包括：湿温度控制、虫霉防治与除虫、防火与防盗、库房照明管理、保管状况检查。

档案统计调查的基本形式有统计报表和专门调查。档案统计的内容包括：档案构成统计、档案利用统计、档案工作人员情况统计、档案馆建设状况统计、档案室建设情况统计等。

档案的登记包括档案数量和状况登记、档案工作状况登记。档案统计的要求是准确、科学、及时。

案例分析题

秘书小黄兼管公司的档案。一天，小黄在一个文件柜中查找一份2008年的档案时，发现有的文件受潮损坏，有的文件被虫蛀。于是，她又对其他几个文件柜进行了检查，结果是保存档案的状况不好，有装具坏损、文件发霉、字迹不清晰的现象。小黄真没想到会出现这样的情况。

请思考：

1. 为什么会出现这样的情况？

2. 应如何防止这样的情况出现?

课堂讨论题

1. 如何理解档案价值鉴定的基本观点?
2. 如何鉴定档案的价值?
3. 档案保管、统计工作的意义何在?

复习思考题

1. 档案鉴定工作的意义是什么?
2. 鉴定档案价值的标准是什么?
3. 如何划分档案的保管期限?
4. 如何组织档案鉴定工作?
5. 档案保管工作的内容是什么?
6. 档案保管工作的任务是什么?
7. 如何选用档案装具?
8. 档案保管工作的基本要求是什么?
9. 如何进行档案库房管理?
10. 档案统计工作的内容和要求有哪些?
11. 档案统计调查的方式有哪些?

实训题

1. 安排学生到档案馆或单位档案室实习,在实习中对所在单位的档案鉴定工作基本情况进行调查,撰写一篇1 000字左右的专题调查报告。

2. 参观档案馆(室)库房,了解其在档案保管中所采取的保护措施,并写出调查报告。

第九章　档案检索、利用与编研

学习目标

- 了解档案检索工作的内容和意义
- 熟悉常用的档案检索工具
- 明确档案利用的方式和要求
- 掌握档案检索工具的编制方法
- 掌握档案利用工作的基本方法
- 会检索档案
- 能够进行档案编研

马青是红叶童装厂的办公室秘书,负责收发文和档案管理。建厂初期,业务量小,形成的档案材料较少,马青将整理好的档案按照年度放入档案柜中保存。当业务部门因工作需要来查阅档案材料时,马青凭记忆和经验很快就能找到文件材料提供利用。随着业务的发展,厂子的服装生意越做越大,订单越来越多,档案材料的数量急剧增加,时常有人来找马青查阅档案,档案利用频率加快。马青逐渐感觉到靠记忆和经验查找档案有点费力,已经不能满足及时、准确、频繁的档案利用需求。于是,马青吸取了创意服装厂档案管理的经验,根据保存档案的情况,编制了案卷文件目录和专题目录。有了目录,马青很轻松地就能按需要找到档案材料,保证了业务部门工作的顺利进行。

【分析】

保存档案的目的是为了利用。准确、高效地提供档案利用,充分发挥档案的作用,一定程度上取决于检索工作。检索工作是档案基础工作与利用工作之间的纽带。编制结构合理、科学化与规范化的检索工具,形成检索工具体系,才能提高档案服务质量和水平。马青编制的档案目录能够提供查找途径,为利用工作的进一步开展打下了基础。随着计算机技术的广泛应用,计算机检索逐渐被应用。具备条件的单位可以建立电子检索系统,实现档案检索自动化。

档案是社会发展的基础性战略信息资源。开创档案工作的新局面,必须建立健全档案检索体系,大力开发档案信息资源,积极主动开展利用工作,围绕工作需要,提供全面、及时、有效的档案服务,从而在构建社会主义和谐社会的进程中发挥档案工作应有的作用。

第一节　档案检索工作

档案检索工作是沟通档案信息资源和利用者的一座桥梁,是通向档案宝库的一条捷径。

一、档案检索工作

档案检索是档案工作系统中的一个业务环节,具有独特的任务、地位和作用。

(一)档案检索工作的内容

档案检索工作是对档案信息进行加工和储存,编制检索工具,并根据利用者的特定需求查找档案的活动。档案检索工作是档案提供利用的基础和前提,是开发档案信息资源的必要条件,包括档案信息存储和信息查检两方面的工作内容。

档案检索是存储和查找档案的过程。档案信息的存储是将档案文件具有检索意义特征的信息,如作者、题名、主题词等,进行分类或主题标识,编制检索工具,形成检索系统,包括档案的著录与标引、检索工具的组织和检索系统的建立等内容。档案信息的存储是查找档案的前提和基础;档案信息的查找是通过各种检索途径和检索手段将利用者所需要的档案信息从档案检索系统中及时、准确地查找出来,提供利用。其中,档案的著录与标引是存储档案信息的首要步骤,是档案检索得以实现的重要基础。

档案信息存储和档案信息查检的工作内容是密切联系、不可分割的,存储是查检的基础和前提,查检是存储的目的。

(二)档案检索工作的过程

1. 档案的著录和标引

著录标引工作是检索工作的第一步。

(1)档案著录标引的作用。著录与标引是建立档案检索系统的基础和前提。档案经过著录标引才能形成条目和检索工具,把具有检索意义的档案信息存储起来,为建立档案检索系统奠定基础。其次,任何检索工具要有效地发挥存储和查找功能,都必须依赖于著录项目的完备和标引的准确与深度。档案著录标引的质量对档案检索工具的质量和效率有着决定性影响。

(2)档案著录。档案著录是档案馆(室)编制检索工具时对档案的内容和外部特征进行分析、选择和记录的过程。档案的内容特征是指从档案正文(即内容)中获取的信息与特征。档案的外部特征是指从档案正文以外直接获取的特征。

(3) 档案标引。档案标引是对文件或案卷进行主题分析,把自然语言转换成规范化检索语言的过程,即对主题分析的结果给予检索标识的过程。其中,给予分类号标识的过程称为分类标引,给予主题词标识的过程称为主题标引。

2. 档案检索工具的编制

它是指将著录和标引所形成的条目按照一定的规律和要求组织起来,编制成具有特定检索功能的档案检索工具。这项工作是档案检索工作的核心。

3. 档案检索工具体系的组织

档案检索工具体系的组织,即根据特定单位的需要把不同的检索工具组织成一个有机的体系,以供不同需求的利用者查找使用。

(三)档案检索工作的意义

完善的档案检索工作能够根据利用者的利用需要,及时介绍和报道所需档案的内容,提供必需的查检途径,为档案的开发利用提供基础,使档案信息资源得到充分利用。

1. 档案检索是档案信息资源开发利用的必要方法

在人们的社会实践活动中,形成和积累了丰富的档案信息资源。档案具有数量庞大、内容繁杂、形式多样的特点,在社会发展和日常工作活动中发挥着极为重要的作用。要针对特定的档案利用需求,在浩瀚的档案信息中迅速、准确地获得所需信息,实现档案的价值,需要借助一定的检索工具和科学的检索方法,满足人们多层次、多样化的档案利用需求。

档案检索工具必须全面、准确地概括和揭示所存档案的内容和成分,利用者才能从检索工具中正确地判断和选择所需要的档案材料,真正发挥其参谋咨询作用。

2. 档案检索是利用者获取档案信息的有效途径

档案利用是人们将档案信息由静态转化为动态的查找使用过程。档案检索工作把档案内容和形式的各种特征按一定规律和规则编制成各种查找工具,架起利用者获取档案的桥梁,为档案信息的输出提供渠道。通过档案检索,利用者可以了解保存档案的情况,找到查询档案的线索,从而确定有效的查找途径,得到所需的档案信息。

3. 档案检索是提高档案工作水平的重要手段

档案检索体系是否完善,人们能否迅速、准确、全面、系统地查找、利用档案,是衡量档案工作水平的重要标准。因此,档案工作人员在做好档案实体管理工作的基础上,应编制完善的档案检索工具,形成科学的档案检索系统。完善的档案检索工作是档案工作的重要业务建设,是提高档案工作人员素质、促进各项基础工作开展及报道档案信息的有效手段。

二、档案检索工具

档案检索工具是揭示档案内容和成分,报道和查找档案的工具,是档案管理和提供利用的手段。

(一)档案检索工具的作用

档案检索工具以记录为基础,将文件或案卷的内容及形式特征著录成条目,按照一定的规则组织起来,使分散的档案信息集中;以报道和查找为手段,根据利用者的要求,按照一定的检索方法,从存储的档案线索中查检出档案材料。

档案检索工具是连接档案管理者与利用者的纽带,档案管理者借助它可以迅速准确地按需提供档案,利用者通过它可以了解储存档案的基本情况。它以发挥档案的作用为目的,是开发档案信息资源,使利用者获得所需信息的钥匙;是档案人员掌握库藏档案情况,进行科学管理的手段;是档案部门之间信息交流、互通有无的必备条件;是档案编研工作和统计工作的基础。

(二)档案检索工具的种类

档案检索工具种类繁多,根据不同的标准可以将其划分为不同的类别。

1. 按编制方式划分

按编制方式划分,档案检索工具有目录、索引和指南三种类型。

(1)目录。目录是将档案的著录条目按照一定的次序编排而成的检索工具,如分类目录、题名目录。

目录对档案文件内容和形式进行全面系统的著录,揭示和报道某一库藏范围的档案材料,著录项目比较完整,利用较准确,应用非常广泛。

(2)索引。索引是将档案中的某一内部或外部特征及其出处按照一定的顺序排列起来的检索工具,如人名索引、地名索引、文号索引。

索引对档案中的某一部分特征进行著录,著录项目简单,提供的档案信息具体、针对性强,可供利用者根据特定的线索查找档案信息,使档案利用方便、准确。

(3)指南。指南是以文章叙述的方式综合介绍档案情况的一种检索工具,如全宗指南、专题指南。

指南的特点在于对档案信息进行概括,报道保存的全部或部分档案的来源、内容、价值、使用方法、检索途径等,可读性较强,能够作为工具书使用,但检索功能弱。

2. 按载体形式划分

按载体形式划分,档案检索工具有卡片式、书本式和活页式三种类型。

(1)卡片式检索工具。它是将条目著录于卡片上,把卡片按一定顺序排列而成的检索工具,如分类目录、案卷目录、全引目录、主题目录。

卡片式检索工具有较大的灵活性,便于增减条目、调整顺序,可以利用一次著录的结果编制不同的检索工具。但成本较高,不便管理,不利于传递与交流。

(2)书本式检索工具。它是将著录条目按顺序排列并装订成册的检索工具,如档案馆指南、全宗介绍。

书本式检索工具体积小,编排紧凑,成本低廉,便于管理,利于信息的交流,运用极为广泛。但它缺乏灵活性,不可增减条目和调整顺序,不能反映所藏档案的详细内容。

(3)活页式检索工具。活页式检索工具是介于卡片式和书本式检索工具之间的一种形式。每一页记录若干份同类文件或案卷的特征,一页著录不完接下页,再将著录好的活页按序装入书夹。

活页式检索工具管理比较灵活,能随意增减,随时撤换,小型单位档案室可使用。但它不适合产生档案数量多的单位,较难适应形势发展的需要。

3. 按功能划分

按功能划分,档案检索工具有馆藏性、查检性和介绍性三种类型。

(1)馆藏性检索工具。它是反映档案实体整理体系及其相互关系的检索工具,如全宗目录、案卷目录。

馆藏性检索工具反映档案整理顺序,人们可以借助它了解、分析馆(室)藏情况,按档案整理顺序查找档案。但其目录组织方式受档案整理体系的限制,检索途径单一,检索深度较浅。

(2)查检性检索工具。它是从档案的某一内容或形式特征提供检索途径的检索工具,如分类目录、主题目录、人名索引、文号索引。

查检性检索工具项目比较完备,能够提供准确、多样的查找途径,使人们选择任意的检索深度,可以不受档案整理顺序的限制,打破全宗的界限进行检索。

(3)介绍性检索工具。它是介绍和报道档案内容及其有关情况的检索工具,如专题指南、全宗指南。

介绍性检索工具一方面全面、概括地介绍档案的情况,具有宣传报道作用;另一方面也向利用者提供一定的检索线索。介绍性检索工具不记录档案文件的检索标识,不建立排检项目。因此,借助它不能直接获得档案文件。

4. 按内容范围划分

按内容范围划分,档案检索工具有综合性和专题性两种类型。

(1)综合性检索工具。它是以一个或若干档案馆(室)的全部档案或以一个全宗的档案为检索和介绍对象的检索工具,如全宗文件目录、分类目录、全宗指南、综合性联合目录。

综合性检索工具综合介绍所藏档案情况,具有一定的宣传功能,比较适合族性检索。

(2)专题性检索工具。它是以某一专题的档案为对象编制的检索工具,如专题目录、专题指南、专题性联合目录。

专题性检索工具围绕某一专题充分介绍所藏档案情况,比较适合特性检索。

5. 按信息处理的手段划分

按信息处理的手段划分,档案检索工具有手工和机械两种类型。

(1)手工检索工具。它是人工直接查找档案线索使用的目录或索引,如各种卡片式和书本式的检索工具。

手工检索工具有广泛的适应性与方便性。对检索环境要求不高,各种时间、地点和条件都能进行检索,而且可以随时获取反馈信息,及时调整检索重点和范围,减少漏检和误检的产生。不需要专门的检索机具,省去了购置和维护检索机具的费用。但其检索速度慢,效率低,有时给管理和利用带来不便。

(2) 机械检索工具。它是借助于电子计算机等手段查找档案材料所使用的检索工具,如机读目录、缩微目录。机械检索工具储存信息量大,查询效率高,检索速度快,符合未来档案发展趋势,但受现实技术水平、财力、物力等限制。

① 缩微式检索工具。它是用缩微摄影方式制作的以胶片为载体的检索工具。

缩微式检索工具体积小,节约空间,存储密度大,累积能力强,便于携带和交流,利于长期保存和使用,适用于永久性保存的档案。但其需借助阅读器或电子计算机阅读查找,不便增减条目。

② 机读式检索工具。它是以磁带、磁盘、磁鼓等磁性材料为载体的供计算机识别的检索工具。

机读式检索工具存储密度高,检索速度快、效率高,可进行多途径检索。但其前处理和输入工作量大,检索费用高。

(三) 常用档案检索工具

档案检索工具种类多样,特点各异。为了满足多方面的利用需求,提高档案利用的效率和质量,应根据实际情况,编制各种类型、不同功能的检索工具。常用的档案检索工具有:

1. 案卷目录

案卷目录是以案卷为单位,揭示一个全宗内某一部分档案内容和成分,依据档案整理顺序组织起来的检索工具。案卷目录具有固定案卷位置、统计案卷数量的作用,是最基本的、使用较为频繁的档案检索工具。

2. 案卷文件目录

案卷文件目录又称全引目录,是以全宗为单位,将案卷目录和卷内文件目录汇集而成的检索工具,项目包括案卷号、案卷标题、文件的作者、文号、文件标题、文件形成日期、所在页码。案卷文件目录格式见表9-1。

表9-1 案卷文件目录格式

案卷号	案卷题名	起止日期	页数	保管期限	备注
顺序号	责任者	文件字号	文件题名	文件日期	页号	备注

案卷文件目录编制方法简便,设置项目多,能够较为具体地揭示档案内容和成分,方便查找案卷和单份卷内文件,使人们对档案库存情况了如指掌。但其条目和册数较多,体积庞大,只能沿用原来案卷的分类体系,不能按照文件内容的性质分类,不便按专题查找利用。

3. 分类目录

分类目录是按照体系分类法的基本原理,将档案主题按《中国档案分类法》的逻辑体系组织的检索工具。

分类目录系统地揭示档案的主题内容,按逻辑体系分类排列,具有较强的族性检索功能,便于利用者从文件反映的问题、专业、内容等角度查找利用档案材料。但其利用程序比较复杂,会导致一定的误检和漏检,影响检索效率。

分类目录一般采用卡片式,即分类卡片,一文一卡或一卷一卡,卡片可增减,能变换组合成多种性质的专题卡片,便于积累和调整,灵活性与适应性强。分类卡片是打破全宗界限和全宗内档案分类系统,针对档案馆、室长久保存的文件或案卷,逐一制成卡片。其编制方法与步骤是:

(1)填制卡片。卡片分为文件级和案卷级两种,应根据《档案著录规则》和档案标引的有关要求制卡。

(2)排列卡片。根据分类号的顺序逐级集中卡片。先按字母顺序排列,同一字母的卡片集中排放在一起,然后逐级按阿拉伯数字的大小排列,类目顺序应与分类表相一致。同一类目的卡片排列顺序可选择年度、时间、责任者等顺序。

(3)放置导卡。在排好的类与类之间安放导卡。

4. 专题目录

专题目录是根据馆藏情况和实际工作需要编制的,系统揭示档案部门某一专题档案内容和形式特征的检索工具。

专题目录不受全宗限制,可按需要设计分类,把有关专题所有的档案线索集中,利于人们系统了解有关专题的档案材料,方便按专题查找档案,检索迅速,查准率较高。但其制卡工作量大,标引有难度。专题卡片目录见表9-2和表9-3。

表9-2 专题卡片目录格式(一)

专题名称:		发生事件		时间:	
类: 属类				地点:	
全宗名称:		全宗号:			
文件内容与成分		档案分类号		文件号	页号

表 9-3　专题卡片目录格式(二)

专题名称：	发生事件	时间：
类：　　属类：		地点：
文件内容与成分简介：		
档案分类号：	档案目录号：　　文件号：	页号：

5. 主题目录

主题目录是根据主题法的原理,用规范化的词、词组揭示文件或案卷的主题内容,按照主题词的字顺排列组织的检索工具。

主题目录的特点是:专指性,用主题词揭示文件或案卷反映的内容;集中性,不受分类体系的限制,提供某一主题的全部档案信息;直观性,直接用"词""词组"表达,不必转换成代码符号;灵活性,可以根据需要增补、删除、改动主题词。但主题目录按主题字顺排列,缺乏逻辑体系,不便于族性检索;制卡工作量较大,标引有一定难度;汉字结构复杂,容易造成误差。

主题目录一般采用卡片式,其编制方法是:在一个标引单元中确定标引款目,把每个标引款目填制成一张卡片,将卡片按照主题词的音序或字顺排列。卡片格式既可利用标准著录卡片以主题词项作为排检项,也可另制专用卡片。主题卡片目录见表 9-4。

表 9-4　主题卡片目录格式

主题标目	全宗号	档案目录号	文件号	页号
题名				
责任者				
主题词				
附注				

6. 人名索引

人名索引是揭示档案中涉及的人物并指明其档案出处的检索工具。人名索引一般由人名和档号两部分组成,按姓氏笔画、汉语拼音字母顺序、四角号码等方法排列。

人名索引有综合性和专题性两种。综合性人名索引以所藏全部档案涉及的人名为著录对象,可以全面满足查找需求,但工作量大,费时费事。专题性人名索引以部分档案涉及的人名为著录对象,查找准确、迅速,编制相对容易。人名卡片目录见表 9-5 和表 9-6。

表 9-5　人名卡片目录著录格式(一事一卡)

姓名		曾用名		性别		出生年月		民族		籍贯	
简历											
档案内容提要											
全宗号		档案目录号				文件号			张(页)号		

表 9-6　人名卡片目录著录格式(多事一卡)

姓名		曾用名		性别		出生年月		民族		籍贯	
简历											

续表

姓名		曾用名		性别		出生年月		民族		籍贯	
档案内容提要											
全宗号	档案目录号		文件号		页号	全宗号	档案目录号		文件号		页号

7. 文号索引

文号索引是将档案的文号与档号相对应,揭示文号与档号之间的关系,提供按文号查找档案的途径的检索工具。由于其一般采用表格形式,也称为文号档号对照表。

文号索引按文号、作者、年度编排,把同一年度、同一发文单位的文件编制成表格,装订成册。其格式较灵活,编制简便,检索效果好,适合档案数量多的单位。

文号索引有号码对应和位置对应两种形式。号码对应式(见表9-7)是将文号一一列出,在该文号对应的空格中填写该份文件的档号,以 100 号为一张。位置对应式(见表9-8)是用一定的格式确定每一发文号在表格中的位置,即以纵横坐标读数表示文号,在该位置上直接填写该份文件的档号。

表 9-7　号码对应式文号索引

××××年××单位文号索引

00	10	20	30	40	50	60	70	80	90
01	11	21	31	41	51	61	71	81	91
09	19	29	39	49	59	69	79	89	99

表 9-8　位置对应式文号索引

××××年××单位文号索引

	0	1	2	3	4	5	6	7	8	9
0										
1										
2										
3					2-3-21-1					

	0	1	2	3	4	5	6	7	8	9
4										

8. 全宗指南

全宗指南又称全宗介绍,是用文章叙述形式介绍档案馆(室)保存的某一全宗基本情况的检索工具。全宗指南由立档单位和全宗历史概况、全宗内档案内容和成分介绍两部分构成,介绍立档单位的历史、组成、现状和全宗档案的形成、内容、价值、整理方法,报道本全宗检索工具的编制、档案查检的途径方法等方面的情况,使人们全面了解全宗的情况,为利用者提供获取档案线索。

全宗内档案内容和成分介绍是全宗指南的主体,可以沿着两条线索编制。一是按档案内容介绍,即根据立档单位工作性质和工作任务确定题目,指明题目的准确名称,说明该题目所属时间和案卷数量,介绍该题目范围内的内容和成分。二是按组织机构介绍档案,指出该组织单位的名称和存在时间,指明该组织单位的工作职能、任务和案卷数量,介绍该组织单位内的档案内容和成分。如果该组织单位的档案数量较多,可以拟出若干小题目,分别介绍档案。

> **链接**
>
> **全宗内档案内容和成分介绍的主要范围**
>
> 叙述档案的来源(文件的作者)、内容、形式(文种、载体、制作方法等)、可靠程度、时间和利用价值。其中重点介绍各部分档案内容,具体介绍方法有三种:简介,对各个案卷作综合、概括介绍;详介,逐个介绍案卷,甚至注明卷号、起止日期、页数等;点面结合,对一般案卷作简介(面),对特别重要的案卷或文件作详介(点)。

9. 归档文件目录

归档文件目录由不同条目按照一定的体系和方法排列而成,包括件号、责任者、文号、题名、日期、页数和备注等项目。归档文件目录(见表9-9)编制简单,揭示内容和成分具体,查找文件方便,但著录工作量大,与分类目录结合使用才能较快找到所需档案。

表9-9 归档文件目录格式

顺序号	责任者	文件字号	文件题名	文件日期	所在页号	备注

10. 专题指南

专题指南又称专题介绍,是按照一定题目,以文章叙述的形式揭示和介绍档案馆(室)保存的关于该专题的档案内容和成分的检索工具。它综合叙述和介绍档案的内容和成分,并向外印发,起到宣传和检索档案的作用。

三、档案检索方法

进行档案检索,必须掌握检索方法,按照档案检索程序查找档案。

(一)档案检索基本程序

档案检索有四个步骤:第一,明确检索要求,确定所要查找的档案信息在时间、地点、类型、内容等方面的限定范围;第二,根据档案部门检索工具和检索系统的设置情况,选择有效的检索途径,确定需查找的档案检索工具;第三,进行主题分析,把所检索的主题概念转换成档案检索标识;第四,从档案检索工具或检索系统中进行查检,将档案检索标识与所表达档案主题概念的档案文献标识进行匹配,检出相关档案;第五,对检索结果进行分析,若与检索要求不符,则根据需要扩大、缩小或改变检索范围,直到获得满意的检索结果为止。

(二)手工检索程序

手工检索是传统的档案检索方法,具有直观、方便的特点,是目前档案检索的主要手段。人们应按照科学的程序进行档案的手工检索。

1. 熟悉检索工具设置情况

要了解档案馆(室)所设置的检索工具情况,如检索工具的种类、收录范围、编排方式、功能等,弄清档案机构可提供的检索途径,选择适宜的查找档案的检索方式。

2. 明确检索要求

要明确利用者提出的检索需求,分析具体的检索课题和内容,弄清利用者档案检索的真实目的以及所要求的检索角度、深度与广度。对于利用者表述不清的检索要求,应反复了解、沟通、征询,确定真实、准确的检索要求。

3. 选择检索工具

每种检索工具的作用和功能不同,要根据查找利用的需求及利用者对所要查找的档案线索的掌握程度,明确检索途径,选择检索工具的类型。

4. 检索标识

正确地进行检索标识转换非常重要。如果选择的是分类和主题检索途径,在检索过程中须将检索课题的主题概念转换成检索标识。由于概念转换须借助档案分类表和档案主题词表,而且分类标引和主题标引有一定的难度,因此,概念转换是手工检索过程中较为困难也比较关键的步骤。

5. 查检

根据检索标识在各种卡片式、书本式检索工具中进行查找,是手工检索的实际操作阶段。在检索过程中应根据检索要求随时调整检索范围,适当扩大、缩小或改变检索范围。

6. 检索结果

获得与检索课题相关的档案线索后,根据检索工具提供的出处获取档案,进行鉴别、筛选或利用。

7. 重新查检

如果一次检索达不到较高的检全率、检准率,不能完全满足检索要求,可另外选择检索途径,重新进行查检,直到获得满意的结果为止。

(三)计算机检索步骤

计算机检索是将条目信息输入计算机存储设备,形成文档或数据库,人们通过计算机程序,按照检索要求检索档案信息。计算机检索采用了现代化技术和设备,具有速度快、效率高、技术性强的特点,是未来档案检索工作的发展方向。

计算机检索的步骤是:了解需求,明确利用者的检索要求和检索目的,划定检索对象,确定检索范围;根据检索要求选择数据库(或文档),确定检索途径;对用户提问进行概念分析,依据检索词表将分析出的主题概念转换成检索标识;构造检索提问表达式;输入提问表达式,由计算机对文档进行查找,检出相关资料;分析检索结果,若不符合要求,则对提问表达式进行修改,再次进行查检,直到结果满意为止。计算机检索的具体过程如图 9-1 所示。

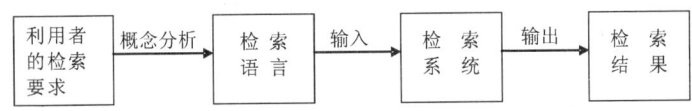

图 9-1　计算机检索过程图

> **档案检索语言**
>
> 根据检索需要编制的用于档案信息存储与检索的人工语言,也称标志语言或标志系统。它是一种表示档案信息的标识系统,用于标识主题词、分类号或其他字母及数字构成的符号系统。组成要素有系统的文字或符号、一定量的词汇及独特的语法规则,提供档案检索途径,表示档案信息的基本内容,满足多元化的检索需求。目前,档案检索语言有馆藏法、分类法和主题法三种类型。

第二节 档案利用工作

档案利用工作是档案工作服务功能的直接体现。做好档案利用工作,档案工作才具有生机与活力,档案的作用才能充分发挥。

一、档案利用工作的含义

档案利用工作是为满足利用者使用档案的需求而直接提供档案信息为各项工作服务的业务环节。其基本工作包括:介绍和报道馆、室藏档案的内容和成分,开发档案信息资源,通过各种方式向利用者提供档案材料,进行档案咨询服务。

档案利用工作和利用档案是两个相关联的概念。档案利用工作是档案管理人员以馆(室)藏档案信息资源为基础,通过一定的方式方法直接提供档案为利用者服务的过程。利用档案是利用者在日常工作、研究和解决问题中使用档案的活动。有了利用档案的需要,才有档案利用工作;有了档案利用工作才能实现利用档案,最大限度地满足档案用户的利用要求。档案利用工作是利用档案的条件,利用档案是档案利用工作的内容,只有两者有机结合,才能充分发挥档案的作用。

二、档案利用工作的意义

大力开发档案信息资源,充分满足社会的档案利用需求,开展和做好档案利用服务工作,是档案部门的社会责任,是档案工作得以生存和发展的重要条件,也是社会主义和谐社会建设对档案工作的必然要求。

(一)档案利用是档案工作的目的

档案本身的社会属性决定了档案的价值。档案的社会效益和经济效益往往影响着档案的保存价值,要充分发挥档案利用的作用,最重要的一点是要提供利用,在档案的利用和开发中了解档案的价值。如果档案不再利用,最有价值的档案也就失去了保存的意义。

利用档案和提供档案利用是档案工作的出发点和归宿。方便社会各方面的利用,服务于以经济建设为中心的社会主义现代化建设,服务于政治、经济、军事、科学、文化以及党和国家的其他各项事业,是我国档案工作的根本目的。档案利用工作是档案工作与各项工作联系的窗口,档案部门应根据档案的性质、内容的特点以及不同时期的具体任务,积极开展利用工作,使档案利用服务工作始终处于最佳状态。

(二)档案利用工作直接为构建和谐社会发挥服务作用

档案利用关系到档案作用的发挥和价值的实现。服务是档案工作的生命,离开了服务,档案工作将失去存在的意义。在构建和谐社会的进程中,档案不仅可以为资政决策服务,也能为人们解决问题提供帮助。要树立档案利用服务的新观念,提升档案服务社会化新水平,充分发挥档案信息资源的基础性、公益性、战略性功能,实现档案单纯为政府机关服务向为社会大众服务的转变,密切注视档案信息与社会需求的规律,关注社会难点与热点问题,从构建人们的和谐生活、和谐人际关系和建设和谐社区等方面寻找档案利用服务的亮点,直接为构建和谐社会服务。

(三)档案利用工作对档案工作有着检验和带动作用

档案利用工作质量的高低是衡量档案工作水平的主要标志,是提高档案工作各项业务环节的工作水平、优化工作质量、改进工作方式的推动器。利用服务工作在一定程度上体现了各项工作利用档案的需求,对整个档案工作具有一定的检验和推动的作用。

(四)档案利用工作对档案工作的发展有决定性影响

档案工作的发展既取决于社会档案意识,也决定于档案业务工作的状况,档案利用工作则是其中重要的影响因素。一方面,档案利用工作具有宣传功能,能够使人们在利用档案的过程中认识档案的价值和档案工作的重要性,扩大档案工作的影响,增强人们的档案意识;另一方面,档案利用工作体现档案工作的成果,是衡量档案工作水平的主要标志,有成效的档案利用工作能够带来社会效益和经济效益,搞活档案工作,提升档案工作水平和地位。

三、档案利用工作的基本要求

档案利用工作是档案工作服务于单位的中心工作,是档案工作与社会公众之间的纽带与桥梁。做好档案利用工作是档案部门的基本职责。应积极创造条件,大力开发档案信息资源,竭诚为利用者服务。

(一)熟悉馆藏

熟悉馆藏,就是熟悉档案馆(室)保存的档案的内容、成分、数量以及存放的库房位置,熟悉每一全宗的形成、整理状况以及全宗之间、全宗群之间的有机联系,熟悉每一全宗档案的利用价值。只有这样,才能在利用服务工作中掌握主动权,采取各种方法、手段和技术,主动为各项工作服务,积极、准确、及时地向利用者介绍、报道和提供档案,减少查阅调档的盲目性,提高查准率、查全率和查找速度,使蕴藏在档案中的静态信息产生效益。

(二)了解需求

档案价值是由档案自身和档案用户两方面的因素决定的。档案利用服务是联系这两个因素的纽带,因此也是实现档案价值的基本途径。档案用户需求决定着档案开发利用的活动规律,影响提供利用服务方式的选择。熟悉档案、了解需求,二者是紧密联系和互相促进的。在熟悉档案的基础上,还应了解档案用户的需求特点,做到知己知彼,有针对性地开展服务,提高档案利用服务工作质量。

(三)充分分析档案利用需求

档案利用者的类型不同,对档案的需求各异。要分析不同类型利用者的特点,研究其利用档案的内容和规律,有针对性地开展利用工作。决策人员需要概括性、综合性、可靠性强的高层次档案信息,政策性文件和分析论证材料,以及工作活动方面的历史信息。基层管理者需要具体、实用的档案信息,业务方面的档案信息和对工作有借鉴作用的档案信息。科研人员需要某一个或多个相关主题的档案信息,以及完整、准确、系统的成套的专题档案材料。工程技术人员需要针对性强、内容具体的档案信息、专利文献和标准化材料,以及同类项目或同行业的档案信息。应分析各类人员的利用需求,主动、及时、周到地为他们提供档案利用服务。

(四)正确处理利用与保密的关系

保存档案的目的是为了利用,但档案中有的内容涉及机密。这就要求我们既要方便档案利用,又要维护档案的安全,处理好利用与保密的关系,该保密的坚决保密,该开放的一定开放,合理发挥档案在社会主义建设事业中的作用。根据《中华人民共和国档案法》的规定,保管期满30年的档案可以向社会开放利用,但是其中涉及党和国家机密、危害国家安全的档案推迟开放利用时间。必须根据档案的具体内容和国家利益的需要,认真审定和严格掌握档案开放范围、开放时间,正确判定和调整档案密级,使档案更好地为各项工作服务。

四、档案利用服务方式

档案馆(室)向档案利用者提供利用服务的方式和途径是多种多样的:最常用的是提供档案原始信息的利用方式,包括传统的原件利用服务方式和全文数据库查阅利用服务;提供档案复制品利用,这是在新技术条件下采用的、发展前景最好的一种利用方式,并且随着以计算机为核心的现代办公技术的普及,这种方式将取代前一种方式而成为最主要的利用服务方式;综合档案内容编写书面资料提供利用的方式,这是族性检索、利用档案信息的最佳方式,也是信息社会和知识经济时代的一种主要利用服务方式。具体有以下几种方式。

(一)阅览室利用

阅览室利用即开设阅览室,提供档案原件或复制件服务。阅览室是联系档案保管者和利用者的纽带,是人们了解和认识档案事业的窗口。开辟阅览室接纳用户是档案馆(室)提供利用的普遍和主要的服务方式之一。

1. 阅览室利用的要求

(1)阅览室要明亮、宽敞、安静、舒适、清洁和方便。
(2)阅览室设服务台、阅览桌、布告栏、存物处等。
(3)配置与所藏档案密切相关的参考资料。
(4)提供各种检索工具。

(5)建立阅览制度。阅览制度内容包括:阅览室接待对象、档案材料的阅览范围、批准权限和入室手续、档案索取和归还手续,以及利用者应爱护档案的若干具体规定等。

2. 阅览室利用的特点

(1)用户一般能直接见到档案原件,保证利用的质量。

(2)便于控制档案的利用,保护档案的安全。

(3)阅览手续简单。

(4)阅览环境良好,方便利用。

(二)外借

档案外借是指按照一定的制度和手续,将档案携出档案馆(室)阅览、使用。档案一般是不借出档案馆(室)使用的,但在个别情况下,如某些单位须用档案原件作证等特殊需要,可以暂时借出馆外使用。

1. 档案外借使用的要求

(1)经过一定的批准手续才能外借。

(2)借出使用的期限一般不宜过长。

(3)对外借档案的数量应有必要的控制。

(4)在借出档案时应点交清楚,并责成借用单位注意保密和保护档案,不能将档案转借和私自摘录、复制、翻印,更不能遗失、拆散、调换、抽取和污损档案材料。

(5)借出的档案保证按期交回。

2. 档案外借服务的特点

(1)增加了利用的灵活性。

(2)有利于利用者深入研究档案材料的内容。

(3)外借和归还档案,有完整的登记记录,有利于统计利用情况和反馈利用效果。

(4)相对阅览而言,在档案安全方面,控制的难度有所增加。

(三)制发档案复制本

制发档案复制本又称复制供应,包括内供复制和外供复制。档案复制本有副本和摘录两种类型。复制方法主要有复印、手抄、打字、印刷和摄影。

档案复制本制发范围和批准权限有严格的管理规定。纳入复制服务的文件应符合两个条件:一是开放的档案原件的物理状况允许复制;二是没有文件所有者或是管理者规定的复制限制以及法定的复制限制。向利用者提供的复制件必须注明出处。凡要求复制者,必须按要求填写复制申请单,经批准后复制人员才能进行复制。

(四)档案展览

档案展览根据需要,按照一定的专题,系统地陈列档案材料,充分展现档案文化,是一种有效开发和利用档案信息资源的重要方式。档案展览是主动服务于党和国家中心工作,开展爱国主义、革命传统教育,发挥档案社会教育功能的必要形式;是向社会宣传档案,增强社会档案意识的重要手段;是促进自身建设,加强业务基础工作的有效途径。

档案展览方式一般有两种:

1. 长期陈列

长期陈列围绕国家、地区或城市经济、社会、文化、科技等各个方面的综合发展历史,选择珍贵档案资料陈列,在较长时期内面向公众开放。

2. 短期展览

短期展览根据党和国家以及地区、系统的中心工作需要,结合社会需求,利用重大纪念日、配合重大活动而举办。

举办档案展览,要求主题和目的明确,体现思想性、科学性、业务性和艺术性,达到广泛、深刻、生动的影响效果。参展档案一般使用复制件,必须展出原件时,应陈列于玻璃柜或采取其他保护措施,确保档案不受损坏。

(五) 制发档案证明

档案证明是根据利用者的申请,为证实某种事实在所保存档案中有无记载和如何记载而开具的书面证明材料。档案证明是满足机关、团体和公民利用档案来证明一定事实的一种手段,是档案馆(室)提供档案为组织和个人服务的方式之一。档案证明对有关材料进行客观、如实的叙述或摘录,起关键性作用的内容要与原件的字、句甚至标点相吻合,要注明依据材料的出处。档案证明必须加盖公章才能生效。为了保证该项工作的严肃性,要严格申请和审批手续,证明事项必须与申请事项完全一致,不得超过申请范围,确保证明内容准确、真实。

(六) 参考咨询

以档案为依据,运用相关的业务知识和专业技术知识,对人们提出的问题进行解答,或指导其获得有关某方面档案的线索。档案咨询的类型有:一般性咨询、专门性咨询;事实性咨询、知识性咨询;专题研究性咨询、情报性咨询。参考咨询的范围包括两部分:一是解答咨询,即通过口头或书面方式,答复利用者的询问;二是协助检索,即指导利用者使用检索工具或档案参考资料,为查找馆(室)藏档案资料提供新的线索。

开展参考咨询工作要明确咨询的目的、内容、范围和要求的深度和广度,确定适当的检索途径和答复方式,准确查找档案材料,采用直接提供答案、提供档案复制件以及介绍有关查找线索的方式答复咨询问题。提供档案材料时要注明档案的出处、文种、形式、时间、档号等,若对同一事实有不同的记载,要全部提供给利用者,以便其进行分析判断和决定取舍。对于重要的、有长远参考价值的、可能重复出现或解答不了的咨询问题,都应作完整的记载,包括各种原始记录、解答咨询过程、最后结果等,建立咨询档案。咨询档案是对于全面掌握咨询情况、总结经验、改进工作、探索规律有参考价值的材料。

五、开放档案

开放档案是档案事业中的一项重大改革举措,能够更好地发挥档案的社会服务功能,充分实现档案的社会价值。

(一)开放档案的含义

开放档案是将可以公开的和保密期满的档案向社会开放。只要履行一般的手续即可通过一定方式进行利用。列入开放范围的档案应该是内容不再涉及国家、单位的机密或公民个人隐私,文件上原有保密等级已经被解除的档案。

《中华人民共和国档案法》规定:"国家档案馆保管的档案,一般应当自形成之日起满30年向社会开放。经济、科学、技术、文化等类档案向社会开放的期限,可以少于30年,涉及国家安全或者重大利益以及其他到期不宜开放的档案向社会开放的期限,可以多于30年。"我国公民和组织,持有合法证明,可直接到档案馆利用开放档案,外国人或外国组织,经我国有关主管部门介绍及档案馆同意,可利用我国已开放的档案。

开放档案符合社会发展需要,为机构、个人利用非涉密档案提供了保障,有利于繁荣科学文化,对我国社会进步和档案事业发展具有重要意义。

(二)开放档案的要求

开放档案涉及开放范围、利用对象、利用手续以及档案的安全问题,要按照开放档案的相关规定与制度,进行开放档案工作。

1. 严格把握开放范围

开放档案工作中要处理好档案的开放和必要的控制之间的关系。《中华人民共和国档案法》对档案开放的一般年限及其掌握原则作了基本的规定,《各级国家档案馆开放档案办法》等法规中具体规定了档案开放和控制利用的范围。应据此对馆藏所有已到开放年限的档案,及时组织人力进行审查,具体确定开放档案的范围。

2. 做好开放档案的基础工作

档案向社会开放前应进行鉴定,确认档案的价值和开放与否。对拟开放的档案要进行系统的整理,修复破损或字迹褪色、扩散的档案,编制供检索的案卷级或文件级开放目录。可以设置开放档案阅览室,配备必要的复制设备以及其他的利用服务设备。

3. 按规定进行档案解密

定期审查馆藏档案的密级,确定解密和划分控制使用的范围。凡1991年1月以前形成的涉密档案,未移交档案馆的,由形成单位进行解密工作;移交进馆的,形成单位认为不适宜开放,应提前通知档案馆,逾期未通知延长保密期限的档案,由档案馆按照国家规定确定是否解密和划控。1991年1月1日后形成的涉密档案,未接到保密期限变更通知的,自保密期满之日起自行解密。

4. 确保开放档案的安全

档案馆寄存档案是否开放和如何开放,必须由寄存者或其合法继承者决定。如无合法继承者,其档案的开放由档案馆按照《中华人民共和国档案法》、《中华人民共和国档案法实施办法》、各级国家档案馆开放档案办法中开放年限和掌握标准等有关规定办理。

使用开放的档案,允许利用者摘抄、复制,也可在研究著述中引用,但不得以任何形式公布,即不得通过刊物、广播等媒体向社会公开档案的全部或部分原文。属于国家所有的档案,由国家授权的档案馆或有关单位公布。

5. 加强开放档案的利用服务工作

档案部门应积极主动地开展各种形式的开放档案信息工作,汇编各种档案史料,公布档案,编写并出版开放档案参考资料,既最大限度地方便利用者,充分发挥档案的社会作用,又有利于档案原件的保护。

第三节 档案编研工作

档案编研是将档案信息加工成各种形式的档案信息产品,有效地向社会提供优化、系统的档案信息的档案信息开发利用工作。开展档案编研工作是满足社会广泛信息需求的有力措施。

一、档案编研工作的内容

档案编研工作是以档案馆(室)藏档案为主要对象,以满足社会利用档案的需要为主要目的,在研究档案内容的基础上,编辑史料,编写档案参考资料,参加编史修志,撰写专门著述的一项业务环节。档案编研工作的具体内容大致可归纳为以下几个方面。

(一) 编写档案参考资料

档案参考资料是档案部门依据一定的题目,根据档案内容综合编写的、供人们参考的档案加工品。它介绍和报道档案情况,直接为利用者提供有实际内容的档案材料,给利用者提供系统的素材,满足他们的一定需要,或帮助他们找到所需要的档案的线索,具有问题集中、内容准确、概括性强的特点。

(二) 汇编档案文集和编纂档案史料

这是指按照档案材料的某种特征,把档案材料选编或汇编成册,在一定范围内使用或公开出版,如重要文件汇编、政策法令汇编、各种专题档案史料汇编等。

(三) 编史修志和撰写论著

这是指以馆(室)藏档案为基础,深入研究库藏档案内容,进行历史研究和编史修志,开展与库藏档案有关的学术研究,撰写学术论文与专著。利用档案进行编史修志工作,是我国档案工作的优良传统,如孔子编《春秋》、司马迁作《史记》等,都充分利用了当时的档案材料。利用档案史料撰写论著,宣传历代杰出人物,探索历史发展规律,预测社会发展趋势,这也是档案人员的责任和职业优势。

二、档案编研工作的意义

档案编研工作是以馆(室)藏档案为物质对象,以主动提供或报道档案信息内容、满足社会利用为主要目的,在深入研究档案内容的基础上,按专题对档案文件进行收集、筛选、加工,使之转化为不同形式的编研成果的一种专业工作。编研工作在档案工作中发挥着特殊作用,具有极为重要的意义。

(一)编研工作是积极提供档案利用服务的有效方式

利用是档案工作存在和发展的重要基础,编研工作提供了便捷的档案利用形式,是开放档案的一项重要措施。编研工作的指导思想是立足库藏,以现实需要为主,兼顾长远,主动服务于党和国家以及本地区的中心工作。通过编研工作,对档案信息进行加工整序,使零散的档案系统化、条理化,形成研究性的工作成果,使许多鲜为人知的档案史料公布于众,能够主动满足系统、广泛查阅的利用要求,为档案利用提供新的内容和手段,变被动服务为主动地提供系统化的档案加工品,使档案得到更为广泛的传播,发挥更大的作用,扩大档案部门的社会影响。

(二)编研工作是提高档案工作水平的重要途径

编研工作的开展依靠雄厚的档案信息资源作为基础,有了种类齐全、内容丰富、分类科学的档案,才能优质、高效地形成编研成果。编研工作的水平直接反映档案部门的工作状况,编研工作离不开丰富的档案资源,离不开科学的检索工具体系,离不开高素质的专业人员。编研工作水平的高低,不仅仅取决于档案人员水平的高低,还取决于档案收集、整理、保管、编目等基础工作水平的高低,与档案部门整体工作有着密切联系。编研工作可以促进基础业务建设和档案人员的业务能力。因此,开展编研工作必须强化档案的基础工作,提高档案管理的科学性,使编研成果具有良好的利用效果。

(三)编研工作有利于档案的保护与交流

开展档案编研工作,能够充分发挥档案部门库藏的优势,向利用者提供档案内容的加工产品;能够有效地保护档案原件,避免利用档案实体造成对档案的损毁,延长其寿命,对档案原件的永久流传和长存世间起到积极的作用,保护了人类文化遗产;便于档案利用,可以向需求者提供远程利用服务,突破利用的时空限制,实现档案信息资源共享,丰富文化内涵。

三、档案编研工作的特点

（一）研究性

档案编研的每项工作内容都带有极强的研究性，编史修志需要研究，编辑档案史料汇编、档案参考资料也必须以大量的研究为基础。

（二）政策性

档案编研成果通常要在一定范围内公开使用，对涉及相关政策和法律法规方面的内容要高度重视。

（三）思想性

档案编研反映编研人员的观点和认识，不能简单照录。

（四）需要性

档案来源于社会需要，又必须回归于社会需要。档案编研工作中树立需要意识，才能把档案信息资源从封闭状态开发出来，实现其社会价值，成为社会需要的公共财富。

四、档案编研工作的程序

档案编研工作是围绕一定的题目范围，对档案文献进行收集、筛选、加工等一系列活动，实质上是对档案文件内容进行研究和加工整理，满足社会对档案信息的利用需求。其具体工作程序主要如下。

（一）选题

选题即编研题目的选定。人们对档案信息的需求是多层次、多角度的，要根据本单位工作和管理活动以及社会各方面对档案利用的要求，有针对性地确定编研主题，使编研成果的利用能够带来社会效益和经济效益。

（二）选材

选材是编研素材的查选。拥有丰富的相关档案材料是编研工作的基础与条件。要从储存的大量档案中鉴别和选择符合编研主题和要求的素材，使编研工作具有良好的物质保障。

（三）核实

核实是对档案材料的考证。为了保证编研成果的真实、可靠，要对入选的档案材料进行核实验证，确保入选档案信息的客观性、相关性和完整性，使之反映现实性需求。对于核实中发现的失真现象，要进行订正。

（四）加工与编排

加工是指对入选的档案材料按照一定的要求进行综合、归纳、提炼，对信息进行文字、数据、图形、图像的加工，反映档案信息之间的关系，使档案信息更加准确、简要,提高入选信息的整体价值,充分方便利用者,为档案价值的实现创造条件。

编排是根据一定的结构和体例形式,将加工的档案信息有机地结合组织起来,形成系统揭示相关档案信息的档案成品。

(五)编研成果中辅助部分的编写

编研成果的辅助部分是编研成品利用与交流的必要组成部分,包括封面、序言、编辑说明、索引。通过辅助部分的编写,重点介绍编研成果的主要内容、编辑目的和意义,客观评价其价值,说明编研工作方法、特定信息查找途径,进一步完善编研成果的结构与功能。

(六)档案编研成果的校核

档案编研成果的校核是对编研成果的各组成部分进行的整体检查与修正,使编研成果从内容到形式、从局部到整体达到预期的质量要求。校核是保证编研成果质量的重要措施。

(七)档案编研成果的传播交流

编研工作是实现档案信息价值的完整过程,必须通过各种信息交流渠道,对编研成果进行广泛传播,使其及时、有效地传输给利用者,为管理活动、社会需要提供高效的档案信息服务,实现档案的价值和编研工作的目的。

五、档案参考资料的特点与编写步骤

档案参考资料是输出加工的档案信息供人们广泛利用的重要方式。

(一)档案参考资料的特点

档案参考资料与一般意义上的参考资料如报刊、书籍有区别,它是以档案为对象形成的综合材料,其特点体现在以下方面:

第一,档案参考资料不是提供档案原件,或直接根据档案原件复制副本、摘录,而是根据一定的专题对有关档案材料的内容加工编写的系统资料,其改变了档案的原貌。

第二,档案参考资料强调综合记述档案内容,使人们能够全面、系统地了解相关问题的档案内容。

第三,档案参考资料种类很多,注重实际应用效果,不仅起到查找档案信息的作用,更主要的是能为利用者提供加工的、内容完整的、符合需求的档案信息。

(二)编写档案参考资料的步骤

编写档案参考资料是在充分掌握档案材料的基础上,对档案信息进行选择、鉴别和加工处理,由三个步骤组成。

1. 制定编写计划

为了保证编写工作高质量、高效率地进行,应做好编写准备,制定详尽的编写计划。编写计划的内容包括:参考资料的编写目的、名称、结构、形式;参考资料所包括的内容、时间、地点的范围;编写的组织工作和时间安排。

编写计划应针对各个时期的中心工作、科学研究和档案管理的需要,合理搭配不同加工难度与工作量的选题,将为中心工作服务与为日常工作服务相结合,统筹兼顾,适当安排。

计划制定人员要加强与各业务部门的联系和协作,经常了解工作动向,掌握各方面档案信息的需求与利用意图,做到心中有数。

2. 收集档案

编写档案参考资料要充分利用档案馆(室)收藏的档案,掌握丰富的档案材料是保证编写工作质量的关键。要借助档案馆(室)的各种检索工具,特别是全宗介绍,了解编写档案参考资料所需要的材料,调阅有关的案卷或档案进行选择和摘录,获取有价值的、与主题相关的档案材料。

收集的档案必须准确、全面、典型,力求不遗漏重要材料,注意所选材料的保密范围,防止失密、泄密。对同一事实的不同记载,要进行认真细致的考证,找出正确或接近正确的材料。如果不能得到准确的证实,应将不一致的地方标明。

3. 综合编写

档案参考资料的编写是根据编写目的和要求对材料进行取舍,按照一定的体例要求组织材料,综合成档案信息加工品。

编写中应根据档案参考资料的种类及其用途决定内容叙述和结构的安排。一般的档案参考资料,宜采用专题,结合时间、地区分为若干章节的形式,有层次地叙述档案内容。基础数据汇集的编写要编制各种统计报表,把统计报表按照一定的专题,结合时间、地区来编排。

为了便于利用,档案参考资料包括序言、注释和材料出处,有索引和名词简称表等辅助材料。

序言,也称前言、导言、编者的话,说明编写档案参考资料的目的与用途、来源和可靠程度,介绍选择材料的原则、编写结构,对有必要说明的问题加以解释,以便利用者正确使用档案参考资料。

注释对档案参考资料中的专用名词、人物或史实作必要的解释和补充,使人们进一步了解档案参考资料的内容。

材料出处是根据档案参考资料的利用目的和实际需要,注明记录事实的材料来源(所属全宗、案卷目录号、案卷号及卷内文件号),便于需要深入研究重大事实的详细情况时,查找原始档案。并非所有的入选档案材料都要注明出处。

六、主要档案参考资料的编写

档案参考资料的种类很多,用途广泛。单位常用的档案参考资料有以下几种。

(一) 大事记

为了记录单位重要工作活动和各方面的大事、要事,回顾并记载单位历史概貌,可以编制大事记供参阅。

1. 大事记的作用

大事记是按照一定的时间顺序,简要地记载一定历史时期发生的重大事件的档案参考资料。大事记具有简史的作用,可以反映记载主体的历史发展过程和重要活动的情况,提供轮廓性的历史材料,帮助人们回顾过去,了解本地区、本单位工作活动和发展的历史情况,为科研提供真实的第一手材料。它是研究国家和地方历史、编修史志的参考材料,是总结工作、考证历史的重要依据。大事记具有对人们进行宣传教育的作用,提供了许多系统的历史材料,有助于人们从历史发展的事实中总结经验教训,提高认识。

2. 大事记的种类与记录范围

按照记载对象和内容划分,大事记分为以下几种:机关工作大事记——一个机关在一定时期内的重要活动的记载;国家或地区大事记——全国或一个地区一定时期内重大事件的记载;专题大事记——国家、某一地区或单位一定时期内某一方面的重大事件的记载;个人生平大事记——著名人物的生平与重要活动的记载。

就机关单位的大事记来说,它是单位大事的记录,反映机关、企业和事业单位重要工作活动和重大事件。凡是有保存价值、对查证历史有重要作用的事项都可以归入大事记的范围,具体包括:重大方针、政策的贯彻与实施;工作活动所产生的重大反响或出现的重大问题;体制变动与机构设置、撤销或合并;重要人事调动、主要领导人任免;本单位所属员工的特殊奖励、处分;行政区划和地名的变更;各种代表大会、代表会议及其他重要会议;重要的领导工作活动和主要工作成就;上级到本地区、本单位参加重大活动,检查、指导工作并做出重大决策或重要部署、指示;本地区、本单位的重要工作或重大事件,如取得的重大成绩,获取的重要数据,发生的重大事件、事故、案件、灾情,群众反映的重大问题,提出的重要建议和意见,以及其他重要动态和需要记载的大事。

3. 大事记的内容

大事记主要由大事时间和大事记述两部分组成。

(1)大事时间。大事时间,一般要求记载准确的日期,并按照大事发生的先后顺序,以便反映事件发生、发展的进程;每件大事年、月、日齐备,有的甚至写明确切的时、分、秒。对时间不确切的事件,应尽力进行考证。先排有确切日期的大事,后排接近准确日期的大事,日期不清者附于月末,月份不清者附于年末。

(2)大事记述。大事记述是大事记的主要组成部分,通过许多重大事件的记述,反映历史发展的概貌和规律。

大事的合理选择,是撰写这部分内容的关键。选择和确定大事,要立足于本单位,突出本身活动;根据本单位的性质、任务和主要职能活动选择大事和要事;体现本单位的特点,突出一定时期的中心工作、重大事件和要事。

4. 大事记的结构

(1)题名,即大事记的标题,应包括大事记对象、内容、时间等要素。其中时间项可以直接列入标题之中,亦可另附于标题之下。

(2)编辑说明,也称前言,是对大事记编写情况总的说明。其主要内容有:编写大事记的目的和阅读对象;编写的指导思想和原则;选材标准、材料来源、编写情况等。

(3)序言。序言通常用来介绍大事记记述对象的概况,如介绍有关机关的组织沿革、基本职能;介绍有关人物的主要生平事迹和社会影响等。它是一篇短小精练的文章。

(4)目录,也称目次,是帮助读者查找大事条目的线索。大事记的目录应根据编排体例编写,如按历史时期或年代列出大事条目所在页次。

(5)正文。这是大事记的主体部分,其内容由大事时间和大事记述两部分构成。

(6)按语和注释。它们简要介绍这一部分的历史背景和大事要点,起到总括下文,引导阅读的作用。

(7)附录,即大事记的辅助材料。附录放在正文之后,以便于读者查阅,如人名索引、地名索引等。

5. 大事记的编写要求

大事记具有内容的史料性、记载的摘要性和表述的概括性等特点。因此,编写大事记要做到:

(1)真实准确。大事记要尊重历史,客观反映事物的本来面目。大事记的编写要本着实事求是的原则,确保记述的时间、事件准确无误。时间应当按照事件顺序写清×年×月×日;如果是每月大事记,要写清×月×日;如果是每日大事记,要写清上午或下午的几时几分。事件要写明人物、时间、地点、事情、组织者,以及活动的名称、主要内容和效果。

(2)简明扼要。大事记的语言要精练概括,提纲挈领,用简练的文字表述每件大事涉及的时间、地点、人物、数据、发展过程、因果关系。做到摘录大事、疏而不漏、要而不繁、详略得当。

(3)全面系统。记录要不间断地连续进行,完整记述大事的事项与内容,全面反映某一阶段单位的重要活动与事件,保持事实间的固有联系。

(4)慎重选材。材料要有所选择,既不能漏掉大事、要事,又不能将日常事务性质的工作活动记入大事记。

(5)适当整理。平时注意单位发生的大事的记载,做到随时记录,每月整理。通过整理,删减一般日常事务活动的内容,增补大事或事件要素。年终要统筹整理,请领导审定、签字,装订成册存档。

(二)组织沿革

组织沿革是系统记载一个单位、地区或专业系统的体制、组织机构、人员编制变化情况的一种档案参考资料。

1. 组织沿革的内容

根据记述对象的不同,组织沿革分为单位组织沿革、地区组织沿革、专业系统组织沿革。组织沿革的内容包括地区(单位)概况、机构名称及改变、地址迁移、成立和撤销或合并时间、隶属关系、性质和任务、职权范围、领导任免、编制扩大与缩小,以及内部机构设置变化情况等。

2. 组织沿革的作用

组织沿革为人们查考、研究某一组织机构沿革情况提供客观的基础性信息,便于查考和研究本地区、本机关、本系统的机构和人员发展变化情况,为研究国家机关史、地区史、革命史和专业史提供参考材料;为档案馆(室)编写立档单位历史及考证提供系统材料,对整理档案、鉴定档案价值和帮助利用者了解立档单位的历史情况有一定的参考作用。

3. 组织沿革的写法

组织沿革有文字叙述、图表解析、文图结合等形式,可以采用三种方法编写。

(1) 编年法。它以时间为主线,按年度先后顺序记述机构设置、职能、任务及人员组成等变化情况。采用这种体例编写时,可先将材料按年度分开,在每个年度中分别记述各方面的问题。

(2) 阶段法。它按照组织机构发展变化的历史阶段,分别记述各历史阶段组织机构的演变发展。

(3) 系列法。它以组织机构或问题形成系列,分别记述其沿袭变化的始末概况。

以组织机构为系列者,按机关内部组织机构的实际设置分别记述其各方面的发展与变化情况。

以问题为系列者,可分为机关体制、职能与任务、隶属关系、机构与人员编制、干部任免、印信等若干方面分述其发展变化情况。

在系列之下再按年度顺序加以记述。

(三) 统计数字汇集

统计数字汇集也称基础数据汇集、基本情况统计,是以数字的形式反映一定地区或某一方面的基本情况的档案参考资料。

1. 统计数字汇集的主要用途

统计数字汇集是对形成的各种分散的统计数据的综合集中。它为了解情况、研究问题、工作总结提供系统的数据,为举办展览、报告会等活动提供典型材料,是制定计划、指导工作的依据,对于总结经验、指导工作、业务查考等具有现实作用,对于进行各种专题研究和编史修志具有重要的参考价值。

统计数字汇集可以专门刊印,成为利用者常备的袖珍手册,便于领导和有关人员随时翻阅。

2. 统计数字汇集的种类

根据编写内容的范围不同,统计数字汇集分为综合性基础数字汇集和专题性基础数字汇集两种类型。综合性基础数字汇集记载和反映一个地区、系统和单位的全面情况,使用数字涉及范围较广,篇幅也较大,包括多个方面情况的统计数字。专题性基础数字汇集记载和反映某一方面工作的基本情况,其数字汇集的范围受到一定的限制,篇幅相对较小。

(四)专题概要

专题概要是用文章叙述的形式,简要说明和反映某一方面的工作、生产或其他社会现象和自然现象的产生、发展变化的一种档案参考资料。

专题概要由题名、概述、正文和附件组成,向利用者集中系统地提供专题材料,如《历年工业发展基本情况》《××县自然概况》。编写时应对材料进行准确的综合概括,以简洁、精练的文字进行叙述,可配表格或图片,增强可读性和利用效果。

(五)会议简介

会议简介是简要介绍会议内容、形式、参加者等基本情况的档案参考资料,主要用于报道具有连续性的会议,供日后筹备类似会议参考。

会议简介的内容可以按时间排列,也可以先区分不同的会议,然后在同一类型会议中,按会议召开时间或届次进行排列,方便编写及相关信息的查找与利用。

(六)科技成果简介

科技成果简介也称科技成果汇编或科技成果文摘,属于科技档案的编研成果,是简要摘录获得成果的科研设计项目的档案内容,汇集编印成册的档案参考资料。它传播科技成果信息,能够促进学术交流和科技成果推广应用,对加强科研管理和实现技术成果转让具有依据作用。

科技成果简介的形式有文字叙述式和表格式,其内容包括:项目名称与内容、投资费用、主要技术经济指标或技术参数、鉴定评审情况、获奖情况、经济效益、应用推广情况等。

(七)年鉴

年鉴是逐年编纂的、连续出版的全面记录上一年度各类重要信息和数据的工具书,能及时为利用者提供大量准确、系统、可靠的档案信息资料,通过其内容索引功能帮助用户迅速获得所需信息。根据内容收录范围划分,年鉴分为地方综合年鉴和专题年鉴两种类型。专题年鉴还可分为行业年鉴和企事业单位年鉴。

年鉴是利用年度的各种文字总结、数据报表、照片和说明文字等,记述和反映单位的发展状况,一年编制一个卷册,年年记录汇集,前后连贯。年鉴具有综合性、客观性的特点,可以汇集一年内有关各方面的基本情况和重要事件,提供比较系统、全面和翔实的档案信息,反映特定年度的真实面貌,对于了解单位的综合情况和数据,进行工作总结、未来预测、计划决策,开展科学研究和编史修志有重要参考价值。

本章小结

档案检索工作是系统存储档案信息和按需查找档案的过程。存储是将具有检索意义的档案特征进行标识，编制检索工具，形成档案数据库。查找是利用检索工具获取所需档案。档案检索工具从不同角度揭示档案的特征，提供查找线索。档案检索工具种类多样：按编制方式分有目录、索引和指南；按载体形式分有卡片式、书本式和活页式检索工具；按功能分有馆藏性、查检性和介绍性检索工具；按内容范围分有综合性、专题性检索工具；按信息处理的手段分有手工检索工具和机械检索工具。常用的档案检索工具有：案卷目录、案卷文件目录、分类目录、专题目录、主题目录、人名索引、文号索引、全宗指南、归档文件目录、专题指南。检索是档案利用工作的手段，进行档案检索要分析利用需求，明确检索范围，选择适宜的检索工具，掌握检索方法，高效、准确地查找档案。

档案利用工作是通过各种形式和方法开发和提供档案，为利用者服务的工作。档案利用的方式有阅览室利用、档案外借、制发档案复制本、制发档案证明、档案展览、档案参考咨询。开展档案利用工作要熟悉库藏，了解需求，研究利用特点和规律，处理好利用与保密的关系，将可以公开的和保密期限已满的档案向社会开放，满足各种利用要求。

档案编研工作包括编写档案参考资料、汇编档案文集和编纂档案史料、编史修志和撰写论著。编研工作的程序是：选题、选材、核实、加工与编排、辅助部分的编写、编研成果的校核和传播交流。档案参考资料主要有：大事记、组织沿革、统计数字汇集、专题概要、会议简介、科技成果简介、年鉴。编写档案参考资料要制定编写计划，获取大量的相关档案信息，在对档案信息进行筛选、甄别和鉴定的基础上，进行综合编写。

案例分析题

方力公司产品开发部的小王要对现有的微波产品进行改进设计，需要查阅档案。于是他来到档案室，要求利用2018年有关微波炉设计的档案材料。档案管理人员黄冬立即打开档案柜，在档案柜中翻找。由于公司形成的档案数量多，内容繁杂，存放的档案案卷只进行了简单的分类，黄冬翻看了几个档案柜都没有找到相关材料，他自言自语道："我觉得应该放在这几个柜子里了，怎么没有呢？"他只好到其他档案柜中查找，花费了很长时间，才找到一份有关的档案材料。旁边的小王有点着急地说："怎么这么久才找了一份，凡是关于产品结构、造型、性能、特点、款式的材料我都需要。"黄冬很抱歉地说："您先看这份材料，其他材料我一定给您找到。"说完，他又急忙继续在档案柜中翻找。

请思考：
1. 为什么黄冬查找档案速度慢、查准率低？
2. 黄冬应如何提高自己的检索水平？
3. 如何进行公司的档案管理以提高档案检索效率？

课堂讨论题

1. 你认为计算机检索会不会完全替代手工检索？
2. 怎样认识档案利用服务工作在档案工作中的重要地位？
3. 做好档案利用服务工作应采取哪些开放档案的基本措施？
4. 开放档案有何重要意义？应做好哪些开放档案的基础工作？

复习思考题

1. 档案检索工作的意义是什么？
2. 档案检索工具的种类有哪些？
3. 编制档案检索工具的方法与要求有哪些？
4. 开展档案利用工作的方式有哪些？
5. 如何正确处理好档案利用与保密的关系？
6. 档案编研工作的内容和意义是什么？
7. 档案参考资料的特点和编写过程有哪些？
8. 大事记、组织机构沿革的主要用途和编写方法有哪些？

实训题

1. 熟悉归档文件目录的格式，根据提供的文件编制归档文件目录。
2. 收集一些卡片目录及相关材料进行手工检索。

第十章 特殊载体档案的管理

学习目标

- 了解特殊载体档案的种类、特点、作用
- 认识各类特殊载体档案的内容构成和形成规律
- 明确国家有关特殊载体档案的管理规范
- 掌握特殊载体档案的管理方法

1996年春,加拿大调查委员会在调查派驻索马里部队驻地的枪击和殴人致死案件的过程中,电子档案的真实性成为听证焦点。作为调查的组成部分,该委员会请求查阅加拿大国防行动中心(NDOC)数据库系统中的运行日志,其中一个文件自动记录了所有来自加拿大军队的信息。在查阅日志期间,该委员会发现了一些异常,如空白信件、记录序号漏号及重号等问题。该委员会担心这些日志可能被蓄意篡改。随后的调查显示,虽然无法证明日志被篡改,但也不能排除其可能性,因为系统对于日志的管理缺乏标准作业程序,没有完整有效的安全机制,系统缺乏审计制度,而有关人员也有回避问题的倾向。因此,该委员会认为,加拿大国防行动中心(NDOC)的这些文件无论对当前的调查或今后研究而言,都不可采信。[①]

【分析】

本案例揭示出:在传统的纸质档案管理中,只要是从正常的运转程序中接受的纸制文件,其真实性就有了基本保障,可信度大,因此,原始性、凭证性是传统档案的根本属性。而在数字环境中,文件生命周期的各个环节都与电子文件生成与保存系统的标准与管理规范紧密相关,任何疏漏与不完善都会直接影响电子文件的真实性,电子档案的原始凭证作用也会因此受到质疑。

---

① InterPARES Project Background, http://www.interpares.org, 2001.

随着科学技术的发展,人类突破了只能用文字书写历史的局限,开始通过声音、图像、数字信号等特殊载体记录和再现真实的历史场景。这种记录和再现的方式有着文字档案难以替代的作用。然而,新型载体的出现也给档案的管理和保护带来了新的问题,如何保护档案内容的真实性,最大限度地延长特殊载体档案的寿命,这是档案界今后将面临和需要不断解决的问题。

第一节 特殊载体档案概述

特殊载体档案是相对于传统的纸质载体档案而言的,指以感光记录材料、磁性记录材料和激光记录材料等为载体,以音频、视频、多媒体等形式记录的,具有保存价值的原始文件材料。其记录原理已不是单一的机械作用,记录方式也不再是单一的模拟记录方式。这些特殊载体的介入,使得人类的社会实践活动得以通过声音、图像、多媒体形式更准确、更形象、更生动地记录、留存和交流。

一、特殊载体档案的种类

尽管在现代档案载体构成中,纸质档案已经占有了绝对重要的地位,但随着科学技术的高速发展,其他特殊载体档案的数量和种类已经开始显著增加,使档案在社会信息交流和经济建设中的作用日益彰显。

特殊载体档案的种类繁多,规格不一,采用不同的分类标准会得出不同的结果。常见的特殊载体档案种类划分的方法有以下几种。

(一)以载体的材质来划分

按照载体材质的不同,特殊载体档案包括:以感光材料记录形成的照片档案和缩微档案;以金属及塑料为刻录材质的唱片档案;以磁性材料记录形成的录音、录像档案和计算机磁盘档案;以激光技术记录形成的光盘档案。

(二)以信号特征来划分

按照特征来划分,信号可分为模拟信号和数字信号。以模拟信号承载信息内容的档案为传统档案,如通过机械录音形成的唱片档案,老式录音机、录像机形成的录音、录像档案,传统照相机拍摄形成的照片档案等。通过新型电子产品及数码产品记录的是数字信号,以数字信号承载信息内容的档案为新式档案,如通过计算机设备形成的电子档案,通过数码相机拍摄形成的数码照片档案,通过数码录像机、录音机摄制而成的电子录音、录像档案等。

在实际工作中,最常见的特殊载体档案包括:照片档案、录音录像档案、电子档案。本章也将重点介绍这几类档案的特点及管理要求。

二、特殊载体档案的特征

和传统的纸质档案相比,特殊载体档案的特征主要表现为以下几个方面。

(一)客观纪实性

传统的纸质档案是将人们社会实践活动的过程及结果转化为文字进行记述的,而对于文字,不同的人会产生不同的理解(甚至同一个人在不同的阶段对同一事物的认识也会有所不同)。因此,通过文字记述而再现事件的过程和结果会不尽相同,会导致人们对某些历史事件认识上的偏差。

特殊载体的档案产生于事件发生的现场,记录的都是真实的场景。因此,它是客观的,具有客观纪实性的特征。而且,它不仅能把事件的重要环节客观、真实地记录下来,还能从时间和空间上真实地反映现场的环境和气氛(见图10-1)。

图 10-1

注:北京市测绘院航测遥感中心的两位工程师制作完成了一张北京市1959年城区的影像地图,再现了北京二环内当年的旧城原貌。摘自深圳新闻网,www.sznews.com,2006.8.22。

(二)直观生动性

传统的文字记录方式很难使人产生身临其境的感觉,而且某些事件或问题即使通过连篇累牍的文字也难以描述清楚。而特殊载体档案赖以传递信息的媒介不再是千篇一律的文字记录,其记录信息不仅有模拟方式,还有数字方式;不仅能读到文字,还能听到声音,看到图像,内容生动逼真,使人产生身临其境的感觉。因此,特殊载体档案的记述生动直观、形象逼真的特点是一般文字档案所不能代替的。

(三)交流的通用性

人类的信息交流存在许多固有的障碍,其中,语言障碍是最难以逾越的交流"鸿沟"。而特殊载体档案多是以图像、声音等形象化的符号来记录和传达档案信息的,这就使它在信息传播交流中具有了容易为人们所理解和接受的通用性特点。

(四)形成过程受多因素影响

特殊载体档案的形成受到多种条件的制约。例如:一张完美照片的形成取决于时间、空间、光线等自然条件,以及器材设备条件和人员技术水平等,任何一个因素的缺失都有可能带来照片的缺陷;又如,一份数字文件的形成与存储需要考虑适宜的软硬件环境。

(五)记录信息的非直接利用性

特殊载体档案所记录或传播的数据和信息用户不能直接利用,需要一种中间工具或设备进行转化才可使用,同时要求利用者具备一定的专门技术或知识。因此,在无形中增加了利用者利用档案的难度。

(六)信息易转移性

特殊载体档案所记录的信息可以经过多次大批量复制,且复制品具有和原件同样的特征。因此,原件和复制品很难区分,给档案的安全保管埋下隐患。

(七)载体成本较高,且易损坏

与传统的纸张相比,特殊载体档案的制成材料大多化学成分复杂、质地脆弱,更容易因受到光、热、湿、污染物等环境因素的影响而导致其记录信息的失真、减弱甚至消失。因此,特殊载体档案需要特殊的保护环境。

第二节 电子文件归档与电子档案管理

计算机及网络应用的普及,使得各种信息的传递与使用方式发生了翻天覆地的变化,新型的数字化信息载体对档案传统载体材料造成前所未有的冲击,这些新型的档案载体在形成、传递、存储、使用过程中对技术环境的依赖,特别是在档案原始性的认定及档案信息的安全管理方面给档案工作带来严峻的挑战。

一、电子文件与电子档案概述

(一)电子文件的定义及基本特征

随着信息技术的快速发展,电子文件大量产生。由于电子文件的某些性质与传统文件有着很大的区别,对电子文件归档后产生的电子档案的管理产生了很大的影响,因此,有必要对电子文件的定义与特征进行研究分析。

1. 电子文件的定义

我国国家标准《电子文件归档与电子档案管理规范》(GB/T 18894—2016)中,对电子文件作了如下定义:

电子文件是国家机构、社会组织或个人在履行其法定职责或处理事务过程中,通过计算机等电子设备形成、办理、传输和存储的数字格式的各种信息记录。电子文件由内容、结构、背景组成。

电子档案(Electronic Records)是具有凭证、查考和保存价值并归档保存的电子文件。

2. 电子文件的基本特征

电子文件(档案)是数字技术与文件(档案)这两个概念的集合,因此,它既具有数字技术的特征,又同时具有文件(档案)的特征。因而,电子文件(档案)就具有了既区别于传统载体文件(档案),又区别于一般数字化信息的两个基本特征。

(1)电子文件(档案)是由电子计算机生成和处理,其信息以二进制数字代码记录和表示,因此亦可称为"数字文件(档案)"(Digital Records)。电子文件以数字编码的形式存储在计算机的存储器(包括内存储器和各种外存储器)上,并可通过网络进行传输。我们所看到的电子文件(档案)的文字或图形、图像不过是电子文件(档案)的某种输出形式而已。这是电子文件(档案)与以往其他形式的文件(档案)的基本区别,也是电子文件(档案)信息与其他数字信息的共同点。

(2)电子文件(档案)是文件(档案)的一种类型。电子文件(档案)具有文件(档案)的各种属性,包括内容、背景、结构三要素,同时具有特定的用途和效力。这是电子文件(档案)与其他数字信息的基本区别,也是电子文件(档案)与其他形式文件(档案)的共同点。

(二) 电子文件的种类

电子文件的种类很多,可依据不同的标准进行划分。

1. 按电子文件的数据格式分类

数据格式是指存储在计算机中的数据及控制信息的逻辑顺序。依据不同的数据格式形成不同的文件类型。主要的文件类型包括:

(1)文本文件(Text)。文本文件是通过特定的编辑软件生成的,由字、词、数字或符号表达的文件。用不同文字处理软件编辑的文本文件一般不能交换使用。但纯文本文件由于不含格式代码,在使用时不受计算机硬件和软件类型的限制。

(2)数据文件(Data)。数据文件亦可称为数据库文件,是指在事务处理系统中单独承担文件职责,或者作为文件的重要组成部分出现的数据库数据对象,也可以说是以数据库形式存在的具有文件属性的记录。一个数据库由若干记录组成,一条记录由若干字段(数据项)组成。根据机构需要建立的数据文件,它可以是数据库中的一条记录,也可以是若干相关的记录。数据库系统因管理程序不同而具有不同的格式。一般来说,不同的数据库之间需要通过转换程序才能进行数据交换。

(3)图像文件(Image)。图像文件是指使用数字设备采集或制作的图像,如用扫描仪扫描的各种原件画面、用数码相机拍摄的照片等。纸质文件、缩微胶片均可经过数字扫描转换成数字图像文件,以便在网络上传输。图像文件所占存储空间较大,不同格式的图像文件不能任意进行交换使用。

(4)图形文件(Graphic)。图形文件是指根据一定算法绘制的图标、曲线图,包括几何图形和把物理量如应力、强度等用图表表示的图形等等。计算机辅助设计(CAD)或绘图中产生的文件,如设计模型、图纸、图画等即为图形文件。图形文件由代表绘图坐标的矢量和一些参数组成,因此占用空间相对较少。其数据可以使用特殊的代码格式存储,也可以使用纯文本文件的代码存储,以便在不同的软件包之间进行信息交换。

(5)音频文件(Audio)。音频文件是指用音频设备录入并转换为数字形式的文件,可分为声音数据、音乐数据和语音数据三种,占用存储空间较大。

(6)视频文件(Video)。视频文件是指利用视频捕获设备录入的数字影像或使用动画软件生成的二维、三维动画等各种动态画面,如数字影视片、动画片等。由于视频文件所占存储空间较大,一般都使用光盘存储设备。

(7)命令文件(Program)。命令文件亦称计算机程序文件,是指为处理各种事务,用计算机语言编写的控制程序,是一种计算机软件。命令文件一般由"源程序"经过编译后执行,或者编译后经过连接程序才能执行。"源程序"是纯文本文件,由特定的计算机指令序列构成,具有可移植性,一般不受计算机类型的限制。编译后的软件在不同类型的计算机上不能兼容。"源程序"能表明版权的归属,对于计算机软件的开发者来说具有重要的保存价值。

包含上述两种以上信息形式的文件为"多媒体文件"(Multimedia),这种文件使用多媒体技术制作,具有较复杂的结构,必须使用多媒体计算机复现。包含对其他文件连接功能的文件为"超文本文件"(Hypertext),这种文件是一种全局性的信息结构,它将文档中的不同部分通过关键字建立链接,一改传统介质的线性知识构成,形成网络独有的网状层次知识结构,用户可以通过超文本链接直接获取所需知识。

2. 按电子文件的功能分类

电子文件按其功能可分为主文件、支持性文件和辅助性、工具性文件。

(1)主文件是指表达作者意图、行使职能的文件。对于纸质文件而言,任何一份文件都是主文件,可以独立地发挥作用。而电子文件生成、运行和存在于一定的软硬件环境中,需要以相应的支持性、辅助性、工具性文件作为读取和处理条件。

(2)支持性文件主要是指生成和运行主文件的软件,如文字处理软件、表格处理软件、图形软件、多媒体软件等。

(3)辅助性、工具性文件主要是指在制作、查找主文件过程中起辅助、工具作用的文件,如命令文件(计算机程序)往往附带若干辅助设计文件、图形文件,数据库往往附带若干辅助数据库和相应的索引文件、备注文件等。

主文件和支持性、辅助性、工具性文件是相互作用,相辅相成的。没有主文件,支持性、辅助性、工具性文件不能独立地行使文件的职能,甚至可能失去存在或保存的必要;同样,没有支持性、辅助性、工具性文件,主文件可能无法正常运行和查找,甚至根本不能生成和读取。

3. 按文件的生成方式分类

按文件的生成方式可分为计算机系统中直接生成的原始文件和将纸质载体或其他载体(如胶片)文件重新录入生成的转换文件。

随着信息技术的普及和发展,办公自动化、计算机辅助设计、电子政务、电子商务、电子出版、网络教育等领域的信息化逐步深入,直接形成的电子文件的数量越来越多,电子文件的种类也将不断推陈出新。

(三)电子文件的特点

电子文件是以数字形式操作、传输和处理的信息,因而与以模拟方式形成的传统文件有着截然不同的特点。正是这些特点要求由电子文件归档形成的电子档案具有不同以往的管理方式。

1. 设备依赖性

离开了计算机及相应的软、硬件,电子文件就无法生成、传递、存储和识别。电子文件从生成、流转到存取都必须依赖一定的软硬件环境;当原有环境改变之后,则必须通过转换、迁移等工作才能确保该文件的可读性和可管理性。这一特点会给电子档案的长久保管带来很大困难。一般的计算机几年后就可能被更新,而一些耐久性的光盘等电子档案载体也许可以保存几十年甚至上百年。若干年后很可能出现虽然有保存完好的介质,但是已找不到读取设备的情况。

2. 信息与特定载体的可分离性

传统纸制档案的内容与载体是不可分离的整体,如墨迹必须依附在纸张上才能形成文字或图形。这些文件内容与最初形成时的标记同时被固定在某一实体上,使之打上了明显的原始性烙印。而电子文件则不再有物理意义上的固定实体状态,也不再具有固定的物理位置,可以根据需要随时在不同的载体上输出或转换,而信息形态无任何变化。这一特点给电子文件的管理带来许多问题,处理不好,会直接影响其真实性和完整性。

3. 电子文件信息的易更改性

对于纸质文件的修改要想不留痕迹几乎是不可能的,而电子文件的突出优点就是增、删、改很方便,改后可以不留任何痕迹。正因为这一特点,才使电子文件大量产生。这就给电子文件和其归档后的电子档案保管带来新的问题,传统的"原件"概念不再适合于电子文件,由此产生人们对电子文件法律凭证作用的怀疑。

4. 多媒体集成性

文字图形、声音、影像等多种媒体信息均可单独或相互搭配构成电子文件的内容,使得其组成和结构要比纸质档案复杂得多。由于不同的载体往往适合存储不同的媒体信息,甚至会造成同一份电子档案的信息存在不同的载体上,给保管带来很多问题。如当载体都处于联机状态时,可能不会出问题,而如果这些载体全部脱机保管的话,就有可能造成混乱,甚至破坏电子文件的系统性、完整性。

5. 电子文件非实体归档的可能性

从电子文件的归档环节来看,不论电子文件实际存在于什么位置,都可做到在不改变其物理存储位置的情况下进行逻辑归档。也就是说,人们认为是"集中"归档保存的电子文件,实际上可能分布在计算机网络的各个角落,甚至相距十万八千里。同样,电子档案也可以实现非实体异地保存,在分布式的网络中,电子档案可以分布在网络的各个角落,而只用一个统一调用的界面,就可以实现各类档案信息的集中调用。从网络信息组织的现状及未来趋势来看,这种电子档案非实体异地保存的方式不仅方便可行,而且在快速发展。当然,档案信息与一般信息相比具有特殊性,尽管非实体异地保存能够实现,但从档案管理的要求出发,还应实行其存储载体的脱机归档,即实体归档。否则,一旦网络被毁坏,电子档案就可能永远丢失了。

6. 电子文件对背景信息和元数据的依赖性

背景信息是指伴随着电子文件的生成和运作过程产生的人员和机构等方面的信息。对于普通纸质文件来说,一般的原件上或附带的表格中直接记录了单位交接、报批签署等背景性内容,也就是说,文件本身已包含了背景信息,在归档、保存、利用的过程中,这些信息自然成为认定档案原始性、真实性的直接内容。而电子文件则不同,背景信息与文件内容信息常常被分离保存。如果背景信息丢失,会直接影响电子文件(档案)的凭证作用或价值。元数据是关于数据的数据,例如格式信息、字形、字体、数据字典、数据库描述、逻辑与物理模型、系统平台和软件资料等一切与生成和恢复电子文件有关的数据。元数据由于具有隐含性而使人们往往忽视了它的存在,可是一旦元数据被丢失或破坏,电子文件原始的形态就会改变,甚至会失去可读性。可见,保证背景信息和元数据的完整与正确是至关重要的。

值得重视的电子文件特性还有不少,例如信息共享性、非直读性、标准化依赖性等。制定电子文件归档管理办法的标准时,必须针对上述电子文件的特性采取措施。

(四) 电子文件管理目标

《信息与文献 文件管理 第 1 部分:通则》(GB/T 26162.1—2010/ISO 15489—

1:2001)中对文件管理提出了真实性、可靠性、完整性、可用性的一般要求。ISO15489中对这四性的解释为：

1. 真实性

真实性指电子文件应符合下述三个条件：文件与其制文目的相符；文件的形成和发送与其既定的形成者和发送者相吻合；文件的形成或发送与其既定的时间一致。

2. 可靠性

可靠性指文件的内容可信，可以充分、准确地反映其所证明的事务、活动或事实，在后续的事务或活动过程中以其为依据。文件应在事务处理或与其相关的事件发生之时或其后不久形成，且由经办人或由业务活动设备形成。即强调文件内容的准确可靠、文件内容与所记述活动的一致性，以及文件形成过程的规范性。

3. 完整性

完整性包括对数据完整性和系统完整性的双重考虑，即"一份文件的完整性是指文件是齐全的，并且未加改动"，要求为了保证文件的完整性，文件系统也应该具备完整性，即采取利用监控、用户身份验证等控制手段防止未经授权的文件销毁、改动和移动。

4. 可用性

电子文件的可用性表现在三个方面：

第一，电子文件是可以查询到的。即用户借助特定的途径和工具可以准确定位并查找到有关文件的信息。

第二，电子文件信息是可以利用的。即用户可以通过浏览、下载、打印、复制等合法手段操作电子文件，达到利用的目的。

第三，电子文件是可读、可再现的。即电子文件经过存储、传输、压缩、加密、载体转换、系统迁移等处理后能够以人可识读、可理解的方式输出，并保持其内容的真实性。电子文件的可读性是其存在和价值的基础，如果文件不能顺利读出，文件中的信息便成为"死信息"，再有价值的东西也失去了存在的意义。

（五）电子文件与电子档案管理应遵循的规范

电子文件与电子档案管理应遵循的一般性的规范，包括：

《电子文件归档与电子档案管理规范》（GB/T 18894—2016）；

《党政机关电子公文归档规范》（GB/T 39363—2020）；

《基于XML的电子文件封装规范》（DA/T 48—2009）。

各类电子文件和电子档案的管理还应遵循特定的管理规范，包括：

《科技档案案卷构成的一般要求》（GB/T 11822—2008）；

《建设项目档案管理规范》（DA/T 28—2018）；

《文书类电子档案检测一般要求》（DA/T 70—2018）；

《文书类电子文件元数据方案》（DA/T 46—2009）等。

二、电子文件的收集与整理

电子时代,文件与档案之间已不再具有非常明显的时间过程与空间异域的区分。原来用以区分文件与档案的归档过程,在电子计算机和网络环境中,是一个瞬间完成的过程。同时,在网络上文件与档案的管理也已不再具有空间的区别,它们存在于同一个计算机网络空间中。因此,在电子化、网络化时代,对文档管理的程序连续性有了更高的要求,文档一体化成为档案工作的必然发展趋势。

(一) 电子文件及其元数据的收集

有别于传统文件的收集,在收集电子文件的时候,要同时收集元数据。元数据是描述电子文件的内容、背景、结构及其管理过程的数据,对今后的电子档案检索及管理具有直接影响。

1. 电子文件收集的阶段性要求

电子文件收集应基于业务系统,在拟制、办理电子文件过程中完成。声像类电子文件,在单台计算机中经办公、绘图等应用软件形成的电子文件的收集由电子文件形成部门基于电子档案管理系统或手工完成。

2. 电子文件收集的完整性要求

应完整收集电子文件,并确保电子文件内容信息与其形成时保持一致,具体要求如下:

(1)同一业务活动形成的电子文件应齐全、完整;

(2)电子公文的正本、正文与附件、定稿或修改稿、公文处理单等应齐全、完整;

(3)在计算机辅助设计和制造过程中形成的产品模型图、装配图、工程图、物料清单、工艺卡片、设计与工艺变更通知等电子文件及其组件应齐全、完整;

(4)声像类电子文件应能客观、完整地反映业务活动的主要内容、人物和场景等;

(5)邮件、网页、社交媒体类电子文件的文字信息、图像、动画、音视频文件等应齐全、完整,网页版面格式保持不变,需收集、归档完整的网站系统时,应同时收集网站设计文件、维护手册等;

(6)以专有格式存储的电子文件不能转换为通用格式时,应同时收集专用软件、技术资料、操作手册等。

同时,还应注意:以公务电子邮件附件形式传输、交换的电子文件,应下载并收集、归入业务系统或存储文件夹中。

3. 元数据的收集

(1)什么是元数据?元数据通常被定义为数据的数据。在传统的文件管理工具中,文件登记簿、文件处理单、索引、文摘、著录卡片等就是元数据的一部分内容,它们不仅描述了文件的内容,还提供了重要的文件背景信息,以帮助管理者控制和管理文件。而在传统的档案管理环节中,档案工作者又通过著录工作创建了新的元数据信息,用来帮助用户快速找到并理解他们要查找的文件。

在电子文件的管理中,元数据的地位愈加重要。对于无法用肉眼识别的电子文件而言,元数据是工作人员管理电子文件内容、背景和结构的重要工具。电子文件元数据是动态描述电子文件各方面特征的元数据,它以结构化的规范语言如实地记录了电子文件的内容、背景和结构及其变化情况,反映某文件(或文件集合)与其他文件(或文件集合)的区别与联系,便于对馆(室)藏文件进行智能控制和结构化存取,也有利于用户在脱离原件的情况下对文件的存储状态与内外部特征有充分的认识。

(2)电子文件元数据应由业务系统在电子文件拟制、办理过程中收集。按照 DA/T 46—2009 的要求,文书类电子文件应归档元数据至少包括以下几类:

第一,题名、文件编号、责任者、日期、机构或问题、保管期限、密级、格式信息、计算机文件名、计算机文件大小、文档创建程序等文件实体元数据;

第二,记录有关电子文件拟制、办理活动的业务行为、行为时间和机构人员名称等元数据,应记录的拟制、办理活动包括:发文的起草、审核、签发、复核、登记、用印、核发等,收文的签收、登记、初审、承办、传阅、催办、答复等。

科技、专业、邮件、网页、社交媒体类电子文件元数据可参照以上标准执行。

声像类电子文件应归档元数据包括:题名、摄影者、录音者、摄像者、人物、地点、业务活动描述、密级、计算机文件名等(具体参见本章第四节相关内容)。

(二)电子文件的整理

1. 电子文件整理的基本要求

电子文件的整理应基于业务系统,在电子文件拟制、办理或收集过程中完成,主要内容包括保管期限鉴定、分类、排序、命名、存储等。

电子文件整理包括以件为管理单位进行的整理或以卷为管理单位进行的整理。

整理工作的基本要求是保持电子文件内在的有机联系,建立电子文件与元数据的关联。

2. 保管期限鉴定

应归档电子文件保管期限分为永久和定期,定期又可分为30年和10年等。

3. 电子文件分类

对归档电子文件应进行科学分类。电子文件的分类应按照电子档案分类方案执行,立档单位应注意保持分类方案的一致性和稳定性。以文书类电子文件的分类为例,应执行《归档文件整理规则》(DA/T 22—2015)的规定:

归档文件一般采用年度—机构(问题)—保管期限、年度—保管期限—机构(问题)等方法进行三级分类。

(1)按年度分类。将文件按其形成年度分类,跨年度一般应以文件签发日期为准。对于计划、总结、预算、统计报表、表彰先进以及法规性文件等内容涉及不同年度的文件,统一按文件签发日期判定所属年度。跨年度形成的会议文件归入闭幕年。跨年度办理的文件归入办结年。当形成年度无法考证时,年度为其归档年度,并在附注项加以说明。

(2)按机构(问题)分类。将文件按其形成或承办机构(问题)分类,机构分类法与问题分类法应选择其一适用,不能同时采用。

采用机构分类的,应根据文件形成或承办机构对归档文件进行分类,涉及多部门形成的归档文件,归入文件主办部门。采用问题分类的,应按照文件内容所反映的问题对归档文件进行分类。

(3)按保管期限分类。将文件按划定的保管期限分类,专业、邮件、网页、社交媒体等类电子文件可参照以上文书档案的分类方案执行。但不同类型的档案宜采用不同的分类方案,如科技类电子文件应分别执行《建设项目档案管理规范》(DA/T 28—2012)、《企业文件材料归档范围和档案保管期限规定》等规定;声像类电子文件应按照年度—保管期限—业务活动,或保管期限—年度—业务活动等进行分类。

如果是规模较小或公文办理程序不适于按机构(问题)分类的立档单位,可以采取年度—保管期限等方法进行两级分类

4. 排序

明确分类后,应按照业务活动、形成时间等关键字,对电子文件元数据进行排序。如果同时存在纸质文件,应注意与纸质文件目录之间的关联。

5. 命名

应建立电子文件命名规则。命名规则应能保持电子文件及其组件的内在有机联系与排列顺序,能通过计算机文件名元数据建立电子文件与相应元数据的关联,具体要求如下:

(1)应将命名规则内置于业务系统,在业务办理过程中自动、有序地为电子文件及其组件命名;

(2)在单台计算机中经办公、绘图等类应用软件形成的电子文件,应采用完整、准确的电子文件题名命名;

(3)声像类电子文件可采用数字摄录设备自动赋予的计算机文件名。

(三)电子文件存储

电子文件存储是指基于分类方法,在计算机存储器中建立文件夹集中存储电子文件及其组件。

文件夹应被安排在每个类别下,类别和文件夹不能同时出现在同一层级,一个类别不能直接包含文件。如图10-2中的"部分"是指文件夹的一个组成部分,不能脱离文件夹而单独存在。一个文件夹包含至少一个部分,第一部分(除非生成了第二部分)和整个文件夹共存。

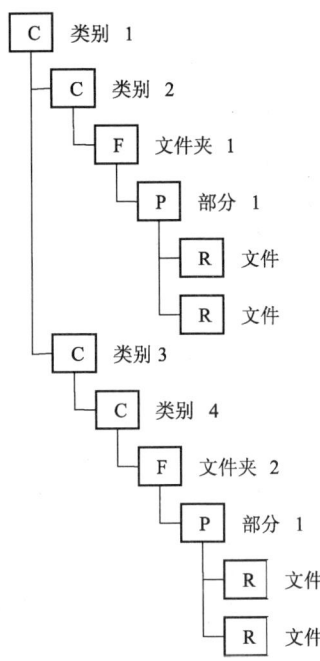

图 10-2 文件夹与类别的关系

文件夹是管理文件的最原始单位,保存具有相同元数据属性的相关文件,由一个或多个部分组成。文件夹里不能包含类别或另一个文件夹,参见图 10-3。图 10-3 被划掉的对象都是错误的。该图说明了三个必须注意的问题:①文件不能作为类别的子项存在,只能放在文件夹里;②文件夹不能是文件夹的子项,只能是类别的子对象;③文件夹不能放在和类别相同层级的集合中。

捕获后的电子文件被分门别类地添加到相应类别的电子文件夹(Electronic Folder)内,使电子文件管理更加条理化,提高检索效率,并支持对类目的查询以及对类目间文件的调整等。电子文件的分类,可以通过电子文件管理系统自动进行,也可以手工分类。若需要电子文件管理系统实现对电子文件的自动分类,必须事先定义好电子文件分类标准,并嵌入到电子文件管理系统中。

三、电子文件归档

电子文件归档是指将具有凭证、查考和保存价值且办理完毕、经系统整理的电子文件及其元数据管理权限向档案部门提交的过程。

(一) 归档范围

同纸质文件一样,凡是反映单位职能活动、具有查考和保存价值的各门类电子文件及其元数据均应收集、归档。

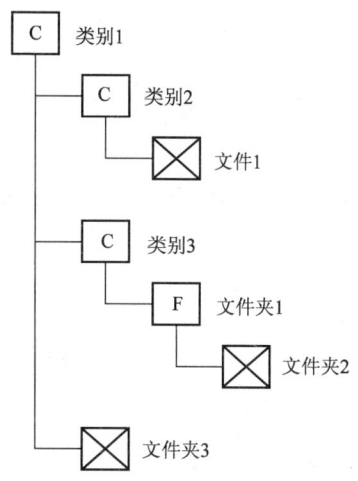

图 10-3　错误地设置文件夹与文件

不同种类的电子文件应遵循不同的归档范围规定,如文书类以及网页、社交媒体类电子文件归档范围按照《机关文件材料归档范围和档案保管期限规定》《企业文件材料归档范围和档案保管期限规定》等执行;照片、录音、录像等声像类电子文件归档范围参照《照片档案管理规范》(GB/T 11821—2002)执行;科技类电子文件的归档范围按照《科技档案案卷构成一般要求》(GB/T 11822—2008)、《建设项目档案管理规范》(DA/T 28—2018)执行。

(二) 电子文件归档格式

相较于传统纸质文件的归档,电子文件归档格式的要求应更为严格,否则会限制计算机管理优势的充分发挥。一般而言,电子文件归档应具备格式开放、不绑定硬软件、显示一致性、可转换、易于利用等特性,能够支持同级国家综合档案馆向长期保存格式转换。

电子文件归档宜采用通用格式,电子文件应以通用格式形成、收集并归档,或在归档前转换为通用格式,版式文件格式应按照 DA/T 47—2009 执行,可采用 PDF、PDF/A 格式。

第一,以文本、位图文件形成的文书、科技、专业类电子文件在归档时应符合以下要求:

电子公文正本、定稿、公文处理单应以版式文件格式,其他电子文件、电子文件组件可以版式文件、RTF、WPS、DOCX、JPG、TIF、PNG 等通用格式归档;或者电子文件及其组件按顺序合并转换为一个版式文件。

第二,在计算机辅助设计与制造过程中形成的科技类电子文件归档时应符合以下要求:

①二维矢量文件以 SVG、SWF、WMF、EMF、EPS、DXF 等格式归档;

②三维矢量文件,需永久保存的应转换为 STEP 格式归档,其他的可根据需要转为二维矢量文件归档。

第三,以数据库文件形成的科技、专业类电子文件,归档时应根据数据库表结构及电子档案管理要求转换为 ET、XLS、DBF、XML 等任一格式,或者参照纸质表单或电子表单版面格式,将应归档数据库数据转换为版式文件归档。

第四,照片类、录音类、录像类电子文件归档格式可参见本章第三节、第四节相关内容。

第五,公务电子邮件以 EML 格式,网页、社交媒体类电子文件以 HTML 等格式归档。

第六,专用软件生成的电子文件原则上应转换成通用格式归档。

(三)电子文件元数据归档格式

电子文件元数据归档格式应根据电子文件归档接口以及元数据形成情况确定。

1. 经业务系统形成的各门类电子文件元数据

经业务系统形成的各门类电子文件元数据应根据归档接口确定归档格式:

(1)选择 Webservice 归档接口或归档电子文件及其元数据的规范存储结构接口时,可以 ET、XLS、DBF、XML 等任一格式归档;

(2)选择中间数据库归档接口时,可与电子文件一并由业务系统数据库推送至中间数据库,也可再由中间数据库导出数据库数据文件。

2. 声像类电子文件元数据,在单台计算机中经办公、绘图等应用软件形成的电子文件

声像类电子文件元数据,在单台计算机中经办公、绘图等应用软件形成的电子文件可以 ET、XLS、DBF 等格式归档。

(四)归档程序与要求

电子文件归档程序可由形成或办理部门、档案部门基于业务系统、电子档案管理系统完成,其主要工作内容包括电子文件及其元数据的清点、鉴定、登记,填写电子文件归档登记表等。

1. 清点

应清点、核实电子文件的门类、形成年度、保管期限、件数及其元数据数量等。

2. 四性检测

真实、可靠、完整和可用是电子文件的管理目标,在归档时应对电子文件的这四性进行鉴定,鉴定合格率应达到 100%。

四性检测的内容包括:

(1)电子文件及其元数据的形成、收集和归档符合制度要求;

(2)电子文件及其元数据一一对应,数量准确且齐全、完整;

(3)电子文件与元数据格式符合要求(参见本章内容);

(4)以专有格式归档的,应同时归档其依赖的齐全、完整的专用软件、技术资料等;

(5)加密电子文件已解密;

(6)电子文件及其元数据经安全网络或专用离线存储介质传输、移交;

(7)电子文件无病毒,电子文件离线存储介质无病毒、无损伤、可正常使用。

3. 登记

档案部门应将清点、鉴定合格的电子文件及其元数据导入电子档案管理系统预归档库,自动采集电子文件结构元数据,通过计算机文件名建立电子文件与元数据的关联,在管理过程元数据中记录登记行为,登记归档电子文件。登记工作可按批次或归档年度进行,应填写电子文件归档登记表(见表10-1),最终完成电子文件归档。

表10-1 电子文件归档登记表

单位名称				
归档时间			归档电子文件门类	
归档电子文件数量	卷	件 张	分钟	字节
归档方式	□在线归档		□离线归档	
检验项目	检验结果			
载体外观检验				
病毒检验				
真实性检验				
可靠性检验				
完整性检验				
可用性检验				
技术方法与相关软件说明登记表、软件、说明资料检验				
电子文件形成或办理部门(签章) 年 月 日		档案部门(签章) 年 月 日		

(资料来源:《电子文件归档与电子档案管理规范》(GB/T 18894—2016)附录A)

(五)归档时间

经过收集、积累、整理的归档电子文件及其元数据应由电子文件形成或办理部门定期向档案部门提交归档,归档时间最迟不能超过电子文件形成后的次年6月。

电子文件形成后究竟何时归档更好,要依据电子文件类型、机构的电子网络环境与系统设施等因素而定(参见表 10-2)。

表 10-2 不同类型电子文件归档时间参照

电子文件类型		归档时间
Web 文件	本机构的	每年年底
	公共网站的	随时采集随时归档
电子邮件文件		半年归档一次或实时归档
数码照片	档案扫描件	加工完毕后立即归档
	直接形成	(1)零星数码照片形成一周后移交归档 (2)项目完成一月内归档
	向社会征集	实时归档
其他电子公文		实时归档或年终归档

(六)归档方式

电子文件归档采用在线归档或离线归档方式,应基于安全的网络环境或专用离线存储介质,通过电子档案管理系统客户端或归档接口完成电子文件及其元数据的归档。其中,归档接口应结合本单位业务系统、电子档案管理系统运行网络环境确定,归档接口通常包括 Webservice 归档接口、中间数据库归档接口和归档电子文件及其元数据的规范存储结构。

四、电子档案管理

档案部门对电子档案的管理包括审核、排序、编制档号、保管、统计、利用等内容。

(一)审核与排序

对已划定的电子档案保管期限与分类结果应进行审核和确认,对不合理或不准确的应进行修正。在整理审核基础上,对电子档案、纸质档案重新排序。

(二)编制档号

档案部门应依据以上排序结果编制文件级档号。

归档电子文件的档案号编制方法随文件生成与管理机构的具体情况而有所不同。有些机构档案馆就是电子文件最终保存单位,有些机构必须将长期保存的电子文件移交到同级国家综合档案馆保存。对于前者,有的机构对文件的生成、归档均采用统一编码法,有些则不同。后者则应采用同级国家综合档案馆档号编制规则为室藏档案编制档号。

1. 档号结构

档号可采用三种结构编制:

第一种结构为：
全宗号—案卷目录号—案卷号—件、页(张)号
第二种结构为：
全宗号—类别号—案卷号—件、页(张)号
第三种结构为：
类别号—项目号—案卷号—件、页(张)号

2. 档号编制要求

为了便于自动化管理，不使用汉字标注；件号在确定的编码规则下统一编制，并由系统产生；档号应能唯一标识全宗内任一电子档案或纸质档案。

以档号作为电子档案命名要素时，计算机文件名应能在计算机存储器中唯一标识、有序存储全宗内任意一件电子档案及其组件。

(三) 电子档案著录

在电子环境下，由于没有保存空间的限制，实体意义上的案卷已不存在，但是在维护文件之间有机联系的意义上，案卷仍有存在的必要性。这里所说的著录就是对具有有机联系的最小文件集合体的著录。

案卷级以上的著录包括对小类、属类、大类、全宗文件的著录，著录内容应符合《档案著录规则》的要求。

(四) 电子档案的保管与保护

1. 电子档案的存储

完成上述工作后，应将电子档案及其元数据(即存在的相应的纸质档案目录数据)归入电子档案管理系统正式库。电子档案管理系统应依据档号等标识符构成要素在计算机存储器中逐级建立文件夹，分门别类(参照本章分类方案内容)、集中有序地存储电子档案及其组件，并在元数据中自动记录电子档案在线存储路径。

在线存储设备的配置应能满足电子档案及其元数据的安全存储要求。同时，在线存储系统应实施容错技术方案，定期扫描、诊断硬磁盘，发现问题应及时处置。

2. 电子档案元数据的维护

元数据维护的目的是确保电子档案与其元数据之间保持正确的关联关系。电子档案元数据采集应在电子档案管理全过程中持续并自动开展，包括：在实施电子档案管理系统升级或更新、电子档案格式转换等管理活动时，采集新增的电子档案背景、结构元数据；记录电子档案管理过程包括登记、格式转换、迁移、鉴定、销毁、移交等的元数据；备份元数据等。

电子档案背景、结构和管理过程元数据禁止修改。对题名、责任者、文件编号、日期、人物、保管期限、密级等元数据的修改应符合管理规定，修改操作应记录于日志文件中。

3. 电子档案的备份

备份是信息安全保障最重要的辅助措施，它可以为受损或崩溃的信息系统提

供良好、有效的恢复手段。随着电子档案数量日益增长,信息安全问题愈加突出,对信息备份的要求也越来越高。各单位应结合电子档案管理和信息化建设实际,在确保电子档案的真实、完整、可用和安全基础上,统筹制定电子档案备份方案和策略,对电子档案及其元数据、电子档案管理系统及其配置数据、日志数据等实施备份管理。

电子档案备份可分为离线备份、近线备份、灾难备份。

(1) 电子档案离线备份的基本要求包括:

①离线存储介质一般包括一次写光盘、磁带、硬磁盘等,备份内容包括电子档案及其元数据、电子档案管理系统配置数据、日志数据等。离线备份可参照的标准包括:GB/T 2828.1—2012、GB/T 12628—2008、GB/T 17678—1999、DA/T 15—1995、DA/T 38—2008 等。

②电子档案离线存储介质至少应制作一套。可根据异地备份、电子档案珍贵程度和日常应用需要等实际情况,制作第二套、第三套离线存储介质,并在装具上标识套别。

③应对离线存储介质进行规范管理,按规则编制离线存储介质编号,按规范结构存储备份对象和相应的说明文件,标识离线存储介质。禁止在光盘表面粘贴标签。

④离线存储介质的保管除参照纸质档案保管要求外,还应符合下列条件:

√ 应作防写处理。避免擦、划、触摸记录涂层。

√ 应装盒,竖立存放或平放,避免挤压。

√ 应远离强磁场、强热源,并与有害气体隔离。

√ 保管环境温度选定范围:光盘 17~20℃,磁性载体 15~27℃;相对湿度选定范围:光盘 20%~50%,磁性载体 40%~60%。具体要求见 DA/T 15—1995、DA/T 38—2008。

⑤电子档案或电子档案离线存储介质自形成起一年内可送同级国家综合档案馆电子档案中心进行备份。

⑥应定期对磁性载体进行抽样检测,抽样率不低于 10%;抽样检测过程中如果发现永久性误差,应扩大抽检范围或进行 100% 的检测,并立即对发生永久性误差的磁性存储介质进行复制或更新。

⑦对光盘进行定期检测,检测结果超过三级预警线时,应立即实施更新。

⑧离线存储介质所采用的技术即将淘汰时,应立即将其中存储的电子档案及其元数据等转换至新型且性能可靠的离线存储介质之中。

⑨确认离线存储介质的复制、更新和转换等管理活动成功后,再按照相关规定对原离线存储介质实施破坏性销毁。应对离线存储介质管理活动进行登记,登记内容参见表 10-3。

(2) 电子档案近线备份与灾难备份的基本要求包括:

①近线备份宜采用磁带备份系统,应定期对电子档案及其元数据、电子档案管理系统的配置数据和日志数据等进行全量、增量或差异备份;

②电子档案数量达到一定量且条件许可时,可实施电子档案管理系统和数据库系统的热备份;

③本单位建设灾难备份中心时,应将电子档案及其元数据、电子档案管理系统的灾难备份纳入规划之中,进行同步分析、设计和建设。电子档案的灾难备份和灾难恢复应参照 GB/T 20988—2007 等标准要求执行。

表 10-3　电子档案离线存储介质管理登记表

单位名称				
管理授权				
责任部门				
管理类型		□复制	□更新	□转换
源介质描述 (类型、品牌、参数、数量等)				
目标介质描述 (类型、品牌、参数、数量等)				
完成情况 (操作前后电子档案及其元数据内容、数量等一致性情况)				
管理起止时间				
操作者				
填表人(签名) 　　年　月　日		审核人(签名) 　　年　月　日		单位(签章) 　　年　月　日

(资料来源:《电子文件归档与电子档案管理规范》(GB/T 18894—2016)附录 A)

4. 电子档案的转换与迁移

信息化环境下,电子档案的转换与迁移会不可避免地发生。在每一次转换与迁移的过程中,必须确保电子档案的真实、可靠、完整和可用。

(1)转换与迁移的条件。电子档案的转换指格式转换,通常发生在电子档案当前格式将被淘汰或失去技术支持时,或者因技术更新、介质检测不合格等原因需更换离线存储介质时。

迁移指数据迁移,是将电子档案数据从一种技术环境(平台)转换到另一种技术环境上的复制手段,通常发生在支撑电子档案管理系统运行的操作系统、数据库管理系统、台式计算机、服务器、磁盘阵列等主要系统硬件、基础软件等设备升级、更新时,或者电子档案管理系统更新时。

(2)转换与迁移工作流程如下:

①应确认转换或迁移需求,评估转换或迁移风险。

②制定转换或迁移方案并经相关审批。

③转换或迁移测试,最大限度地预测可能发生的问题。

④根据方案及测试结果,实施转换或迁移。

⑤评估转换或迁移结果并形成报告。

⑥提出对转换或迁移前的电子档案及其元数据进行销毁或继续留存的处置方案。

⑦电子档案及其元数据的转换、迁移活动应记录于电子档案管理过程元数据中,并填写电子档案格式转换与迁移登记表(见表10-4)。

表10-4 电子档案格式转换与迁移登记表

单位名称		
管理授权		
责任部门		
管理类型	□格式转换	□迁移
源格式或系统描述		
目标格式或系统描述		
完成情况 (操作前后电子档案及其元数据内容、数量一致性情况等)		
操作起止时间		
操作者		
填表人(签名) 年　月　日	审核人(签名) 年　月　日	单位(签章) 年　月　日

(资料来源:《电子文件归档与电子档案管理规范》(GB/T 18894—2016)附录A)

⑧重新对经过格式转换后的电子档案及其元数据进行备份。

(五)电子档案的销毁

电子档案的销毁是指从在线存储设备、异地容灾备份系统中彻底删除。电子档案管理系统应在管理过程元数据、日志中自动记录鉴定、销毁活动,将被销毁电子档案的元数据移入销毁数据库。

对电子档案的离线存储介质应实施破坏性销毁。实施销毁前,应对备份其中的其他电子档案进行离线存储介质的转换。

属于保密范围的电子档案,其销毁应按国家保密规定实施。

电子档案销毁应填写电子档案销毁登记表(见表10-5),并归档保存。

表10-5　电子档案销毁登记表

单位名称	
销毁授权	
被销毁电子档案情况 (范围、数量、大小等)	
在线存储内容销毁说明	
异地容灾备份内容销毁说明	
离线存储介质销毁说明	
销毁起止时间	
操作者	
审核人(签名) 　　　年　　月　　日	单位(签章) 　　　年　　月　　日

(资料来源:《电子文件归档与电子档案管理规范》(GB/T 18894—2016)附录 A)

第三节　照片档案的管理

传统的照片档案是一种以胶片为载体,记录影像信息的特殊档案类型。胶片是一种感光材料,其影像首先通过照相的方法被记录在胶片上,然后通过显影、定影、水洗等过程显示出来,或通过专用阅读机阅读。数码技术出现后,照片无需再通过胶片成像,目前实践过程中大量产生的是数码照片。

一、照片档案概述

照片档案(Photographic Archives)是"国家机构、社会组织或个人在社会活动中直接形成的以静止摄影影像为主要反映方式的有保存价值的历史记录。"照片档案是特殊载体档案中历史最长、数量较多的一种。

(一)照片档案的种类

按形成方式可将照片档案划分为两种类型:一种是用一般照相机和普通胶卷,采用可见光使胶片感光的照片(以下简称感光照片),经归档保存而形成传统照片档案;另一种是"用数字成像设备拍摄获得的,以数字形式存储于磁带、磁盘、光盘等载体,依赖计算机等数字设备阅读、处理,并可在通信网络上传送的静态图像文件"(以下简称数码照片),经归档保存而形成数码照片档案。

(二)照片档案的构成

照片档案由底片(仅感光照片)、照片和文字说明材料三部分构成。

1. 底片

底片包括原版底片和翻版底片(也称复制底片)。

原版底片是指在摄影时通过感光把景物影像反映到感光片时,再经显影方式形成永久性影像的负片。它是组成照片档案最原始的材料,也是最重要、最珍贵的部分。

翻版底片是为了满足利用需求,避免原版底片在频繁使用的过程中受损,经复制而得到的底片(也称复制底片)。

翻版底片有两种制作方法:一种是将原底片放大成照片,再进行复制或是经过透明正片转印的方法进行复制;另一种是将原版底片直接翻照,采用反转显影法,这样不仅可以省一道工序,而且所复制的底片层次极为丰富。

彩色底片由于不易保存,一般会将其复制成黑白底片,这也是一种翻版底片。

需要注意的是,翻版底片虽然可以同原版底片达到同样的影像效果,但两者的性质不同,翻版底片在一般情况下仅作为照片档案的副本以供利用,应与原版底片分开保存。

2. 照片

(1)感光照片。对感光照片而言,底片经过洗印将影像印放到相纸上,就可获得与被摄对象相一致的黑白或彩色照片。与底片相比,照片所反应的影像更加清晰真实,因此它是照片档案提供利用的主要内容。一般底片在归档时都要附有一张照片。在原版底片或翻版底片均已损坏或丢失时,依然可以通过照片翻拍得到新的底片。照片随底片同时归档,成为照片档案的主体构成之一。

(2)数码照片。对于数码照片而言,一般不再用底片与照片的概念。数码照片本身由两部分内容构成:一是可视的照片内容;二是 EXIF(Exchangeable Image File Information)信息,指数字成像设备在拍摄过程中采集并保存在数码照片内的一组参数,主要包括数字成像设备的制造厂商、型号、拍摄日期和时间、分辨率、光圈、快门、感光度等信息。

3. 文字说明材料

文字说明材料主要指照片的题名和内容说明文字。由于照片是静止、抽象的,且只是对事件局部或片段的反映,随着时间的推移,会逐渐淡出人们的记忆。因此,其记录和反映事件具有一定的局限性,必须有文字加以补充说明,才利于长久的记忆。

无论是感光照片档案还是数码照片档案,都应包含文字说明材料。照片和文字说明材料是相辅相成、密不可分的整体,缺少任何一个部分都会使照片档案的价值大为降低。

文字说明材料主要通过事由、时间、地点、人物、背景和摄影者六个方面的内容对照片作概要说明。

二、照片档案的收集工作

照片档案的收集工作,是指按照国家有关部门的规定,通过接收归档和主动征集等各种手段和方法,对分散形成的照片档案进行集中统一管理。收集工作是照片档案管理的首要环节,其工作质量直接影响着照片档案工作其他各项业务环节的质量,也会直接影响社会对照片档案的利用需求。因此,档案部门必须下力气做好此项工作。

(一) 照片归档前处理工作

参照文书部门立卷的原则,照片归档前,即照片转化为照片档案前,应由其形成部门做一系列标准化、规范化工作,主要指照片的选编与处理。

1. 照片的筛选

照片筛选是指在照片的现行利用价值减弱或失去后,把其中具有凭证参考作用和艺术欣赏价值的照片挑选出来,以便集中到档案部门统一管理。

在专业机构中,可作为档案留存的照片主要有两部分:一是被选用的照片,即被各种报刊、画册刊发的照片,一律作为档案归档;二是虽然未被选用,但其内容或形式有重要的凭证作用或参考价值的,也可作为档案留存。

在非专业机构中,则参照有关照片档案的归档范围(见本章内容)进行筛选。

在筛选照片时应特别注意:对反映同一内容的若干照片,应选择其中具有代表性和典型性的照片归档,所选照片应能反映该项活动的全貌,具备主题鲜明、影像清晰、画面完整、未加修饰剪裁等特点,反映同一场景的照片一般只归档一张。

2. 编写照片的文字说明

文字说明是照片画面内容的辅助说明,与照片相互印证、互为补充。一般应由照片编辑或照片的形成者来撰写。主要包括照片标题和文字说明:

(1)照片标题。标题应简明概括,准确反映照片的基本内容,人物、时间、地点、事由等要素尽可能齐全。

(2)文字说明。按照《照片档案管理规范》的要求,文字说明的内容应包括以下部分:

第一,综合运用事由、时间、地点、人物、背景和摄影者等基本要素,概括提示照片影像所反映的全部信息。其中:事由指照片影像所反映事件、事物的情由;时间指事件发生或事物变化、产生的时间和拍摄时间;地点指被摄物所在的具体地点;人物指照片影像上主要人物的姓名、身份;背景指对揭示照片影像主题具有一定作用的背景;摄影者指照片的拍摄单位和拍摄人。

第二,对题名未及内容作出补充。

第三,对照片版权、来源等作出说明。针对一组(若干张)联系密切的照片,可拟写组合说明。组合说明应概括提示该组照片所反映的全部信息内容、所含照片的起止张号和数量以及其他需要说明的事项。同组中的每一张照片均应在单张照片说明的左上角或右上角标出组联符号。组联符号按组依次采用"①""②""③"……同组中的照片其组联符号相同。如册内只有一组照片和其他散片时,组联符号采用"①"。组联符号不宜越册。

文字说明必须准确无误,不宜过长。

(二)照片档案的归档

照片完成其现行效用后,就要向档案部门归档,进行集中统一管理。《照片档案管理规范》中,对照片档案归档的各个方面都作了具体规定。

1. 归档范围

照片档案的归档范围包括以下几个方面:

(1)反映本单位主要职能活动和工作成果的照片。如领导人和著名人物参加与本单位、本地区有关的重大公务活动的照片;本单位组织或参加的重要外事活动的照片。

(2)记录本单位、本地区重大事件、重大事故、自然灾害及异常现象的照片。

(3)反映本地区地理概貌、城乡建设、重点工程、名胜古迹、自然风光以及民间风俗和著名人物的照片。

(4)其他具有保存价值的照片档案。

2. 归档时间

对具有归档价值的照片,其摄影者或承办单位应及时整理,向档案室归档,一般不应跨年度。数码照片最迟应在第二年6月底前完成归档。

依照《中华人民共和国档案法实施办法》的规定,照片档案随立档单位其他载体形态的档案一起向有关档案馆移交。在特殊情况下,经同级档案行政管理部门同意可以提前或延迟移交。

档案馆应按收集范围随时征集零散的对国家和社会具有保存价值的照片。

3. 收集要求

在收集过程中,档案部门应着重检查以下几个方面的问题:

(1)应交照片必须齐全完整。对属于收集与归档范围的照片,档案部门有权要求相应部门定期进行归档,任何单位或个人不得以任何借口据为己有。

(2)对存有真伪疑义的照片应采取必要措施进行鉴定。归档的数码照片应是用数字成像设备直接拍摄形成的原始图像文件,不能对数码照片的内容和EXIF信息进行修改和处理。归档时,应参照GB/T 18894—2002对数码照片进行真实、完整、可用和安全方面的鉴定、检测。

(3)对反映同一内容的若干张照片,应选择其主要照片归档。主要照片应具备主题鲜明、影像清晰、画面完整、未加修饰剪裁等特点。反映同一场景的数码照片一般只归档一张。

(4)感光照片的底片、照片、说明应齐全;数码照片的原始图像文件、EXTF 信息和说明应齐全。

(5)感光照片的底片与照片影像应一致。

(6)对无底片的照片应制作翻拍底片,对无照片的底片应制作照片。

(7)归档的数码照片应为 JPEG、TIFF 或 RAW 格式,推荐采用 JPEG 格式。

(8)数码照片可通过存储到符合要求的脱机载体上进行离线归档,也可通过网络进行在线归档。

三、照片档案的整理工作

在收集的基础上,档案部门应进行照片档案的整理,即遵循照片档案的有机联系,把那些零散的、不系统的照片进行科学的分类编目,使之条理化和系统化,为照片档案的长期保管和提供利用打下基础。

由于照片与底片的利用方式和保存环境不同,因此,在进行照片档案整理时,要将底片、照片和数码照片分别整理、分开存放。

(一)底片的整理

底片的整理工作主要包括三项内容:

1. 底片分类

在实际工作中,若底片数量较多,可考虑对底片进行分类。底片分类大致有以下几种方法:

(1)尺寸分类法,即按照底片的规格进行分类,尺寸大小相同的底片为一类。这种方法比较便于底片的保管,节省保管装具的空间。因此,它比较适合底片量大、规格较多的单位。

(2)种类分类法,即根据底片所属的类型进行分类,如原版底片或翻版底片、彩色底片或黑白底片。这种方法有利于更好地保护原版底片,也便于使用翻版底片复制照片。

(3)制成材料分类法,即根据底片所采用的制成材料进行分类。底片的制成材料有胶片底片和玻璃底片,即软片和硬片。这种方法也比较适合于底片制成材料较多的单位。

(4)主题分类法,即根据底片所反映的主题进行分类。这种方法比较符合人们的查询习惯,便于人们按主题查找和利用底片档案。

(5)时间分类法,即按底片产生的时间顺序进行分类。如果底片档案的数量较多,还可以考虑先将照片档案以不同的历史时期划分大类,例如"新中国成立前""新中国成立后"等;每个大类下,再按底片产生的年代顺序划分小类;每年内再按底片产生的时间先后顺序进行排列。这种分类方法特别适合于查找数量多、年代跨度大的底片档案。

(6)拍摄者分类法,即按照片的作者分类保存底片。这种分类方法比较适合于科研和专业摄影部门以及个人照片档案的分类,便于按摄影者集中保管和查找使用底片。

上述六种分类方法在具体运用时,可根据单位底片档案的具体情况来选择。例如,对于底片档案不多的立档单位,可以选择一种分类方法,甚至可以不分类;而如果是底片数量较多的专业部门,则可以采用多种分类方法相结合的方式来保管底片档案。另外,无论采用哪种分类方法,在分类保存底片档案时,必须把新中国成立之前和新中国成立之后的底片分开、彩色底片和黑白底片分开、机密底片与一般底片分开。同时还应注意底片设置的类别层次不宜过多、过细,否则会造成整理工作复杂化,不利于提供利用。

2. 底片编号

底片号是固定和反映底片在全宗内排列顺序的一组字符代码,由全宗号、保管期限代码、张号组成。其格式如下:

全宗号—保管期限代码—张号

其中:

全宗号:档案馆给立档单位编制的代号;

保管期限代码:分别用"1、2、3"或"Y、C、D"对应代表永久、长期、短期;

张号:在某一全宗某一保管期限内底片的排列从"1"开始的顺序编号。

若底片进行了分类,则应先编制类别号,在类别下设顺序号。

无论哪种编号方式,一般情况下都以一张底片或一组密不可分的底片为一个保管单位,编一个顺序号。如果是一组底片,在底片的顺序号后面还要编一个分号。例如,18-1,18-2;其中,18 为底片号,-1 和-2 为分号。这样,分类号、底片顺序号、分号合起来就成为底片的检索号,它起着固定底片分类及排放位置的作用。

3. 底片号登录

宜使用铁笔将底片号横排刻写在胶片乳剂面片边处(刻写不下时,前段可不写),不得影响画面;也可采用其他方式将底片号附着在胶片乳剂面片边处,不得污染胶片。

底片号登录顺序应与照片号登录顺序保持一致。

4. 底片袋标注

底片应放入底片袋内保管,一张一袋。底片号应在底片袋的右上方标明。如果是翻拍照片,应在底片袋的左上方标明"F"字样,拷贝底片则应在底片袋的左上方标明"K"字样。

5. 底片入册

所有底片应放入底片册保管。底片册由若干芯页和封面、封底组成。芯页是用以固定照片或底片,并标注说明的中性偏碱性纸质载体,是照片册、底片册的组成单元。底片册一般尺寸为 297mm×210mm。

底片袋应按底片号顺序依次插入底片册。芯页的插袋上应标明相同的底片号。

在放置幅面超过底片册芯页尺寸的大幅底片时,应在乳剂面垫衬柔软的中性偏碱性纸张后,按底片号顺序放入专用的档案袋或档案盒中。

6. 册内备考表

应在册内最后位置放置备考表。备考表项目包括:本册情况说明、立册人、检查人、立册时间。本册情况说明应填写册内底片缺损、补充、移出、销毁等情况。对底片册立册以后发生或发现的问题,应由有关的档案管理人员填写说明,并签名、标注时间。册内备考表参考格式如表10-6所示。

表10-6 册内备考表格式

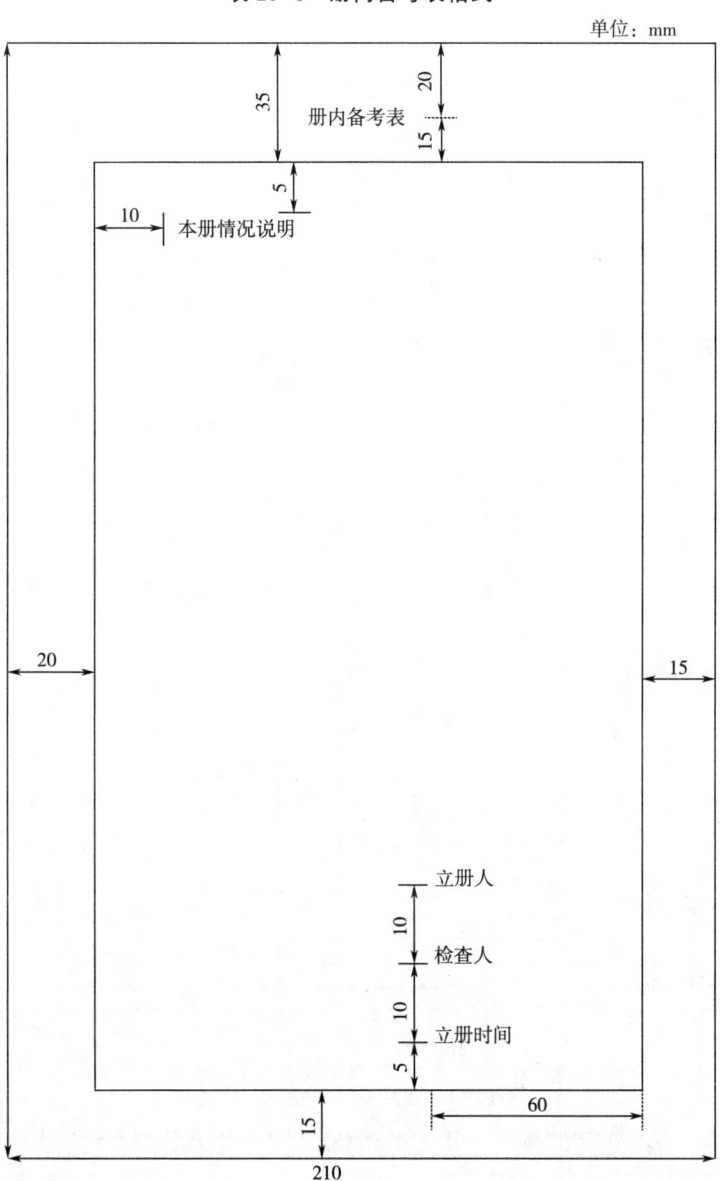

(资料来源:《照片档案管理规范》(GB/T 11821—2002)附录 A)

7. 底片册封面及册脊

底片册的封面应印制"底片册"字样。

底片册册脊的项目包括:全宗号、保管期限、起止张号、册号,格式如图10-3所示:

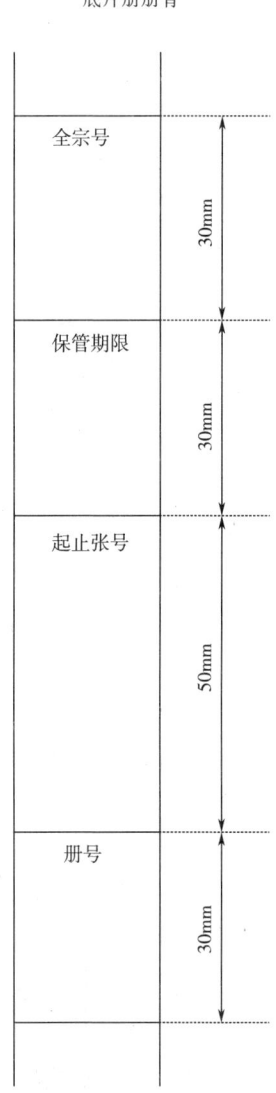

图 10-3 底片册册脊格式示意图

(资料来源:《照片档案管理规范》(GB/T 11821—2002)附录 B)

8. 底片册排架

底片册按照全宗号、保管期限、册号的顺序排架保存。

(二) 照片的整理

照片的整理同底片整理一样,也包括分类、编号和编目三项内容。

1. 照片分类及排列

对于照片档案不多的单位,通常在全宗内按保管期限—年度—问题进行分类。跨年度且不可分的照片,也可按保管期限—问题—年度进行分类。对于照片档案较多的单位,则可以采用年度—问题或年度—拍摄者相结合的照片复式分类法。

照片的分类方案应保持稳定,不应随意变动。

照片的排列应遵循分类方案的最低一级类目,按问题结合时间、重要程度等进行。为便于提供利用,照片排列及入册时应同时考虑不同保密等级照片的定位。

2. 照片编号

照片号是固定和反映每张照片在全宗内分类与排列顺序的一组字符代码,由全宗号、保管期限代码、册号、张号组成。照片编号可采用两种格式:

格式一:

全宗号—保管期限代码—册号—张号

格式二:

全宗号—保管期限代码—张号

其中:

全宗号:档案馆给立档单位编制的代号;

保管期限代码:分别用"1、2、3"或"Y、C、D"对应代表永久、长期、短期;

册号:在某一全宗某一保管期限内照片册的排列从"1"开始的顺序编号;

张号:格式一中的张号是指照片在册内的排列从"1"开始的顺序编号;格式二中的张号是指在某一全宗某一保管期限内照片的排列从"1"开始的顺序编号。

若采用格式二对照片进行编号,可选用照片、底片分别编号法或合一编号法(影像相符的照片、底片编号相同)。选用合一编号法宜以照片、底片齐全为基础。

3. 照片入册

应按照分类、排列顺序(即照片号顺序)将照片固定在芯页上,组成照片册。照片册大小及组成同底片册。照片册的芯页数量以 30 页左右为宜,有活页式和定页式两种。芯页格式参见表 10-7 和表 10-8。

表 10-7　芯页格式参考示例一

第　　页

	文字说明：	题名：
		照片号：
		底片号：
文字说明：	参见号：	
	时间：	
	摄影者：	
题名：	文字说明：	
照片号：		
底片号：		
参见号：	文字说明：	
时间：		
摄影者：		

（资料来源：《照片档案管理规范》（GB/T 11821—2002）附录 C）

表 10-8　芯页格式参考示例二

第　　页

题名：_____ 照片号：_____ 底片号：_____ 参见号：_____ 时间：____　摄影者：____ 文字说明：_____ _____ _____	
	题名：_____ 照片号：_____ 底片号：_____ 参见号：_____ 时间：____　摄影者：____ 文字说明：_____ _____ _____

续表

```
题名：_____

照片号：_____
底片号：_____
参见号：_____
时间：_____ 摄影者：_____
文字说明：_____
_____
_____
```

(资料来源：《照片档案管理规范》(GB/T 11821—2002)附录 C)

对于照片册放置不下的大幅照片，可将其放入专用的档案袋或档案盒中，按照照片号顺序排列。照片以竖直放置为宜，应首先将照片固定在专用的纸板上，再放入袋、盒中；采用水平放置时，照片的堆放高度不宜超过 50mm。

4. 填写文字说明

档案部门应在形成部门填写的文字说明基础上，进一步补充完善相关内容。文字说明可依单张照片填写，也可以若干照片为单位填写组合说明（参见本章归档前准备工作内容）。

（1）单张照片说明的填写。说明应采用横写格式，分段书写。其参考格式如图10-4 所示。

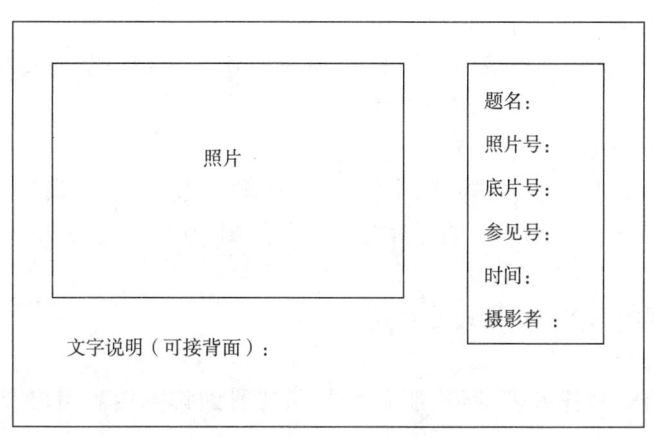

图 10-4　照片档案编写格式

其中：

题名：应简明概括，准确反映照片的基本内容，人物、时间、地点、事由等要素尽可能齐全。

照片号:编写方法见本章照片编号。

底片号:编写方法见本章底片编号,若采用照片、底片合一编号法,可不填写底片号。

参见号:是指与本张照片有密切联系的其他载体档案的档号,其格式如下:

(相关档案种类) 档号(注:括号内为选择著录内容)

示例1:文书档案 0113—2—18

示例2:科技档案 G—J—21

拍摄时间:用8位阿拉伯数字表示,1~4位表示年,5~6位表示月,7~8位表示日。

示例:1953年3月2日写作19530302。

摄影者:一般填写个人,必要时可加写单位。

密级应按GB/T 7156所规定的字符在照片周围选一固定空白处标明,使用印章亦可。

单张照片的说明,可根据照片固定的位置,在照片的右侧、左侧或正下方书写。

对大幅照片的说明可另纸书写,与照片一同保存。一组联系密切的照片中的大幅照片,应随该组照片一同在册内编号,填写单张照片说明,并注明其存放地址。

(2)组合照片说明。在形成部门编写组合照片说明基础上,档案部门应注意以下问题:

因保管期限或密级的不同,在整理照片时可能会遇到有些同组的照片被分散到不同照片册内的情况,这时应在组合照片说明中指出这些密切相关照片的保管期限、册号和组号。

示例:相关照片　　长期—4—⑥

上例中保管期限亦可采用"2"或"C"表示。组合照片说明可放在本组第一张照片的上方,也可放在本册所有照片之前。

5. 照片册册脊

照片册册脊涉及的项目包括:全宗号、保管期限、册号、起止张号。照片册册脊的格式如下:照片号为格式一的照片册册脊参见图10-5左侧;照片号为格式二的照片册册脊参见图10-5右侧。

照片档案的基本目录格式见表10-9。

6. 其他项目

照片册的册内备考表、照片册封面及照片册的排列内容可参见底片册相关内容。

7. 数码照片整理

(1)数码照片的整理单位为照片组(Photos Group),即有密切联系的若干张数码照片的集合。如,一次会议、一项活动、一个项目等反映同一问题或事由的若干张数码照片为一个照片组,全部存储到同一层级文件夹内。

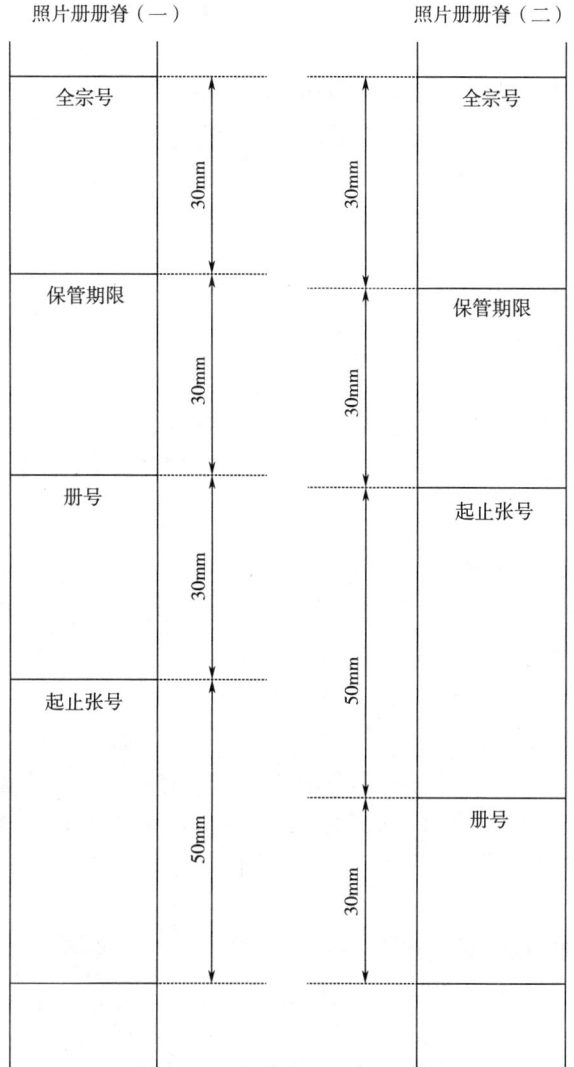

图 10-5　照片册册脊格式示意图

(资料来源:《照片档案管理规范》(GB/T 11821—2002)附录 B)

表 10-9　照片档案基本目录

照片号	题名	时间	摄影者	底片号	备注

(2)数码照片档案按"保管期限—年度—照片组"分类。

(3)同一照片组内的数码照片档案按形成时间排列。

(4)整理过程中,应对数码照片文件采用"保管期限代码—年度—照片组号—张号.扩展名"格式命名。其中:

保管期限代码分别用"YJ""30""10"代表永久、30年、10年。

年度为4位阿拉伯数字。

照片组号为4位阿拉伯数字,同一年度内的照片组从"0001"开始顺序编号。

张号为4位阿拉伯数字,同一照片组内的数码照片从"0001"开始顺序编号。

示例:

2022年某单位拍摄的一组××工作会议的数码照片为本年度第一组照片,保管期限为"永久",存储格式为JPEG。则该组第一张照片的文件名应为:YJ-2022-0001-0001.jpg。

(三)照片档案著录

著录是管理和检索照片档案的重要方法,著录与标引的具体方法和要求,应遵循《档案著录规则》的规定,并结合照片档案的特点。

1. 著录项目

著录项目是揭示档案内容、结构、背景和管理活动的记录事项。根据《照片档案管理规范》(GB/T 11821—2002)的要求,照片档案的著录项目包括:照片号、底片号、题名、时间、摄影者、备注、参见号、册号、页号、组内张数、分类号、项目号、主题词或关键词、密级、保管期限、类型、规格、档案馆代号、文字说明等。

2. 著录单元

著录单元是作为基本著录单位的一份文件或一个文件集合。照片档案应以照片的自然张或若干张(一组)为单位进行著录。

3. 著录条目

一个著录单元所有著录项目的组合就是一个著录条目。它是一次著录的结果,形成一条数据库记录。

4. 组合照片的著录要求

以一组照片为单元著录时:

题名应根据题名拟写要素,简明概括、准确反映一组照片的基本内容。

照片号、底片号、页号均应著录起止号;时间应著录起止时间;参见号、摄影者可以著录多个。

大幅照片的标注:

对于大幅照片、底片,应在备注栏内注明"大幅"和存放地址。

以一组照片为单位著录时,还应在备注栏内注明其中所含的大幅照片的照片号、底片号。

5. 目录的种类

根据著录项目,可编制以下种类的照片档案目录:基本目录、分类目录、主题目录、摄影者目录等。

(1)基本目录。照片档案基本目录的必备项目是:照片号、题名、时间、摄影者、底片号、备注,可根据需要增加项目。基本目录的条目应按照照片号排序。[①]

(2)册内目录。册内照片目录为选择性目录,其组成项目是:照片号、题名、时间、页号、底片号、备注。册内目录的条目应按照片号排序。册内目录位于册内最前面。册内照片目录参考示例参见表 10-10。

表 10-10 册内照片目录参考示例

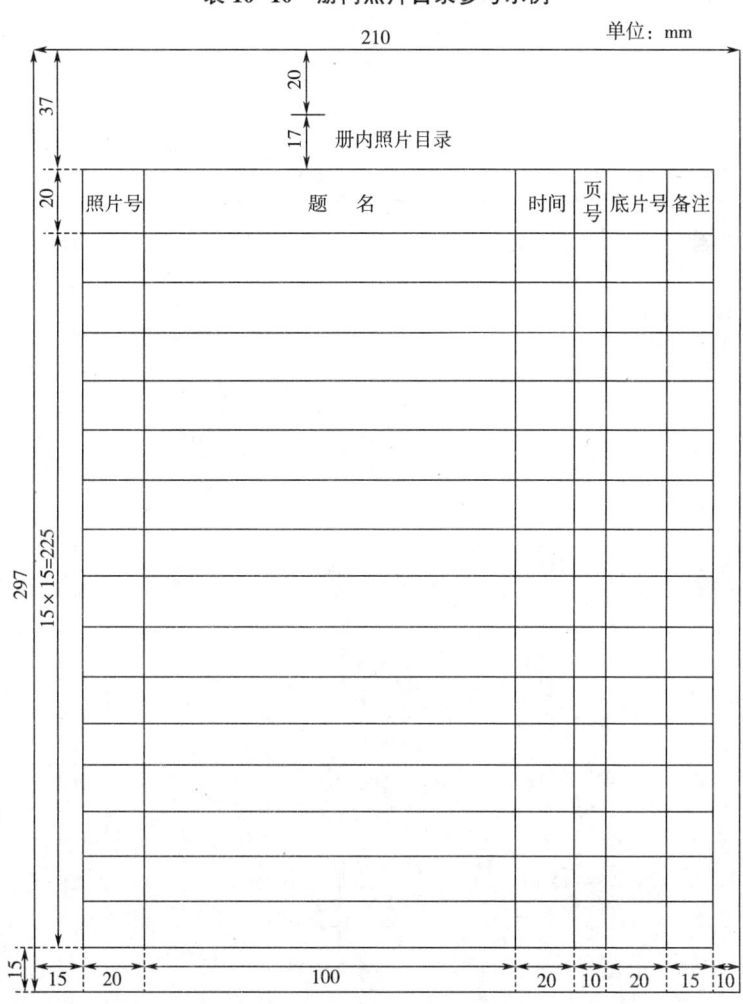

(资料来源:《照片档案管理规范》(GB/T 11821—2002)附录 E)

[①] 资料来源:《照片档案管理规范》(GB/T 11821—2002)附录 D。

(四)数码照片元数据方案

1. 元数据的基本概念及作用

元数据(Metadata)是描述文件的背景、内容、结构及其整个管理过程的数据。

2. 照片档案元数据内容

照片档案元数据包括档案实体元数据、业务实体元数据、机构人员实体元数据和授权实体元数据四方面内容。

(1)档案实体元数据(Record Entity),描述任一聚合层次的电子档案本身的元数据集合,具体元数据项如表10-11所示。

表10-11 档案实体元数据

编号	元数据	编号	子元数据	编号	元数据	编号	子元数据
M1	档案馆代码(C,NR)			M38	附注(O,NR)		
M2	档案门类代码(O,NR)			M39	存储(C,NR)		
M3	聚合层次(M,NR)					M40	在线存址(C,NR)
M4	唯一标识符(C,NR)					M41	离线存址(C,NR)
M5	档号(M,NR)			M42	生成方式(M,NR)		
M6	题名(M,NR)			M43	捕获设备(M,NR)		
M7	责任者(C,NR)					M44	设备制造商(M,NR)
		M8	摄影者(M,NR)			M45	设备型号(M,NR)
		M9	著录者(O,NR)			M46	设备感光器(O,NR)
		M10	数字化责任信息(O,NR)			M47	软件信息(M,NR)
M11	时间(C,NR)			M48	信息系统描述(O,R)		
		M12	摄影时间(M,NR)	M49	计算机文件名(M,R)		

第十章 特殊载体档案的管理

续表

编号	元数据	编号	子元数据	编号	元数据	编号	子元数据
		M13	数字化时间(O,NR)	M50	计算机文件大小(M,R)		
		M14	修改时间(O,NR)	M51	格式信息(M,R)		
M15	主题(M,NR)					M52	格式名称(C,NR)
		M16	地点(M,NR)			M53	格式描述(C,NR)
		M17	人物(M,NR)	M54	图像参数(M,R)		
		M18	背景(O,NR)			M55	水平分辨率(M,NR)
M19	全球定位信息(O,NR)					M56	垂直分辨率(M,NR)
		M20	全球定位系统版本(C,NR)			M57	图像高度(M,NR)
		M21	纬度基准(C,NR)			M58	图像宽度(M,NR)
		M22	纬度(C,NR)			M59	色彩空间(M,NR)
		M23	经度基准(C,NR)			M60	YCbCr 分量(O,NR)
		M24	经度(C,NR)			M61	每像素样本数(M,NR)
		M25	海拔基准(O,NR)			M62	每样本位数(M,NR)
		M26	海拔(O,NR)			M63	压缩方案(M,NR)
		M27	方向基准(O,NR)			M64	压缩率(M,NR)

续表

编号	元数据	编号	子元数据	编号	元数据	编号	子元数据
		M28	镜头方向(O,NR)	M65	参见号(C,NR)		
M29	来源(O,NR)			M66	数字签名(O,R)		
		M30	获取方式(C,NR)			M67	签名格式描述(C,NR)
		M31	来源名称(C,NR)			M68	签名时间(C,NR)
		M32	源文件标识符(O,NR)			M69	签名者(C,NR)
M33	保管期限(M,NR)					M70	签名
M34	权限(C,NR)					M71	证书(C,NR)
		M35	密级(O,NR)			M72	证书引证(O,NR)
		M36	控制标识(C,NR)			M73	签名算法(O,NR)
		M37	版权信息(O,NR)				

(资料来源:《照片类电子档案元数据方案》(DA/T 54—2014)附录 A)

(2)业务实体元数据(Business Entity),描述电子档案得以形成以及管理的职能业务活动的元数据集合,如电子档案的创建、收集、归档、转换、迁移、处置等,包括职能业务和管理活动。职能业务(O,NR)子数据包括:业务类型(O,NR)、业务名称(C,NR)、业务开始时间(O,NR)、业务结束时间(O,NR)、业务描述(C,NR);管理活动(C,R)子数据包括:管理活动标识符(C,NR)、管理行为(C,NR)、管理时间(C,NR)、管理活动描述(O,NR)、关联实体标识符(C,NR)。

(3)机构人员实体元数据(Agent Entity),描述负责实施电子档案管理活动的个人或组织的元数据集合,主要内容包括:机构人员标识符(C,NR)、机构人员名称(C,NR)、机构人员类型(O,NR)、机构人员代码(O,NR)、机构人员隶属(O,NR)。

(4)授权实体元数据(Mandate Entity),描述电子档案形成、管理活动的授权的元数据集合,包括法律、法规、政策、标准与业务规则等,主要内容包括:授权标识符(C,NR)、授权名称(C,NR)、授权类型(O,NR)、发布时间(C,NR)。

以上的元数据内容全面,立档单位在实际工作中可根据自身情况对元数据内容进行选择。

四、照片档案的保管与保护

由于制成材料的特点,决定了照片档案的保管需要采取一些不同于传统纸质档案的保管方式。由于缩微品档案与照片档案中的底片在使用材料上具有相似性,因此本部分内容采用较为宽泛的胶片概念。数码照片的保护有其特殊性,可参照本章的相关内容。

(一)胶片档案的保管条件

1. 包装材料

根据国际标准 ISO 5466—1986(E)建议,照片档案的包装材料表面最好稍微毛糙无光,可用纸、塑料薄膜和金属器具等,任何一种包装材料都应有一定的质量要求。例如:

(1)纸包装材料。目前采用最多的是纸制包装材料。包装用纸应是破布纸浆或漂白的亚硫酸盐纸浆制成的中性或碱性施胶纸,纤维素含量不低于87%。纸中不含金属微粒、增塑剂等在存储期间可能与胶片物质发生反应的成分。与胶片直接接触的纸,其 pH 值应在 7.5~9.5 之间;直接与彩色或重氮胶片接触的纸,pH 值应接近 7.0,碱性残留物应不少于2%。

(2)塑料包装材料。塑料包装材料最好选用聚酯,它具有良好的化学稳定性和透明度,是胶片、照片理想的包装材料(目前常用的塑料包装材料见图 10-6 和图 10-7)。

图 10-6 照片档案夹

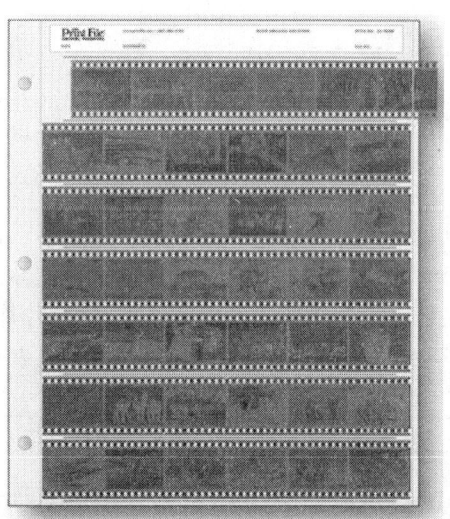

图 10-7 无酸底片袋

2. 装具

金属装具应当具有抗腐蚀性,为此应对金属材料采取镀膜、搪瓷化,或选用不锈钢材料。

新油漆过的柜架、片盒在3个月内不能使用,否则,油漆会释放过氧化物腐蚀感光胶片。另外,木制品不宜用作感光材料的装具,因其释放的有机酸会对感光材料产生破坏性影响。

3. 存放

照片档案的底片和照片(连同说明)应分别存放。不同类型的胶片也不得混装或放在同一容器中。银—明胶型缩微胶片与重氮胶片、微泡胶片、硝酸纤维素片基胶片不能同室存放,档案缩微品不能和纸质档案、磁性载体档案同室存放。胶片存放中不得捆夹或挤压。

不同规格、不同形式的胶片以不同方式存放。卷式胶片应卷绕在片盘和片芯上,以卷为单位存放,卷与卷之间水平摆放;片式胶片可在特制的纸或塑料薄膜封套中存放(目前很多单位制作的是 80mm×100mm 的底片袋),然后放入有抽屉的金属柜内,柜壁上应有活页或孔洞,以利于空气流通,保持胶片温、湿度稳定。大张底片应在药膜面垫上柔软的中性纸张后缠在卷筒芯上,外面用衬纸包装。底片和照片分别放入底片册和照片册内,立放保存。

(二) 对环境质量的要求

胶片档案保管环境质量的基本要求是低温干燥,空气清洁,避光隔氧。

1. 温、湿度要求

保存胶片一般要求在温度为 20℃ 以下,相对湿度不高于 60% 的环境中,且环境的温、湿度变化要相对稳定。

根据 ISO 5466—1986(E) 的规定:保存期为 10 年以内的中期保存片,应存放于湿度不高于 60%,温度在 0~20℃ 范围内的环境中。彩色胶片应存放于湿度小于 60%,温度为 10℃ 左右的环境中。

保存期 10 年以上的胶片档案,应放入有空调设备的片库内,温度小于 20℃,湿度依不同片基材料,要求范围各不相同,醋酸纤维素酯片基的银盐胶片应保存在 15%~40% 的湿度范围内,聚酯片基要求在 30%~40% 的湿度范围内。彩色胶片的最佳温度为 2℃ 以下,湿度同上。胶片库内温、湿度波动要小,一昼夜温度波动小于 2℃,湿度波动在 5% 范围内。详见表 10-12。

表 10-12 国家档案局推荐的胶片、缩微胶片用房温、湿度

用房名称		温度(℃)	相对湿度(%)
工作间(拍摄、拷贝、校对、阅读)		18~28	40~60
胶片库	拷贝库	14~24	40~60
	母片	13~15	35~45

《照片档案管理规范》中对胶片档案的保护作出了更具体的要求,参见表 10-13。

表 10-13 胶片、照片温、湿度保管条件

类型	中期储存		长期储存	
	最高温度(℃)	相对湿度(%)	最高温度(℃)	相对湿度(%)
黑白底片	25	20~50	21 15 10	20~30 20~40 20~50
彩色底片	25	20~50	2 -3 -10	20~30 20~40 20~50
黑白照片	25	20~50	18	30~50
彩色照片	25	20~50	2	30~40

注1:中期储存是指胶片、照片在表中规定的温、湿度条件下至少能保存10年。
　　长期储存是指胶片、照片在表中规定的温、湿度条件下至少能保存100年。
注2:推荐值内较低的温度、湿度环境,更能延长胶片、照片的寿命。

2. 空气质量

保存胶片库房的空气质量标准主要用有害气体含量和灰尘的多少来衡量。最常见的有害气体是二氧化硫(SO_2),微量的 SO_2 就会对胶片产生有害的作用;硫化氢也具有相当破坏力。它们都会使片基变质,乳剂层降解,影像褪色。灰尘是一种固体颗粒,落到胶片上不仅会划伤胶片,还会引起褪色、产生污斑等。所以,胶片库要经常用吸尘装置和空气过滤装置净化环境,不要使用樟脑剂等化学药物进行防虫、治虫。

3. 其他注意事项

(1)库房门窗应密封好,采用机械通风时应加防尘罩。要建立胶片档案定期检查制度,发现问题及时解决。档案人员接触胶片时应戴手套,以防汗渍污染。

(2)由于彩色胶片的影像由染料形成,而染料耐久性差,保存寿命较短,因此保存彩照除注意防止高温、潮湿和光照外,还可对彩照进行过塑处理。过塑后,彩照表面上的聚酯膜具有很强的气密性,可对彩照起到防尘、防光、防虫、防有害气体等保护作用。

(三)胶片档案的保管制度

对保管条件及环境质量的要求仅仅是满足了胶片档案保管的客观条件,而一切客观条件的形成依赖于主观的努力。制度规范是制约人们主观行为的必要条件,胶片档案的保管制度应涵盖胶片档案入库、保存和流通利用的全过程。

1. 胶片档案入库前的检查制度

胶片档案入库前应认真检查。检查的内容包括:胶片上是否有指纹、油污、胶

片是否受潮发霉,胶片中是否夹带易燃物等,以防受污染的胶片入库。对污染的胶片(包括有严重手迹和印迹的照片)要进行修复。黑白底片入库前要进行水洗和上光,对于需永久保存的入库胶片最好重新清洗,使影像质量达到长期保存标准。

2. 胶片入库后的抽查制度

胶片入库后应定期抽查。即使库房环境达到了理想的要求,但由于胶片本身存在一个自然老化的过程,以及在利用过程中可能产生损伤,因此,定期的抽检还是必不可少的。抽检项目可以包括:胶片机械性损伤,包括形变(如卷曲、脆化、断裂)、粘连等;胶片化学损伤,包括影像是否发黄、褪色、生霉等,胶片包装材料是否变质等。

3. 利用过程的保护制度

胶片借阅中应建立合理的借阅制度,帮助读者掌握正确的阅读规则。取拿胶片应戴棉织手套,并且只能接触胶片边缘部分,以免留下指纹和划痕;取拿胶片不要握得太紧,特别是对于卷片,不能手握胶卷一端向外抽拉,这样会使乳剂层因互相摩擦而损伤;坚持提供复制片的利用制度,禁止直接利用原底片;胶片出入库房,要做好温、湿度的调节,防止胶片结露或脆裂。

4. 其他保护制度

存放在低温干燥环境中的胶片质地较脆,出库时应先对胶片的温度和含水量进行调节,然后才能使用。若取出后马上拆封使用,会造成胶片表面凝结水珠;如果胶片在保存时因过分干燥而变脆,马上使用还会造成断裂。温、湿度的具体调节方法是先将胶片放在使用环境条件下,待胶片与周围环境温度达到平衡以后,再拆封使胶片暴露在空气中,直到胶片湿度与环境湿度平衡以后方能使用。以档案缩微品为例,具体参见表10-14。

表10-14 各类缩微品调整平衡需要的时间

缩微品类型	平衡时间	
	平衡到80%	平衡到100%
单页胶片	30min	90min
16mm卷片	3~5天	3周
35mm卷片	7天	4周

第四节 录音、录像档案的管理

录音、录像档案,简称声像档案或音像档案(本书称声像档案),20世纪80年代开始在我国出现了对其概念及管理方式的研究探讨。时至今日,随着数字影音技术的日益普及,声像档案的数量呈现快速增长的趋势,声像档案管理的重要性愈加凸显。

一、声像档案概述

（一）声像档案定义

声像档案是指国家机构、社会组织在社会活动中直接产生的、以影像和声音为主要呈现方式的，具有凭证、查考和保存价值并归档保存的信息记录。

（二）声像档案的种类

声像档案由于载体材料的不同和档案信息记录符号的差异而形成了各种不同的类型。声像档案的分类如下。

1. 按档案信息记录符号划分

按档案信息记录符号，可以把声像档案划分为录音档案和录像档案，见图10-8。

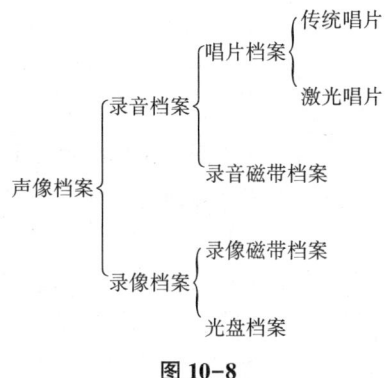

图 10-8

录音档案是利用声音符号记录信息的一种原始记录，它主要包括唱片、录音磁带等。

录像档案是采用录音、录像的综合手段，以图像、声音符号共同记录信息的一种原始记录，它主要包括录像磁带和光盘。

2. 按载体材料划分

按载体材料，可以把声像档案划分为唱片档案和磁性载体档案，见图10-9。

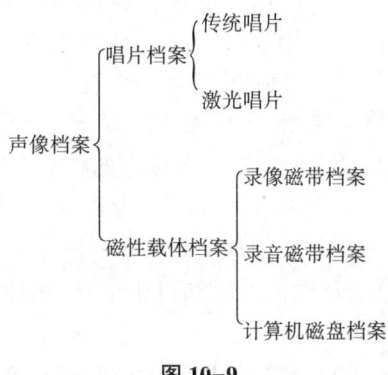

图 10-9

唱片档案是以机械录音的方法将人们在社会实践活动中形成的音响信息录制在具有声槽的塑制片状圆盘载体上而形成的一种录音档案。

磁性载体档案是使用一种具有铁磁性质的材料,通过将声音、图像和数字变成电信号使磁性载体发生选择性磁化,以磁迹来保存声音、图像和数字信息的一种档案,既可录音亦可录像。

3. 按记录信号划分

按记录信号,可将声像档案划分为经传统录音、录像设备形成的记录模拟信号的声像档案和经数字录音或摄像设备形成的、依赖计算机等设备阅读、视听、处理,可在通信网络上传输的记录数字信号的电子声像档案。

(三) 常见声像档案的形式

声像档案种类较多,每一种类的档案构成不尽相同。

1. 录音磁带档案

录音磁带是将声音信号记录在磁性材料上而形成的,常见的为盒式录音带,一般可按时间分为 C-60(即 60 分钟)、C-90(即 90 分钟)、C-120(即 120 分钟)。按制成材料可以分为氧化铁磁带、铬磁带、铁铬磁带、掺钴磁带、金属磁带五种,氧化铁磁带又可分为低噪声磁带(L)、低噪声高输出带(th)和高保真带(H)等品种。

2. 录像磁带档案

录像磁带是将声像信号记录在磁性材料上而形成的,常见的为盒式录像带,按其宽度可分为 2 英寸、1 英寸、3/4 英寸、1/2 英寸、1/4 英寸五种。制成材料有铬带、掺钴氧化铁带等。

3. 磁盘档案

随着计算机技术的飞速发展,磁盘成为磁性载体档案的后来居上者,成为数字信息的主要磁记录材料。

磁盘主要有两类:一类是软磁盘;另一类是硬磁盘。软磁盘多用在微机上,但由于其存储容量较小,不适于作声像档案的载体;硬磁盘盘基一般是用铝镁合金等金属制作。磁性记录层一般是使用 $\gamma-Fe_2O_3$ 磁粉、金属膜等。硬盘在读写速度和容量上都远远优于软盘,而且工作稳定性好、可靠性高。硬磁盘又可分为两种:一种是固定在主机内部与计算机硬件为一体,不可脱机保存的;另一种是可移动硬盘,其读写模式与标准硬盘相同,只是更加注重便携性。

在档案管理过程中,移动硬盘是经常使用的设备,这是由于数字化档案信息的不断增加需要随时作过程备份,但需要长久保存的档案一般要转录到光盘设备上。

4. 光盘(蓝光盘)

光盘(Compact Disc)是一种新的存储介质。不同于完全磁性载体,光盘利用聚焦的氢离子激光束处理记录介质,读、写和再生信息,可以存放各种文字、声音、图形、图像和动画等多媒体数字信息。

蓝光盘(Blu-ray Disc,BD)是指采用波长为 405nm(纳米)的蓝紫色激光来进行读写操作的存储介质。一个单层的蓝光盘的容量为 25GB 或 27GB,因此蓝光盘通常用于高品质的影音以及高容量的数据存储。

档案存储通常使用档案级光盘,它是耐久性达到特定要求的可记录光盘,其各项技术指标优于工业标准。档案级光盘的归档寿命大于 20 年。

(四)声像档案管理规范

声像档案种类较多,内容及载体构成比较复杂,管理时应根据档案实际适用以下标准规范:

《档案数据存储用 LTO 磁带应用规范》(DA/T 83—2019);

《录音录像档案管理规范》(DA/T 78—2019);

《档案数据硬磁盘离线存储管理规范》(DA/T 75—2019);

《电子档案存储用可录类蓝光光盘(BD-R)技术要求和应用规范》(DA/T 74—2019);

《录音录像档案数字化规范》(DA/T62—2017);

《磁性载体档案管理与保护规范》(DA/T 15—1995);

《缩微摄影技术在 16mm 卷片上拍摄档案的规定》(DA/T 4—1992);

《缩微摄影技术在 A6 平片上拍摄档案的规定》(DA/T 5—1992)。

二、声像档案的收集工作

声像档案的收集与纸质档案和照片档案都有所不同,在归档环节中应特别进行验收、视听核对及性能检测等步骤,以保证归档声像档案的质量。

(一)收集范围

声像档案收集中,最重要的是明确收集范围,通常的收集范围如下:

一是记录本单位主要职能和基本历史面貌的,具有保存价值的录音录像文件,如反映工作活动、重要会议、外事活动、重点工程、重要人物等内容的记录;对主办或承办的本地区政治、经济、文化、体育与社会事业等重大活动内容的记录;对上级领导和著名人物来本单位检查、视察、调研等工作或参加与本单位、本地区有关的重大活动内容的记录;组织或参与处置的重大事件,包括重大自然灾害、重大事故、突发事件等的记录。

二是记录本地区地理概貌、城乡建设、名胜古迹、自然风光、民风民俗和人物宣传的录音录像文件。

三是记录执法部门或司法部门职能活动形成的录音录像文件。

四是其他具有保存价值的录音录像文件。

(二)录音录像文件形成、保存及整理要求

第一,录音录像文件应客观、系统地反映主题内容,画面完整、端正,声音和影像清晰。

第二，应收集、保存经摄录设备直接形成的具有保存价值的录音录像文件，录像电子文件应是音频、视频封装为一体的音视频文件。以摄录设备直接形成的录音录像文件为素材，遵循活动时序与客观事实编辑制作的录音录像文件也应收集、保存。

第三，在保证录音录像电子文件真实性、完整性、可用性和安全性基础上，应通过转码、复制等方式将录音录像电子文件采集、转存在计算机存储器中，经过系统整理、著录后再归档：

①宜一并收集相应的数字录像带、一次写光盘等记录载体。

②关于同一工作活动的录音录像电子文件应存储在同一个文件夹中，并应在计算机存储器中按分类类目(年度、保管期限)等逐级建立、命名文件夹，在最低一级分类类目文件夹集中存储应归档的录音录像电子文件，由电子档案管理系统或操作系统自动排序，保持录音录像电子文件之间的内在有机联系。录音录像电子文件存储结构与命名示例参见图10-10。

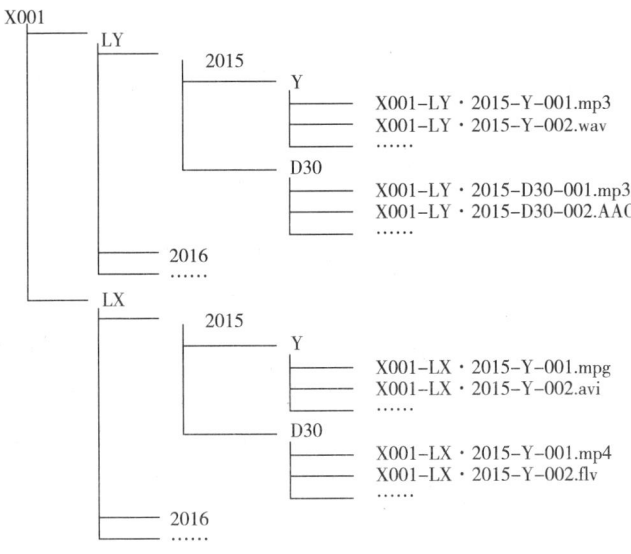

图10-10 录音录像电子文件存储结构与命名示例

需以离线方式归档的，应结合计算机文件大小、载体容量等因素适时制作离线归档载体，将应归档的录音录像电子文件、目录数据等按原有存储结构复制到一次写光盘或移动硬盘，并按规则为离线归档载体编号、标示。

③录音录像电子文件的命名可沿用摄录设备、转码设备自动赋予的计算机文件名；也可参照档号构成要素手工设定录音录像电子文件命名规则。

④应归档的录音录像电子文件采用通用或开放格式存储。录音电子文件归档格式为WAV、MP3、AAC等，音频采样率不低于44.1kHz。录像电子文件归档格式

为 MPG、MP4、FLV、AVI 等,视频比特率不低于 8Mbps,珍贵的录像电子文件可收集、归档一套 MXF 格式文件。不符合以上要求的应进行格式转换。

⑤以同一工作活动或主题的录音录像电子文件为对象填写《录音录像电子文件采集登记表》,格式要求参见表 10-15。

表 10-15　录音录像电子文件采集登记表

单位名称				
工作活动或主题				
工作活动起止时间		电子文件门类	□录音	□录像
工作活动描述				
录音	件数：　文件格式：　文件大小：　MB　时间总长：　小时　分　秒 录音设备信息： 录音者：			
录像	件数：　文件格式：　文件大小：　MB　时间总长：　小时　分　秒 录像机与记录载体信息： 非线性编辑系统信息： 录像者：　　　　　　　　　编辑者：			
采集部门				
采集责任人		采集日期		

(资料来源:《录音录像档案管理规范》(GB/T 78—2019)附录 A)

第四,应对模拟信号录音录像文件进行数字化转换,形成数字副本;应对每一件应归档的录音录像电子文件按要求进行著录,并建立目录数据库。

基本著录项包括:计算机文件名、题名、责任者、摄录者、摄录日期、时间长度、计算机文件大小、年度、工作活动名称、工作活动描述、保管期限代码、密级、原始载体编号、档案门类代码、参见号、著录者。

第五,多件录音录像电子文件反映相同场景或主题内容的,应挑选一件影像清晰、人物端正、声音清楚、画面构图平衡的收集、归档。

第六,重大活动筹备、实施过程中形成的各种文字材料、重要实物等应与相应的录音录像文件一并收集、归档,包括公文、活动日程、领导讲话、交流发言材料、名册、签名册、座次表、宣传册、活动标志、成立临时机构印章、证件、礼品、纪念章、场馆设计图等。

(三)归档

1. 归档时间

录音录像文件应自形成起3个月内向单位档案部门提交归档,最迟不能超过形成后的次年6月。

2. 归档方式

录音录像文件可采用在线和离线等两种归档方式。基于电子档案管理系统整理、著录的录音录像电子文件,以在线方式归档;记录或存储录音录像文件、目录数据的原始载体以离线方式归档。

3. 归档程序

归档过程包括清点、鉴定、登记和填写《录音录像文件归档登记表》等步骤。采用在线方式归档的,应基于电子档案管理系统完成归档程序;以离线方式归档的,由交接双方借助专用计算机手工完成相关步骤:

(1)清点、核实以下内容:录音录像电子文件、原始载体及其记录或存储的录音录像文件、目录数据数量的一致性;原始载体编号与标示、原始载体是否完好无损并可正常使用;重大活动文字材料、重要实物的数量。

(2)鉴定、检测录音录像电子文件格式、著录的规范性,录音录像电子文件、原始载体等是否感染计算机病毒。

(3)以离线方式归档的,完成清点、鉴定工作后,应将录音录像电子文件及目录数据导入电子档案管理系统并挂接,建立录音录像文件与目录数据的一一对应关系。

(4)由电子档案管理系统为录音录像电子文件赋予唯一标识符,并在管理过程元数据中记录归档登记行为,采集基本结构元数据,生成固化信息。

(5)填写《录音录像文件归档登记表》(参见表10-16),办理归档手续。

表10-16 录音录像文件归档登记表

单位名称				
归档时间		归档门类	□录音	□录像
归档数量	卷数: 件数:	文件大小: MB	时间总长: 小时 分 秒	
文件格式				
归档方式	□离线 □在线	原始载体类型与数量:		
检验项目	检验结果			
载体外观检验				
病毒检验				

续表

真实性检验	
可靠性检验	
完整性检验	
可用性检验	

文件形成部门（签章） 经办人： 负责人： 　　　　　年　月　日	档案部门（签章） 经办人： 负责人： 　　　　　年　月　日

三、声像档案整理与著录

完成归档程序后，档案部门应对录音录像文件的整理、著录结果予以审核、确认，并进行以下工作：

（一）编制档号

应由电子档案管理系统按预设规则自动为录音录像档案编制档号。档号编制规则有两种：

全宗号—档案门类代码—年度—保管期限代码—件号
全宗号—档案门类代码—保管期限代码—年度—件号

（二）命名

完成档号编制后，应由电子档案管理系统自动使用档号为录音录像电子档案重新命名，同时更新计算机文件名元数据值。

（三）声像档案的分类

对于声像档案的分类整理，一般应将其与纸质档案分开，分别分类保存。

对声像档案分类时，要先将录音档案和录像档案分开，两者不能混放。录音和录像档案各自是否再进行具体分类，要根据各单位的实际情况及档案数量多少而定。对大多数单位来说，由于录音、录像档案形成的数量不多，而且内容较为单一，一般可不再具体分类。而对于录音、录像档案形成数量较多的单位，如新闻宣传、广播电视、文化教育等单位，可根据内容分为若干类，如有需要还可再分属类。

（四）声像档案元数据

声像档案元数据包括四个方面的内容，即档案实体元数据、业务实体元数据、机构人员实体元数据、授权实体元数据，其中业务实体元数据、机构人员实体元数据、授权实体元数据三项内容同本章数码照片元数据内容,录音、录像档案实体元数据参见表10-17。

表10-17 录音、录像档案实体元数据

编号	元数据	编号	子元数据	编号	元数据	编号	子元数据
M1	档案馆代码(C,NR)			M39	生成方式(M,NR)		
M2	统一社会信用代码(O,NR)			M40	捕获设备(M,R)		
M3	档案门类代码(C,NR)					M41	设备类型(O,NR)
M4	聚合层次(M,NR)					M42	设备制造商(M,NR)
M5	唯一标识符(C,NR)					M43	设备型号(M,NR)
						M44	软件信息(O,NR)
M6	档号(M,NR)			M45	信息系统描述(O,R)		
M7	题名(M,NR)			M46	计算机文件名(M,NR)		
M8	责任者(C,NR)			M47	计算机文件大小(M,R)		
M9	摄录者(M,NR)			M48	格式信息(M,R)		
M10	编辑者(O,NR)					M49	格式名称(C,NR)
M11	著录者(O,NR)					M50	格式版本(C,NR)
M12	数字化责任信息(O,NR)					M51	格式描述(C,NR)
M13	时间(M,NR)			M52	视频参数(C,R)		
		M14	摄录时间(M,NR)			M53	视频编码标准(C,NR)
		M15	编辑时间(O,NR)			M54	色彩空间(C,NR)

续表

编号	元数据	编号	子元数据	编号	元数据	编号	子元数据
		M16	数字化时间（O,NR）			M55	分辨率（C,NR）
		M17	时间长度（M,NR）			M56	帧率（C,NR）
		M18	总帧数（O,NR）			M57	视频比特率（O,NR）
M19	主题（O,R）					M58	色度采样率（O,NR）
		M20	内容描述（C,NR）			M59	视频量化位数（O,NR）
		M21	内容起始时间（C,NR）			M60	画面高宽比（O,NR）
		M22	内容结束时间（C,NR）	M61	音频参数（C,R）		
M23	来源（O,NR）					M62	音频编码标准（C,NR）
		M24	获取方式（C,NR）			M63	音频比特率（O,NR）
		M25	来源名称（C,NR）			M64	音频采样率（O,NR）
		M26	源文件标识符（O,NR）			M65	音频量化位数（O,NR）
M27	保管期限（M,NR）					M66	声道（O,NR）
M28	权限（C,NR）			M67	参见号（O,NR）		
		M29	密级（O,NR）	M68	数字签名（O,R）		
		M30	控制标识（C,NR）			M69	签名格式描述（C,NR）
		M31	版权信息（O,NR）			M70	签名时间（C,NR）

续表

编号	元数据	编号	子元数据	编号	元数据	编号	子元数据
M32	附注(O,NR)					M71	签名者(C,NR)
M33	存储(C,NR)					M72	签名(C,NR)
		M34	在线存址(C,NR)			M73	证书(C,NR)
		M35	离线存址(C,NR)			M74	证书引证(O,NR)
M36	原始载体(O,NR)					M75	签名算法(O,NR)
		M37	原始载体类型(C,NR)			M69	签名格式描述(C,NR)
		M38	原始载体型号(C,NR)				

(资料来源:《录音录像类电子档案元数据方案》(GB/T 63—2017)表2)

四、声像档案的保管

对声像档案原始载体、离线备份载体应实行集中保管,在档案库房配备档案柜等装具。

声像档案载体应作防写处理,避免擦、划、触摸记录涂层。

声像档案应装盒并竖立存放,避免挤压。

同时,应特别注意对录音录像档案原始载体、离线备份载体进行定期检测,当光盘参数超过三级预警线、硬磁盘出现异常情况时,应立即实施原始载体和离线备份载体转换或更新,建立管理台账并归档保存。

五、声像档案的保护

声像档案的制成材料对环境有着严格的要求,除满足一般档案保护中温、湿度条件和防光、防火、防尘等条件外,还要根据不同制成材料的特点,分别采取不同的保管方式。

(一)声像档案的保存环境

1. 声像档案保存环境的整体要求

(1)库房温、湿度。保存声像档案最好的环境是恒温恒湿,温度18℃,湿度40%,并单独设库或用专门装具提供一个稳定环境。但实际中由于受各方面条件限制,恒温恒湿往往无法达到,那么可以控制在一定范围内,即温度在 15~27℃,相对湿度在 40%~60% 范围内选定一组值,且在 24 小时内温度变化不超过 ±3℃,湿度变化不得超过 ±5%。

(2) 防光与防火。声像档案库房的照度以不超过 50lx 为宜。光线不仅能以热的形式加剧磁分子的热运动,从而改变原磁化状态、软化磁层或加快带基的形变,而且光中的紫外线能强烈老化底基、黏结剂等高分子制成材料,故应避免阳光直射磁性载体档案。

保存声像档案的装具和库房应使用耐火材料,库内及附近严禁有易燃物品,库中应备有二氧化碳灭火器等灭火设备。

(3) 防尘。声像档案在记录和使用中主要靠磁头与磁载体相接触走带或旋转磁面来完成。灰尘等微粒一旦污染了磁载体表面,必然会磨损磁层,增大噪声干扰,腐蚀粘连磁带,严重的会增大信号漏失率。据介绍,直径为 2.5μm 的粉尘可使计算机磁盘或硬盘形成漏码。

2. 磁性载体档案的保管条件

磁性载体档案的保护要从磁性介质的特点出发,依据《磁性载体档案的管理与保护规范》,做好保护工作。

(1) 防磁。磁性载体档案在储存和使用过程中要严防外来磁场的干扰。切忌把磁记录材料放在带有磁场或可能产生磁场的物体或设备附近。在库房建筑时就要考虑到整体建筑物要有屏蔽外来磁场干扰的能力。磁性材料放入磁屏蔽的容器中,应距容器壁至少 26mm;不得将任何磁性材料及其制品(包括磁化杯、保健磁铁、磁铁图钉等)带入库房。在存有重要档案的库区,应设置测磁设备,以查出隐蔽的磁场。

(2) 存放形式。磁带(软磁盘)应放入磁带(软磁盘)盒中,垂直放置或一盘盘悬挂放置保存。目前研制出的各种磁盘柜和恒温恒湿磁盘柜及声像档案装具等,为磁性载体档案提供了一个防磁、防光、防尘、防有害气体和温、湿度恒定的良好环境。

(3) 定期卷绕。对于长期存放的磁带卷绕松紧要适当,最好以记录或重放速度重新卷绕一次再存放。卷绕过紧,高温下易形变、粘连和增大复印效应;卷绕过松,使用中易出现滑动,快速卷带边缘不易卷齐。

磁带一般每隔 3~5 年重新卷绕一次,以释放其内压力,同时还可以减少磁带的几何形变、粘连及弹性疲劳。卷绕时以放音速度进行,不可快进、快倒,保持带基张力 1.7~2.2N,倒带时应在温度为 (18±1)℃,相对湿度为 40%~50% 的环境下进行。

(4) 定期翻录。翻录有两个目的:一是使信息长久保存下去。磁记录信息保存时间在 20 年左右,为使其信息长期保存下去必须定期转录,转录间隔以 10 年为宜。转录时要选用具有低噪声、高输出性能的优质带,以保证转录质量。二是对珍贵档案,为防不测,可翻录到唱片金属模版上或银盐胶片上,也可翻录成副本并分地保存。

(二)建立严格的管理制度

对于前述声像档案的保管条件和保管要求都应以制度的形式规定下来,这样才能为声像档案的科学化和规范化管理打下基础。此外,在声像档案的管理制度中,尤其应强调以下内容:

1. 检查制度

(1)接收时的检查。从各基层单位接收来的声像档案材料,由于保管状况差别很大,有的符合档案保管要求,有的会存在不同程度的问题。档案部门在接收归档时一定要把好关,使将来保存和利用的这部分档案有一个良好的保存基础(具体检查内容如前所述)。

(2)保管中的检查。定期对存储介质进行检查,例如对磁记录材料主要检查磁带(盘)外观质量及计算机磁带(盘)漏码状况等。检查一般采用抽样的方式,每年对总数的3%抽样读检,发现问题,及时处理。

2. 提供利用制度

不正确使用和过度使用声像档案,会缩短磁记录信息的寿命,所以,要有一个合理而科学的提供利用制度,并认真遵循。

(1)利用前应检查磁带卷绕情况,若卷绕太松可用铅笔插入带盘齿轮卷好再用。利用中应尽量避免快倒快进,以防拉力过大拉断磁带,如录像机快速倒进时拉力比正常情况下大9倍以上。

(2)正确使用声像档案的设备。要按磁带介质选用机器,并了解配套播放设备(录音机、录像机、计算机等)的性能和正确操作方法,以避免或减少对声像档案的损害。

(3)要保持阅览环境的清洁无污染,并保持声像档案和播放设备的清洁。

(4)对于一些珍贵的、重要的原始声像档案,为了长期保存,不应直接用于阅读和复制一般副本。

(5)录像带应在电源未断前取出,不可先断电后取带。

(6)随着各种计算机病毒的出现,在磁盘档案提供利用过程中要加强对计算机病毒的防范。

第五节 特殊载体档案的利用

由于特殊载体档案的特点,其提供利用的方式虽与传统纸质档案类似,但具体的服务内容与要求却有显著的区别。

一、利用工作的要求

特殊载体档案的利用,在安全性方面面临更大的挑战和风险,尤其是电子档案采用在线方式提供利用时,应遵守国家有关信息安全的相关规定,从技术和管理两方面采取严格的管理措施,杜绝安全风险的发生。在确保安全的前提下,档案部门应根据工作岗位、职责等要求在电子档案管理系统为利用者设置相应的电子档案利用权限。利用者应在权限允许范围内检索、浏览、复制、下载特殊载体档案及其元数据。

二、服务种类

(一)视听服务

由于特殊载体档案信息记录方式的特点,视听服务为其最基本的也是主要的提供利用方式。档案部门可根据单位的大小建立不同的视听室,开展视听服务。视听室的大小一般与普通住房相仿,室内应有必要的视听设备,如计算机及配套设备、磁带录音机、录像机、电唱机、调音台、放大器、耳机、扬声器等,以便利用者随时观看。利用者一般应到视听室亲自视听所需档案内容,以达利用目的。

(二)外借服务

一般而言,特殊载体档案不应借出档案部门(如电子档案及其元数据的离线存储介质不得外借,其使用应在档案部门的监控范围内)。但在某些特殊情况下,为照顾利用者需要,也会存在一些例外情况可外借。特殊载体档案外借要有严格的借用制度和一定的手续,借出时间不宜过长,借出时应规定归还时间,以便检查和催还。借用单位和个人应负责维护借用档案的完整与安全,不能转借和私自复制翻版,不得遗失、调换、消磁、划擦等。借出的特殊载体档案归还时,档案人员要认真清点和审看审听,如有损坏情况,应及时处理。

借出的特殊载体档案记录与签收手续要力求完备,它是借出档案的凭证,反映了借出档案的去向,在辨别借用人员和催还工作中具有重要作用。

(三)复制服务

特殊载体档案在提供利用时,既可以提供原版,也可以复制各种复版给利用者,一般复制的复版可作为外借版。随着社会的发展,利用者对特殊载体档案的复版需求日益增多,复制服务成为特殊载体档案利用工作中一种重要的服务方式。复制服务有许多优点,它可以提高特殊载体档案的利用率,满足各方面的需要;它可以减少对原版的磨损,有利于延长特殊载体档案的寿命。

(四)编制检索工具

编制检索工具有两个方面的作用:一是可以通过大范围地发行检索工具,吸引社会更多的利用者了解和利用特殊载体档案;二是可以帮助现实用户更快地了解特殊载体档案的简要内容,以便从不同角度迅速查找到所需要的档案内容。

特殊载体档案检索工具的种类很多,如馆藏目录、专题目录、人物索引、风景索引、地区索引等。这些检索工具既可以通过传统印刷途径,更可以通过网络定期发行。

(五)信息汇编

由于特殊载体档案具有直观形象的特点,因此,围绕一定的专题汇编信息,可以取得传统纸质档案信息汇编产品难以达到的效果。信息汇编可以三种方式进行:一是档案部门配合其他部门的专题活动,提供一些相关的照片展览和音像内容的播出;二是档案部门选择特色馆藏举办长期的展览;三是通过正式出版渠道发行编研产品。无论哪种形式,都可以较好地发挥特殊载体档案在提供经验、吸取教训、开阔眼界、再现历史、进行各种宣传教育方面的独特作用。

(六)咨询服务

咨询服务指档案部门对利用者提出的口头或书面形式的问题进行解答,这是特殊载体档案利用工作的方式之一。咨询服务的内容包括:一般性咨询服务和专题性咨询服务。咨询服务从接受咨询起,通过了解情况,查找档案,直到解答问题的完成,应注意将咨询档案整理归档,这项工作是对档案人员服务态度、专业知识水平及业务能力的检验。此外,档案部门也可以主动向业务部门及利用者提供档案信息咨询服务。

(七)网络服务

网络服务就是档案部门在网络上提供多种信息服务。网络服务包括两种方式:一是在互联网上建立网站,提供档案信息的检索、公布档案工作的法律法规标准、举办网上展览、发布编研成品出版信息、提供专题讨论平台等;二是通过局域网(通常是机构内部网)提供电子档案及其加工信息。

这两种网络服务最大的区别在于档案信息的控制方式。基于互联网的开放性和平等性,档案网站提供的所有信息都属于开放信息,用户可以自由拷贝、摘抄、下载、编辑网站信息等。由于网站服务无法控制用户的操作,因此只能控制所提供的档案信息的范围。而局域网所提供的信息是机构内部信息,其中很多信息内容不是开放信息,因此除了需要控制上网信息的范围外,还需要对各类上网用户的权限做出详细的规定,并在系统中予以实现。

本章小结

本章主要介绍了特殊载体档案的种类、作用及特点,分别介绍了电子文件与电子档案管理、照片档案管理、声像档案管理的具体工作内容,还介绍了特殊载体档案利用服务工作以及各种档案载体的保存环境和条件。

通过这一章的学习,我们应当认识到,一次次的科技进步带来了档案载体的不断更迭,从笨重的龟甲、兽骨到轻薄的纸张再到高密度的光盘,档案载体的易用性和便捷性越来越好,档案形成者和利用者所需付出的成本越来越低。然而,这种更迭却给档案管理者不断带来新的挑战,档案管理所需考虑的因素越来越多,管理环节越来越复杂,对管理人员的素质要求也越来越高。

案例分析题

我国一些电子文件不可读的现象

2008年,国家档案局原局长毛福民指出:在过去的三年中,22.5%的中央单位不同程度地出现过电子文件不可读现象。

例如,1990年北京亚运会之后,所有相关档案都进行了归档,然而由于档案工作人员的疏忽,没有按照规定程序进行接收,导致一麻袋用3.5英寸软盘存储的珍贵电子档案被忽视。直到多年以后再次整理档案时,工作人员才发现这批亚运会电子文件,此时所有软盘都已无法读取。也就是说,1990年北京亚运会的电子文件由于人员疏忽、管理不善和存储载体的脆弱性而全部丢失,这无疑是一个巨大的损失。

再如,我国是人口大国,人口普查具有特殊、重要的意义。据悉,我国1982年第三次人口普查的原始数据因为水淹已无法读出。这些数据被保存在磁带上,涉及大约10亿人口的基础信息,除约1%(1 200万人)的数据经异地备份得以留存外,其他数据已荡然无存。

(资料来源:毛福民在政协十一届一次会议上的提案摘要,中国档案报,2008年3月13日)

请思考:
1. 电子文件管理的基本目标是什么?
2. 案例中涉及的是电子文件的哪一个管理目标?

课堂讨论题

1. 你接触过哪些种类的特殊载体档案?谈谈你对这些档案在某些管理环节上特点的认识。
2. 从文件的组成角度比较电子文件与传统文件的异同。

复习思考题

1. 特殊载体档案的种类及作用有哪些?它们有哪些共同特征?
2. 特殊载体档案有哪些提供利用的方式?
3. 如何撰写照片档案的文字说明?

4. 简述声像档案的归档流程。
5. 什么是电子文件？电子文件的基本特征是什么？
6. 电子文件归档时，如何进行四性检测？
7. 如何做好电子档案备份？

实训题

通过搜索引擎查找几个电子商务网站并从中选择一个，分析它在进行商务活动时产生的电子文件及其类型。

参考文献

[1] 王建. 文书学[M]. 北京:中国人民大学出版社,2015.

[2] 韩英. 文书学[M]. 济南:山东大学出版社,2010.

[3] 曾湘宜. 文书与档案管理基础[M]. 北京:北京工业大学出版社,2006.

[4] 马永飞. 文书与档案管理基础[M]. 北京:高等教育出版社,2004.

[5] 中国机械工业教育协会档案管理学[M]. 北京:机械工业出版社,2012.

[6] 张虹,姬瑞环. 档案管理基础[M]. 北京:中国人民大学出版社,2005.

[7] 何权衡. 档案与档案管理[M]. 郑州:河南人民出版社,1998.

[8] 王英伟,陈智为,刘越男. 档案管理学[M]. 北京:中国人民大学出版社,2015.

[9] 王立维,陈武英. 档案管理学简明教程[M]. 杭州:浙江大学出版社,2004.

[10] 缪惠. 信息工作与档案管理[M]. 合肥:合肥工业大学出版社,2005.

[11] 王云庆,苗壮. 现代档案管理学[M]. 青岛:青岛出版社,2004.

[12] 国家档案局. 电子文件归档与电子档案管理概论[M]. 北京:中国档案出版社,1999.

[13] 冯惠玲. 电子文件管理教程[M]. 北京:中国人民大学出版社,2001.

[14] 刘家真. 电子文件管理理论与实践[M]. 北京:科学出版社,2003.

[15] 薛四新. 现代档案管理基础[M]. 北京:机械工业出版社,2006.

[16] 何玲. 新型载体档案管理[M]. 成都:西南交通大学出版社,1999.

[17] 陈永成. 专门档案管理[M]. 福州:海峡文艺出版社,2003.

[18] 杨霞. 现代文件管理[M]. 北京:中国档案出版社,2003.

[19] 金波. 档案保护技术学[M]. 北京:高等教育出版社,2000.

[20] 石磊. 认识电子档案的形成规律[J]. 中国档案,2002(6).

[21] 邱晓威. 电子文件与电子档案的管理问题与对策[J]. 中国档案,1999(3).

[22] 曾洪周. 电子档案归档与管理的几点思考[J]. 兰台世界,2006(12).

[23] 方威明. 谈缩微胶片的保护[J]. 山西档案,2000(6).

[24] 孙少敏. 缩微摄影技术在档案管理现代化中扮演的角色[J]. 数字与影像摄影,2006(2).

[25] 吴晓红. 作法律凭证使用的缩微品应具备的条件[J]. 缩微技术,1999(2).

[26]赵泽茂,吕秋云,朱芳. 信息安全技术[M]. 西安:西安电子科技大学出版社,2009.

[27]冯惠玲. 电子文件风险管理[M]. 北京:中国人民大学出版社,2008.

[28]唐跃进. 光盘信息存储与保护[M]. 北京:中国档案出版社,2005.

[29]刘家真. 电子文件管理——电子文件与证据保留[M]. 北京:科学出版社,2009.